常德市信息化志

（1988—2010）

常德市地方志编纂委员会
常德市人民政府电子政务管理办公室　编

方志出版社
Publishing House of Local Records

图书在版编目（CIP）数据

常德市信息化志：1988—2010 / 常德市地方志编纂委员会，常德市人民政府电子政务管理办公室编. -- 北京 ：方志出版社，2016.12
ISBN 978-7-5144-2288-7

Ⅰ. ①常… Ⅱ. ①常… ②常… Ⅲ. ①信息化—概况—常德—1988-2010 Ⅳ. ①G202

中国版本图书馆CIP数据核字(2016)第320300号

常德市信息化志（1988—2010）

编　　者：常德市地方志编纂委员会、常德市人民政府电子政务管理办公室
责任编辑：李志瑜

出 版 人：冀祥德
出 版 者：方志出版社
地址　北京市朝阳区潘家园东里9号（国家方志馆 4层）
邮编　100021
网址　http://www.fzph.org
发　　行：方志出版社发行中心
电话（010）67110500
经　　销：各地新华书店
印　　刷：常德市湘北彩印厂　　0736-7187272

开　　本：787×1092　　1/16
印　　张：21
字　　数：428千字
版　　次：2016 年 12月第1版　2016年12月第1次印刷
印　　数：0001～1000册

ISBN 978-7-5144-2288-7　　**定价**：200.00元

常德市地方志编纂委员会

《常德市信息化志(1988—2010)》编纂委员会

《常德市信息化志(1988—2010)》编纂委员会办公室

总　　纂	贾文汉					
分　　纂	瞿新辉	曹先辉	康敬信	罗　磊	晏　武	罗　魏
	陈文曙	杨　帆	梁先海	张方军	徐　飞	
采　　编	芦光华	廖华国	贵　华	宋　声	董　浩	刘佳丽
	晏　武	曾新民	王帮海	李泽红	周　军	雷　斌
	袁宏亮					
审查验收	周　波	向满华	应国斌	江时宜	程　关	王　勇
	龙百川	熊　韬	熊秋来	万　勇	覃道军	杨锦佳
	周永松					

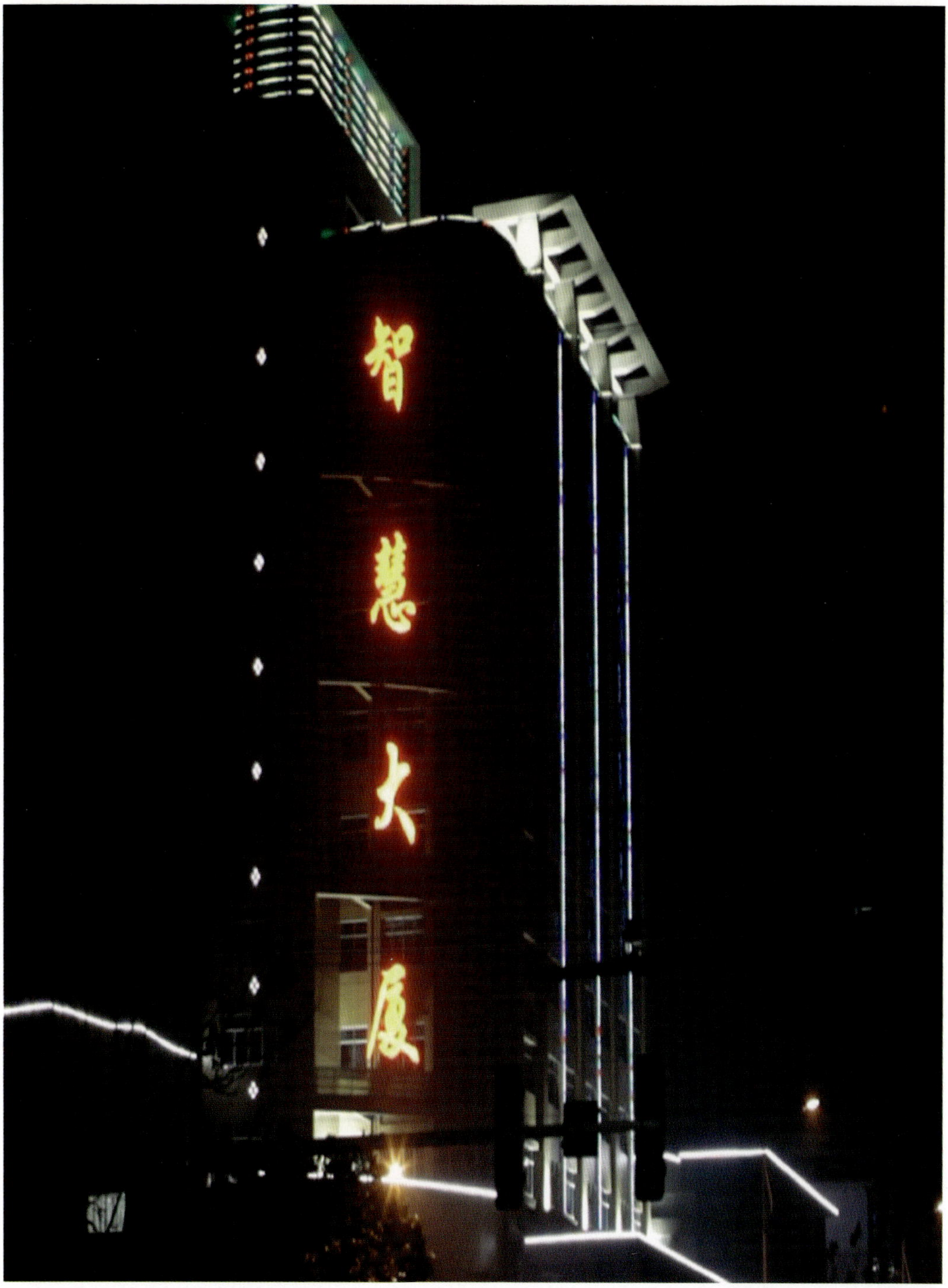

智慧大厦，常德市智慧城市指挥中心办公大楼，也是常德市电子政务管理办公室办公地点，位于常德市武陵区朗州北路1662号。2015年下半年移交给常德市电子政务办使用。

常德市电信局办公大楼，位于武陵大道中路，占地面积约1000㎡，1999年投入使用。

常德市移动分公司办公大楼，座落在常德市武陵大道中路。

中国联通常德市分公司办公大楼，位于柳叶大道西段。

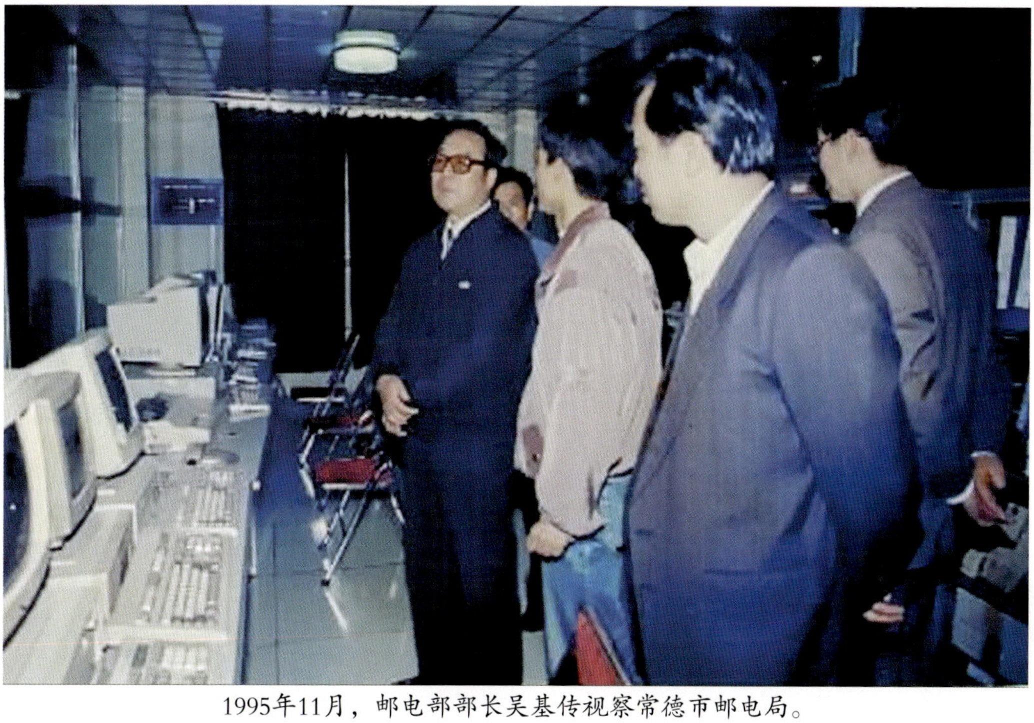
1995年11月，邮电部部长吴基传视察常德市邮电局。

1996年7月，常德市遭受特大洪涝灾害，邮电部副部长林金泉，在常德市邮电局局长罗桂林等陪同下，视察桃源县灾情、指导抗洪保通信工作。

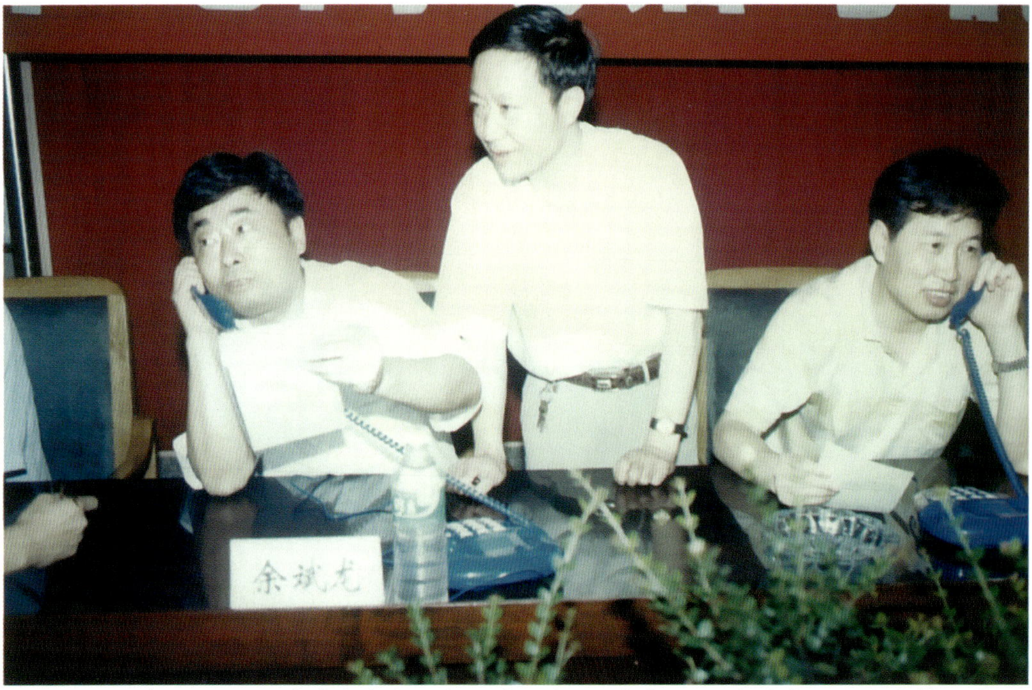

1995年6月25日，常德市本地网电话号码由6位升为7位，市委书记吴定宪等领导在升位庆典上兴致勃勃地拨打电话。

2004年，常德市人民政府市长陈君文、副市长陈文浩视察常德市电信分公司，驻足在数字业务咨询台前，观看业务数据。

2007年7月，常德市人民政府市长卿渐伟走进常德市政府网站嘉宾访谈室，就新型工业化、新农村建设、旅游开发、社会保障等与网友在线互动。

2009年7月10日，常德市人民政府市长陈文浩做客红网嘉宾访谈室，参加《弯道超车看湖南》大型系列活动节目，就化“危”为“机”，促进常德市经济建设健康发展等问题与网友朋友进行交流。

2014年9月，常德市市委副书记、市长周德睿到市电子政务办实地调研，详细了解智慧城市数字防控等几大应用系统建设情况，专题调研、督导智慧常德建设工作。

2000年2月，常德市人民政府政府举行政府网站开通仪式暨政府上网工程动员大会，图为大会会场。

2006年3月29日，全市信息化工作会议在芷园宾馆隆重召开，图为大会现场。

1999年，常德电信实施“政府上网年”，常德市人民政府副市长杨光宏与常德各区、县（市）政府领导在常德市电信局签订政府上网工程目标书。

2010年1月，常德市人民政府与湖南省电信公司在长沙签署推进“湖南省十大信息化工程”战略合作协议。省公司总经理廖仁斌、市政府副市长徐超文等出席签署仪式。

常德市电信大楼一楼主体营业大厅

常德市电信3G业务发布会

常德市移动营业厅业务繁忙

常德市移动规模容量、技术层次、应用范围、服务内容、工作水平是全市一流，得到市民的一致好评。

常德联通分公司营业厅人头涌动，生意兴隆，业务开展红红火火。

中国联通3G为用户提供可视电话、手机音乐、视频留言、手机电视、手机阅读、视频共享、移动聊天、手机上网等特色3G服务。

2008年12月 20日，常德德山电子信息产业园举行授牌仪式。该产业园是省政府认定的首批省级电子信息产业园之一。

2009年5月13日，湖南省电子信息产业专题投资洽谈会暨签约仪式在深圳五洲宾馆隆重举行，常德有3个项目成功签约，投资总额达到9.2亿元。

常德市德山经开区电子信息产业园

常德市信息产业企业之一--湖南华南光电（集团）有限责任公司

常德市信息产企业之一--湖南华富高科有限公司

2010年8月21日，常德论坛各版版主、网友代表、通讯员代表及市政府办、市电子政务办干部160余人参观澧县城头山古城遗址。

序

市电子政务办主任　唐西新

盛世修志是中华民族的文化传统，值此第三次革命浪潮——信息化革命兴起之际，《常德市信息化志》付梓面世，对全市信息化改革发展事业来说无疑是一件值得庆贺的事情。

审视全球发展史，我们不难得出这样一个结论：谁抓住了革命浪潮谁就强，谁违背了革命浪潮谁就弱。1988 年，在全球信息化浪潮萌发之时，常德市人民政府成立了经济信息中心，先后更名为信息化工作办公室和电子政务管理办公室，牵头推进全市信息化工作，期间常德信息化事业迅猛发展，现已形成了信息网络发达、信息管理高效、信息服务普惠、信息产业集群的格局，成为了全省的领跑者。常德信息化史展现了常德信息化一路走来的清晰脉络，也见证了中国市域信息化改革发展的艰辛与辉煌。真实记录和反映这段发展历程，可以承继历史、服务当代、传之后世。

《常德市信息化志》采用述、记、志、图、表、录等体裁，分为信息化发展、电子信息产业、通信服务业、信息化培训与考试、区县市信息化工作、人物名录等六大部分，全面客观地记录了 1988—2010 年常德信息化发展的历程，集史料性、科学性和技术性于一身，堪称一部存史资政的力作。各级信息化工作人员在案头床边，放置一卷，顺手翻阅，随时检索，受益良多。

《常德市信息化志》得以成书出版，是在市委、市政府高度重视和亲切关怀下，大家通力合作、众手修志的成果，喜感史料之翔实，当念编采之艰辛。在这里，谨向大力支持修志的上级领导部门，向热情指导帮助的专家学者同行，向不辞劳苦、辛勤耕耘的全体编采人员，表示衷心的感谢。

是为序。

2016 年 12 月

凡　例

一、以马克思列宁主义、毛泽东思想、邓小平理论、“三个代表”重要思想和科学发展观为指导，深入学习贯彻习近平总书记系列重要讲话精神，坚持辩证唯物主义和历史唯物主义的立场、观点和方法，坚持述而不论，客观真实记载常德市电子信息事业历史与现状，做到思想性、科学性、资料性统一。

二、本志上限始于1988年，下限至2010年，对于机构记述作适当上溯和下延。

三、本志采用述、记、志、图、表、录等多种体裁，以志为主。专志共设信息化发展、电子信息产业、通信服务业、信息化培训与考试、区县市信息化工作等五篇。志首设《概述》、《大事记》；志尾设《附录》、《插图索引》、《后记》。

四、专志采用篇、章、节、目四级分层，横排类目，纵述史实。

五、入志人物采用因事系人办法，设人物名录，收录对常德市信息化事业作出贡献和成绩的人。

六、本志书标点符号使用，遵从2011年颁布的国家标准《标点符号用法》；计量单位使用国际制，遵从《中华人民共和国法定计量单位使用方法》。

七、本志行文遵从《地方志书质量规定》和《湖南省志（1978–2002）行文通则》；志书中关于信息化行业特有技术、业务专业术语，一律以IT行业通用词语表述。

八、本志所采用数据一般以统计部门公布数据为准；个别行业统计口径数据，由业内相关部门（企业）提供。

九、本志资料主要来源于常德市档案馆，市直相关部门，信息化工作机构和信息化企业提供部分数据，均经《常德市信息化志》编纂委员会核实无误后采用，志书中不再注明出处。

目 录

第二篇　电子信息产业

第三篇　通信服务业

第四篇　信息化培训与考试

第五篇　区县市信息化工作

人物名录

附 录

Contents

Part One Informatization Development

Part Two Electronic Information Industry

Part Three Communication Service Industry

Part Four Informatization Training and Testing

Part Five Informatization Work in Districts and Counties

Figure Directory

Appendix

概　述

1988—2010年,常德市信息化发展先后经过经济信息中心、信息化工作办公室和电子政务管理办公室三个时期,通信服务业电信、移动、联通三大营运商分分合合,承载改革阵痛,实施改革运营。20年来,常德市信息化事业取得长足发展。

一

1988年,常德地区成立经济信息中心,归口常德市计划委员会管理。主要职能职责:积极服务于国家宏观经济决策和信息化建设,在常德市重大信息化问题研究、重点信息化工程建设、信息资源开发利用等方面脚踏实地、卓有成效的工作。在推进常德信息化事业发展方面,承担和参与常德市信息化规划、建设常德市电子政务,成为常德信息化发展、建设的主要执行者和实施者。统一规划指导常德市信息系统的建设;开发利用、疏通信息采集和服务渠道;推动常德市经济信息、行业信息、产业信息、国家制定的行业信息化和咨询服务业信息化的发展,提出有关的发展战略和政策建议;会同有关部门制定与经济信息及其服务的发展的有关标准,规范有关条例和规章制度;为市委市政府及各有关经济部门提供经济信息服务及辅助决策手段;促进社会信息化,使信息为社会使用;向社会提供可能的系统工程服务,软件服务,硬件服务以及劳务服务。加强对宏观经济的跟踪,监测和分析研究。采用微观信息导向技术,充分发挥经济分析方面定向与定量相结合,为各区县市经济决策提供依据,为上级部门的经济决策提供真实可靠的信息。确定市信息中心的工作方向:宏观决策支持,微观信息导向,为社会提供经济信息、技术和业务服务,搞好服务分析、预测和对重点经济问题的研究。

同年,常德市邮电局承担自建国以来的独家经营局面,扎扎实实工作,取得十分瞩目的成就。

1989年,常德地区经济信息中心改为常德市经济信息中心(以下简称市信息中心),职能不变。同年,常德地区邮电局改为常德市邮电局(以下简称市邮电局),隶属湖南省邮电管理局和常德市委、市政府双层领导,管理常德市8个区县市。

是年,市邮电通信业发展迅猛,整体水平由全省发展较为落后的市一跃成为邮电综合实力较强的市,名列全省14个地级市榜首,实现常德邮电通信的腾飞。1992年8月,常德市市区及各县(市)相继引进程控和移动通信。

1990年,市信息中心建设人工信息网络和创建常德市宏观经济数据库。

1991 年 6 月 30 日,常德市邮电局正式割接开通 7000 门数字程控电话;年底,常德市实现异地寻呼联网。

1992 年,市信息中心着手编制常德市国民经济和社会发展十年规划,建立常德市计划生育管理数据库。围绕经济生活中的"热点""难点"进行调查研究,组织对市经济发展的重大问题进行专题调研。

1992 年 5 月,常德市邮电局开通模拟移动通信网。

1993 年,常德市开通自动无线寻呼系统和中文汉字寻呼系统;是年,全市市话交换机总容量达 8.54 万门,长途电话电路 2300 多条,农话交换机总容量达 4 万余门,邮件实现县以上自办汽车运输,建成县内邮件自办汽车运输网;全市主要通信能力 5 年翻两番。市话话机总数达 6.34 万部,市话主线普及率每百人达 8.5 部;社会话机总数达 8.52 万部,主线电话普及率每百人达 1.5 部,位居全省榜首;邮电通信水平跃入全省前列。6 月,常德至全市各县(市)34 兆微波系统建成投入运行,市至各县(市)长途线路最大容量 480 路。全市微波线路总长达 201 公里,长途交换容量 4170 路端(门),市话交换机容量达到 85428 门,用户交换机容量 12775 门。

同年 12 月,市话交换程控化,全市建成县以上程控电话网、县以上数据传输网、县以上移动通信网、县以上无线寻呼网、市区开通可视会议电话和分组交换网等 5 大现代化通信网络。邮电局、所总数 249 处,其中自办局、所 282 处;邮电系统年末固定资产原值(含一级干线)33 亿元,固定资产净值(含一级干线)2.5 亿元;自有房屋建筑面积 20.78 万平方米,其中通信生产用房 10.95 万平方米。

1993 年,市信息中心建立电子联合信息网。联合信息网以计算机为先导,大型经济信息动态数据库为基础,联网电子广告、商情报价、信息网络刊物、咨询中介服务为媒体的高时效、全方位经济信息咨询、发布、交流的网络。此时,常德市经济信息中心处于起步时期。

二

1994 年,市信息中心建立全市市场信息数据库,并从网络刊物和市场中采集信息,分门别类整理、录入微机。5 月,常德市成立移动通信分局,分局设立四部,即业务营销部、业务管理部、综合部和多种经营部。自此,常德市信息工作步入稳步发展的轨道。

1995 年,常德邮电实施"518 通信工程",即:"九五"期间,全市投资 40 个亿,新增电话交换容量 50 万门,建成以常德信息高速公路传输交换平台为主体的 18 个通信网络。全市推出邮电通信"九五"目标,启动对移动通信网络的改造工程,进行 TDM 汇接网扩容改造五期工程和七号信令网扩容改造六期工程,实现 GSM 数字移动通信网长途汇接网和信令网的整体建设。

是年,市信息中心调整职能职责,适应新发展。设立信息市场管理、网络开发、信息资源开发、信息技术培训等管理科室。重点负责宏观管理信息市场，经济运行情况的预测预警、局域经济信息的收集整理、市直公务员和企业管理人员的电脑培训、面向社会提供电脑技术服务等工作；维护网络平台，建立与管理数据库。

1996 年 1 月，常德市新建常德交换局，开通数字移动电话通信网。7 月，市邮电局设立常德市移动通信局，代表常德市邮电局行使全市移动通信专业化管理职能，接受省移动通信局和常德市邮电局的双重领导。主要负责：邮电市局及全区移动通信专业年度业务计划指标的分解、业务营销、业务管理、市场调查预测和营销分析，业务宣传策划组织、模拟移动电话号码管理、数字全球通 SIM 卡管理、无线寻呼地址码管理、业务报表汇兑统计上报；市邮电局和全区移动电话交换机、基站、无线寻呼系统日常维护和一般性故障维护处理、网络运维分析及维护报表的汇总统计上报；市邮电局及全区移动电话交换机、基站和无线寻呼系统规划、新建、扩容改造工程建设的组织实施；移动通信工程建设进度及质量分析以及建设工表的汇总统计上报。抓好市 126 台、127 台值班与服务质量；抓好市邮电局及全区移动通信终端设备的维修中心建立、完善，维修场地的设立，维修工作的组织和对设备维修。

同年，常德电信相继建成多媒体通信网、路路通综合服务平台、全市电话本地网、计算机综合服务平台、全市电话大本地网、计算机互联网、计算机综合信息网、7 号信令网、长途程控交换网、数字移动通信网、邮政通信生产管理微机网、现代化邮电通信网。新增电话交换机容量 20 万线，农话光缆 1400 皮长公里，新增移动电话信道、数据通信 1339 个端口，完成邮电业务收入 6 个亿，移动电话净增 2 万多户，无线寻呼净增 6.21 万户。同年 8 月，开通数字移动电话，建成全市无线寻呼同播网和农村通信光缆传输网。常德市移动公司开通运行 GSM 移动通信网络 SIM 卡业务。

是年，市信息中心开展对全市六大支柱产业进行论证，为产业结构调整提供信息支持，提出常德市县域经济发展模式和常德市农业产业化发展建议。8 月，常德市成立常德市经济信息化领导小组，负责指导全市信息化发展规划和建设的具体工作。

1997 年，常德市经济信息化领导小组把信息化的建设发展列入日常工作。10 月，市信息中心成功开通常德公共信息平台——常德信息港。

是年，常德市邮电局建成全市程控电话网，县以上大通路数字传输网、县以上移动通信网、县以上无线寻呼网、地市以上数据分组交换网、省地可视电话会议网和县内自办汽车邮运网，投资规模达 6 个多亿。

1998 年 4 月，常德新建 1 套美国摩托罗拉公司 GSM 数字移动电话 HLR。11 月，湖南电信常德无线寻呼公司成立。

1998 年，市信息中心贯彻《湖南省经济信息市场管理条例》，加强区县市执法人员培训，召开工商、税务、法制、公安等部门座谈，形成一致意见，改善执法环境，指导各区县市信息中心管理信息市场。

1998 年，邮电分离。常德市成立邮电局和电信局，通信业呈现新的格局。电信局自办局所184处,房屋建筑面积全市合计24.27万平方米。邮政职工2342人,电信2669人,邮政财务资产19955万元,电信118303万元。市电信局企业内部机构调整,30个职能科室减少到5部、2室、1会。

12月,常德市成立计算机2000年问题工作领导小组,负责解决常德市计算机2000年问题。

三

1999年,常德通信由邮电的独家经营转型为多家竞争经营。通信业开始向服务业转型。

是年,常德电信推出"20万电话大行动"和"30万工程",9个月净增主线用户20万。新增主线用户340839户。7月17日,中国移动通信集团湖南省公司常德分公司正式挂牌成立,分公司下辖8个区、县(市)营业处,设置综合办公室等7个职能管理部门及工会委员会和党群工作办公室,下设立移动营业中心等7个生产中心。8月,常德市开通280M全国高速寻呼(198/199)台。11月8日,中国联通常德分公司成立运营。开通"130"数字移动电话网。自此,常德市通信业多家竞争格局形成。

1999年,常德市成立"计算机2000年问题专家组",指导市直各单位、各级政府妥善处理计算机2000年问题。12月,常德市启动政府上网工程,由市信息中心和各区县市经济信息中心具体组织实施。

2000年,市信息中心建立党政信息交换中心,开辟市长信箱,建立法律法规、经济动态栏目,提供市领导参阅参考平台,推介常德企业与名优产品。1月,市信息中心制订并落实常德市政府上网工程方案。方案规定上网工程目标为实现政府职能网络化,推动政府工作体制和工作方式改革,信息畅通,保证政令统一,提高办事效率;方便市民了解政府机构的组成、职能、各项法规和办事规程,增进政府与市民的沟通;挖掘政府丰富的信息资源,为全市企事业单位服务。市信息中心注册常德市政府网站域名www.changde.gov.cn,建设政府上网工程服务器机房,建成全省第一个连接区县(市)和市直单位的党政信息网。指导9个区县(市)建立网站,指导市直91家单位建立虚拟网站。信息化如新生事物在常德市悄然兴起。

是年,中国联通与国信寻呼公司合并,新建下南门自营厅,各区县国信寻呼营业点改成常德联通自营厅。

2月,市信息中心建立全省第一家政府网站"常德政府公众信息网",市政府举行"常德政府公众信息网"网站开通仪式暨政府上网动员。3月,省政府在常德市召开全省市州政府上网工作现场会,推介常德经验。4月,以市政府交互平台为中心,全市9个区县(市)进行域名注册,建立县级政府网站,市直91家单位建立虚拟网站,建成全省第一家连接区县(市)和市直单位的党政信息网。

是年,常德市建设无线网络,全市建设10个BSC,231个基站,411个小区,配置载频个数和信道总数分别为1600和16715。当年网上实际通话用户突破20万户。

2001年,常德市委、市人大、市政协、市纪委等18个领导机关和党政部门单位建立自己单位网站,常德市政府建成常德"电子政务"交换平台。市信息中心动员湖南阳光乳业股份有限公司、常德家具产业园发展有限公司、湖南洞庭水殖股份有限公司等30家企业在"常德政府公众信息网"上建立网站,开辟企业利用网络化运作的新蹊径。7月,常德成立"中国移动通信集团湖南省移动通信公司常德市分公司",常德各县市区相应成立分公司。

2002年,铁通公司建成常德万门程控交换局、沿线县市汇接局及市区模块局,常德宽带城域网基本形成。联通公司网络与信息安全体系逐步形成。全市重点信息网络进一步健全和落实信息安全管理制度,提高网络安全防范能力。市信息化办会同市直有关部门组织专家认真审定部门电子政务建设项目保密与信息安全技术方案,加强网络安全,化解信息安全风险。

是年,湖南移动上市。常德市移动公司更名为中国移动通信集团湖南有限公司常德分公司。公司加强互联网业务,陆续推出互联网接入业务、互联网增值业务。同年,中国联通CDMA数字移动通信网正式开通放号,面向社会提供基本数据业务、IP电话/传真、IP全部服务内容、电子商务、会议电视/远程教学等多种增值业务。联通数据网提供因特网上采用数字压缩包和交换技术传输语音电信IP电话业务。

2003年,常德市联通公司推出客户服务时代产品,包括2G时代、3G时代、4G时代享受的客户服务,微博、微信在线服务。是年,常德电信,移动,铁通,联通百家争鸣,各自推出自己的品牌,"小灵通""本地通""四通卡""芙蓉卡""大灵通""常德通"各显神通。

3月27日,常德市经济信息中心更名为常德市人民政府信息化工作办公室(以下简称市信息化办),职能职责进行调整:组织贯彻执行国家、省有关信息化的法律、法规、标准及方针、政策;编制并组织实施全市信息化建设中长期发展规划和年度计划;负责研究起草全市信息化工作相关规范性文件。具体承担市信息化领导小组的日常工作,贯彻落实领导小组的各项决策,督促、检查领导小组的决定、决议的执行情况,协调解决信息化工作中的重大问题。指导、协调和监督管理全市国民经济和社会信息化工程建设;负责市本级信息化工程从业资格、招标投标、工程质量的监督管理,并负责组织设计方案评审、竣工验收和预(决)算审核;会同有关部门管理市本级信息化发展专项资金;作为业主单位,负责组织协调市城区公益性信息化工程建设;指导、协调在我市进行的国家、省重点信息化工程建设。承担市人民政府电子政务网控中心和"中国.常德"政府门户网站的建设、运行、维护;指导我市政务子网和子网站的建设与管理;按管理权限对政府部门(.gov.cn,.cn)和非盈利组织域名(.org)申请注册实行归口管理。在全市开展信息化试点。市信息化办制定下发《常德市政府网建设管理暂行办法》《常德政府网建设管理暂行办法》,制定出常德市政府网建设管理原则。7月,市信息化办制定《常德市电子政务建设项目专家评审活动组织实施办法(施行)》,全面归口信息化建设项目由市信息化办管理。是年,市信息化办建设电子政务网控中心,提升政府网站功能,强化信息公开功能,强化在线办事功能,强化政民互动功能。

年底,常德移动新增网上通话用户 28 万多户,移动通信用户突破 60 万户大关。邮政继续完善电子邮政服务平台,电子邮政局为广大用户提供 185 座席出租、福利彩票投注、邮政通等电子邮政业务,启动常德火车邮政枢纽工程,建成 185 语音客户综合服务系统、电视电话会议系统、省市电话系统,全面启动绿卡、电子汇兑三期建设,邮政联网规模进一步扩大。8 月,常德市电信发动"百镇千村"宽带接入工程,开通全市 240 个乡镇的宽带。

2004 年,常德电信通信建设完成投资 3.1 亿元,完成工程建设项目 1622 个,交换机扩容 12.17 万线,主干电缆扩容 91 万线,光缆 4610 芯公里,新增城域网端口 10624 个,网线入户 12447 户。建成交换点 705 个、模块点 686 个,局用交换端局 26 个,扩容小灵通基站 1044 个,电信通信主干电缆总长达 43836 皮长公里,本地中继光缆长度 5770 皮长公里,本地管道孔长度 631 公里。这年,常德移动开辟大客户服务,更新和完善新的 3100 多个集团客户及 55000 多名个人大客户资料,实施大客户动态预警管理,落实"三区""三代"服务,建立集团单位稳定网络。无线通信呈高速增长态势。4 月,市信息化办出台《常德市电子政务信息工程建设管理办法》和《"中国常德"政府门户网站建设管理规定》。常德市各区县市逐步实施政府上网工程。7 月 30 日,湖南省电信有限公司常德市分公司挂牌成立。是年,常德政府公众信息网更名为"中国·常德"。市信息化办编制"常德政府网建设项目方案",组织市信息化专家咨询委员会专家评审,形成全市电子政务系统框架。年末,全市宽带覆盖 282 个乡镇、1900 多个村,建成农村信息服务示范点 255 个。

四

2005 年,市信息化办根据《常德市电子政务工程建设管理暂行办法》,对市直和中央、省驻常行政事业单位电子政务工程的规划、立项、评审、政府采购、监理、验收各个环节进行严格的审批和管理。组织完成全市"金字"工程建设。全面整合全市新闻资源,"中国·常德"与中国第五大新闻网"红网"联姻,建成"常德新闻网"红网常德站。是年,常德市政府为加强信息化工作,调整信息化结构,将市经委分管的信息产业职能调整给市信息化办管理,通信服务业依类划归市信息化办管理。同年,常德电信创宽带用户 93863 户,ADSL50617 户,接入网吧 860 个。

6 月,湖南省电信有限公司常德市分公司更名为中国电信股份有限公司常德分公司,所属各县级分公司更名为中国电信股份有限公司 XX 分公司。

2006 年,市信息化办为全市 96 家市直单位建设网站,"中国·常德"政府门户网站开通首期"嘉宾访谈"栏目。是年,市电信分公司投资总额 2280 万元,建设"常德市城市治安电子防控系统平安常德二期工程,设置市城区治安电子防控系统监控点 1463 个。

2007 年,市信息化办颁布《常德市信息化工程建设项目管理实施细则》。"细则"重点对技术方案评审、工程招投标程序,实施过程监理和竣工验收环节进行严格的规范。2009 年,常德市制定出《常德市电子信息产业发展规划纲要(2009—2020 年)》,作为常德市信息化发展的纲领性指导文件,指导常德市的信息化发展。3 月,市政府建设电子政务内网,建成纵连省、市、县三级政府、横接市直 68 个部门的政务网络,实现网上信息共享和公文流转。7 月,常德政府网将现有网站拆分为常德政府网和常德新闻网两个相对独立的网站,按各自的特点确定工作思路、工作目标,进行改版升级。由此,常德市信息化事业处于前所未有的大发展时期。

同年,常德电信拉开“信息校园”和“数字医院”建设帷幕。开通汉寿、澧县两个区县 44 所学校数字校园平台业务,通过光网互联连接爱心医院和数字医院,将汉寿一中定位为中国电信湖南公司第一个教育信息化实验基地。全市建成 80 多个信息化校园。

2008 年 10 月,中国联通有限公司拟向中国电信股份有限公司转让 CDMA 业务;11 月 18 日,中国网通与中国联通融合,常德市设置分公司。11 月,常德移动公司提出数字城市指导意见,拓展平安城市系统业务、电子政务系统业务、城管通系统业务,加大三网融合技术,加强三网融合工作。至此,常德市通信业形成电信、移动、联通三家并行的格局。

2009 年,常德电信新建成天翼通讯城 6 家,合作厅 8 家,专营店 112 家,代理店 102 家,便利型服务网点 560 家。新建 24 小时营业自助缴费厅 9 个,新增室外终端数 11 台,新增室内终端数 12 台。

是年,常德市委、市政府明确电子信息产业列为全市十二大产业集群之一,批准成立市电子信息产业专家顾问团,强化产业专家决策咨询服务和规划指导,对消费类电子、LED 照明、新型平板显示、软件与信息服务等四大产业集群着力政策扶持,每年设立 500 万元专项资金。规划建设德山电子信息产业园,在安乡、澧县规划建设特色明显的电子信息产业专业园,作为常德电子信息产业的重要辅撑。全市构建起“一线三点”、各具特色、相互衔接、相互依托的电子信息产业空间格局。申报德山电子信息产业园为省级电子信息产业园和国家高新技术产业基地园区,德山电子信息产业园纳入国家和省级重点扶持对象。

9 月,常德政府网站主网站和市直 145 家子网站构成庞大的网站群,日均访问量突破 20 万人次。年底,市信息化办对市直和中央、省驻常行政事业单位电子政务工程的规划、立项、评审等各个环节进行严格的审批和管理,审减财政资金达 3000 多万元。

2010 年,全市电信、移动、联通新建自营厅及保留合计专营店 1532 家,便民点 1189 家,村级联络员 2653 人

是年,常德市信息化办更名为常德市人民政府电子政务管理办公室(以下简称市电子政务办),其职能基本维持不变。同年,常德市加大电子信息产业招商引资力度,培养骨干企业,加快“百亿产业”建设步伐。促使省内外许多电子信息产业项目落户德山电子信息工业园。12 月,常德市信息化完成全市内网外网建设与协同办公系统建设,全市 240 个单位接入 OA 系统政务内网运行,全市党政办公实行公文传输。

22年来,常德市信息化的建设和发展取得辉煌的成就,从起步建设到信息化事业如火如荼,常德市信息化办、常德市三大运营公司及常德市信息人付出了艰苦的努力,谱写出常德市信息化发展的崭新篇章。

大 事 记

（1988—2010 年）

1988 年

4 月 2 日　中共常德地委编委发文（常编发〔1988〕14 号），成立常德地区经济信息中心，属地直属事业单位，定编 10 人，归口常德地区计委领导。常德地区计委副主任唐必清分管经济信息中心工作，曾凡君为负责人；办公地点设常德市朗州路 120 号地区计委办公楼内。

7 月 1 日　常德市邮电局从北京购买无线寻呼系统设备并安装调试成功，开办无线寻呼业务，成为全省第一个开办寻呼业务的地州市。

1989 年

3 月　常德地区邮电局引进开通长途全自动设备，长途电话由人工、半自动进入全自动。

10 月 18 日　常德地区经济信息中心更名为常德市经济信息中心（以下简称市信息中心），确定为副处级单位的独立事业机构。

10 月　常德地区邮电局改为常德市邮电局，管理全市所属 8 个区县市。

11 月，市信息中心办公地点搬迁至市城区人民中路市物资局办公楼 4 楼。

1990 年

3 月　市计委任命唐周易同志任市信息中心主任。

同月　常德市创建宏观经济数据库。

同月　常德市邮电局启用下南门汉寿街新办公楼。

10 月 10 日　市计委、市信息中心发文（〔1990〕261 号）启动人工信息网络建设。

1991 年

3 月　湖南省试验性无线集群电话在常德运行。

6 月 30 日　常德市正式割接开通 7000 门数字程控电话。

8 月　常德市津市引进开通无线寻呼系统,开全省区县市无线寻呼先河。

10 月　常德市万门程控电话开通。三方通话、闹钟服务、免打搅服务等程控新功能均向社会开放。

1992 年

1 月 7 日,常德首家旅游网站——桃花源游园会信息站成立。

1 月　常德市计划生育管理数据库建立。

4 月　常德市万门程控电话二期工程德山 2048 门数字程控电话交换机开通。

7 月　市邮电局推出全市"1321"工程。

8 月 18 日　市邮电局开通 900 兆赫移动电话,向公众推出移动电话业务,常德成为全省继长沙之后首个办理移动通信业务的地市。当日市邮电局举办开通庆典和特殊吉祥通信号码拍卖会,常德市大哥大第一号 903901 被常德德海公司以 25 万元高价拍走。

8 月　常德市建设第一个移动电话交换站。

11 月　常德市安乡县自动电话成功割接,全市实现市话自动化。

12 月　常德市计委、市信息中心着手编制常德市国民经济和社会发展十年规划。

1993 年

6 月 25 日　常德市电子联合信息网建立。常德市电子联合信息网以大型经济信息动态数据库为基础,联网电子广告、商情报价、信息网络刊物、咨询中介服务等媒体,成为当时高时效、全方位经济信息咨询、发布、交流的网络。

7 月 12 日　市计委任命易孝毅同志任市信息中心主任,任命曾凡君同志任副主任。

7 月　常德电业局开通汉字寻呼系统,成为常德第一个社会寻呼台。

10 月　常德市邮电局开通 168 电话语音信息服务系统, 为公众提供信息查询服务,拉开常德邮电增值业务发展序幕。

12 月　常德市建成并开通县以上大通路数字传输网、地市以上数据分组交换网和地市以上可视电话会议网。

12 月　常德市邮电局开通长途通信、本地网通信、无线寻呼、移动电话、数字数据通信等五大现代化通信网。

1994年

1月10日 市信息中心首次发行内部刊物《信息快报》。

3月 常德市建立市场信息数据库,并将从网络刊物和市场中分门别类采集的信息,整理、录入微机。

12月27日 市计委任命宋公福同志任市信息中心主任。

1995年

6月25日 常德市G3本地电话网建成,电话号码从6位升位7位,全市启用“0736”统一长途区号。

8月22日 市信息中心成立常德市信息与企业联谊会。联谊会以市计委为直接业务主管部门,以全市企业和经济组织(会员单位)为服务对象,以经济信息的传播为纽带,以电子联网和会刊《信息与企业》为阵地进行联谊。

11月 邮电部部长吴基传视察常德市邮电局。

12月 常德市副市长李会刚代表市政府与各县(市)负责人签订“518”通信工程责任状,拉开全市“518通信工程”大幕。是时全市电话主线达到13.21万户。

1996年

1月9日 常德市开通数字移动电话通信网。

1月 常德市移动通信分局正式成立,设立四部:业务营销部、业务管理部、综合部和多种经营部。

4月18日 市信息中心主任宋公福参加全省召开的十地市信息中心主任联席会议。

4月24日 常德市建立信息咨询服务体系,充分利用中国经济信息网提供的信息,大力开发本地信息资源,全市共建立13个数据库。

4月 常德新建1套美国摩托罗拉公司GSM数字移动电话HLR。

5月1日 常德市无线寻呼收费由原来每户(台)每月收费25元改为主叫付费:每呼叫一次在市话费基础上加收0.30元。

6月28日 常德“139全球通”数字移动电话实现全省、全国联网。

7月 市邮电局设立常德市移动通信局,代表常德市邮电局行使全市移动通信专业化管理职能。

7月 常德市遭受特大洪涝灾害,邮电部副部长林金泉视察桃源县灾情。

8 月 2 日 常德市经济信息化领导小组成立。常务副市长担任组长,领导小组办公室设市信息中心,市信息中心主任兼任办公室主任。

9 月 市邮电局改进电话基础网,对全市小交换机进行大规模拆除,将专网并入公网,对入网的小交换机推行分局模块制。

10 月 14 日 湖南信息网常德网站建立,张晓君任网站站长。

10 月 常德市邮电局协助中国银行、建设银行常德支行组建同城通兑系统和全区票据清算系统,发展端口 241 个。

1997 年

1 月 常德市邮电局在全市试行企业市县一体化管理。坚持县局法人地位不变、单独核算基本不变、自主经营基本不变,实行资产建设管理,财务管理、通信经营与业务管理、装备运行维护管理、人事劳资管理、物资管理、监督检查等市、县一体化。

3 月 3 日 根据常经信〔1997〕1 号文件精神,湖南信息网临澧网站建立。

4 月 26 日 市经济信息市场管理办公室设立,宋公福任主任。

6 月 常德市召开市政府信息化工作领导小组第一次全体会议,商议领导小组成员任职等问题。

7 月 常德市邮电武陵大道新办公楼综合楼落成,市邮电局迁至此处办公。

8 月 14 日 常德市经济信息化领导小组更名为常德市人民政府信息化工作领导小组,领导小组办公室设市信息中心,市计委主任梁宋模兼任办公室主任。

10 月 23 日 常德市开始实施《湖南省经济信息市场管理条例》,正式拉开常德市经济信息市场管理序幕。

11 月 21 日 常德公共信息平台——常德信息港开通。

同日 副市长李会刚主持召开市政府信息化工作领导小组第二次全体会议,部署全市信息化规划编制工作。

11 月 23 日 国家经济信息中心刊物《信息工作通讯》刊登常德市政府常务会研究信息化工作、市信息化工作领导小组召开会议、指导信息化工作的信息。

1998 年

3 月 19 日 市信息中心增设信息化管理科,临时承担市人民政府信息化领导小组办公室日常工作,对外称常德市政府信息化工作领导小组办公室(简称市信息化办)。

6 月 22 日 市信息中心创刊《常德信息化通讯》,开始指导解决全市计算机 2000 年问题。

7 月 常德市邮电局实行常德无线寻呼剥离。

9月24日 常德市各区县市电信局分局成立。

10月22日 常德市电信局挂牌成立，龙建业任局长兼党委书记。

11月28日 湖南电信常德无线寻呼公司成立，市邮电局划拨给寻呼公司600万财务资产。

11月 常德市信息化工作领导小组办公室成立，和市信息中心正式合署办公。

12月16日 常德市计算机2000年问题工作领导小组成立，副市长杨光宏任组长。领导小组办公室设市信息中心，市计委副主任蔡子定兼任办公室主任。

1999年

1月3日 市信息中心着手编写《常德市信息化发展纲要(2000—2010年)》。

4月26日 常德市计算机2000年问题专家组成立，开始研究解决市内计算机2000年问题过程中存在的共性技术问题，开展技术培训和咨询。

5月17日 常德移动分公司对全球通签约用户开放手机上网业务。

5月18日 无线寻呼从邮电剥离，无线寻呼业务退出通讯领域。

5月 常德市成立计算机2000年问题应急领导小组，副市长杨光宏任组长，主要职责是防范和化解由于Y2K问题的发生可能带来的重大损失和社会不稳定因素，确保全市平稳过渡计算机2000年。

6月22日 市信息化工作领导小组办公室创刊政府上网工程专辑《常德信息化通讯》。

7月17日 中国移动通信集团湖南省公司常德分公司挂牌成立，戴开树任市移动通信公司经理、党委书记。

7月22日 常德市“全球通”数字移动电话号码从10位升到11位，升位方式是在原号码第三位后加“0”。

8月 国信寻呼常德分公司并入中国联通常德分公司，成为常德联通的寻呼事业部，国信寻呼常德分公司员工整体划转。

11月8日 常德市成立湖南联通公司常德分公司。

12月7日 市信息中心在芷兰小区开始信息化建设试点。

2000年

1月18日 常德市开始实施政府上网工程。全市政府上网工程工作由市信息中心和各区县市经济信息中心具体组织实施，区县市政府上网工程办公室设经济信息中心。

2月10日 市信息中心日元贷款正式启动。贷款日元614.24万元(44.49万人民币)，市政府配套资金34万元人民币，用于建设常德市政府网站。

2月13日 常德市人民政府颁发《常德市政府上网工程方案》，全面规定政府上网工程的建设目标、原则、范围、内容、技术方案、组织领导和时间安排。

2 月 29 日 常德市政府网站建成,成为全省第一家政府网站。

3 月 常德移动通信分公司各区、县(市)营业处改称常德移动通信分公司区、县(市)分公司。

5 月 18 日 常德市通过《“十五”(2005—2010 年)国民经济信息化规划提纲》和《部门领域十五信息化规划提纲》。

5 月 市信息中心组织举办常德市政府上网工程首期培训班，全市 124 家政府上网单位的主管领导与技术员参加培训。

6 月 7 日 常德市政府授权市信息中心管理、使用因特网域名:WWW.CDCITY.GOV.CN

6 月 常德移动开始发行“神州行充值卡”。

9 月 21 日 中国电信集团湖南电信公司常德分公司正式挂牌成立，舒石任公司总经理、党委书记。

10 月 26 日 常德市建设企业与产品数据库。

10 月 湖南省经贸委、湖南省电信公司授予常德市“全省第一个电话市”称号。

12 月 8 日 常德市政府网站主页首次改版成功,并开通挂网。

12 月 28 日 常德市人民政府网站开通市长“电子信箱”,市政府开始利用“电子信箱”处理群众来信。

2001 年

2 月 14 日 市信息中心制定《常德市国民经济和社会信息化“十五”计划(草案)》,该计划是常德市第一个国民经济和社会信息化五年规划。

4 月 市信息中心组织市电信、移动、烟厂等单位参加湖南省“九五”期间信息化暨“十五”宏伟蓝图展示会。

5 月 14 日 市信息化工作领导小组办公室获湖南省“九五”期间市州信息化工作先进单位。

5 月 20 日 市信息化工作领导小组办公室获省建设“网上湖南”首届信息技术及网络产品展览会组织工作特等奖。

6 月 18 日 市信息中心编撰的《常德市党政机关企事业单位信息大全》问世,该书有利于提高常德的知名度,利于招商引资和常德经济发展。

6 月 常德市成功举办常德市首届电脑文化节。

7 月 20 日 “中国移动通信集团湖南省移动通信公司常德市分公司”成立,简称“湖南省移动通信公司常德市分公司”。

8 月 常德各县市区移动分公司统一改为营业部——中国移动通信集团湖南省移动通

信公司××县(市)营业部,简称“湖南省移动通信公司××县(市)营业部”。

10 月 29 日 市政府任命陈夏林同志任市信息中心主任;同日,市委任命杨军武同志任市信息中心党支部书记。

12 月 31 日 常德模拟移动通信网在运行十年后顺利封网,平稳退出。

2002 年

3 月 7 日 市信息中心首次引进企业投资,广东老板陈裕发先生注册成立常德市湘粤裕兴工贸易有限责任公司,投资规模突破 1000 万元。

3 月 市信息中心组织建设全省第一家地市级“非典”宣传网站,协助全市完成“非典”防治工作。

5 月 常德电信成本管理形成省市一体化、市县一体化管理双轨制。

6 月 9 日 常德市重组市信息化领导小组,市长陈君文任组长。市政府成立信息化工作办公室作为市信息化领导小组的办事机构。市政府信息化工作办公室与市经济信息中心合署办公,一套人马,两块牌子。

6 月 20 日 市信息中心组建常德市信息化专家咨询委员会。

9 月 市信息中心发起“信息化与常德经济社会发展”调研和论文征集活动。常务副市长陈文浩《关于推进我市信息化的思考》、市计委主任周运来《关于我市电子政务的调查与思考》、市信息中心主任陈夏林《关于以信息化带动工业化的思考》等三篇文章入选,发表在省政府信息化办网站上。

10 月 1 日 常德移动分公司对全球通签约用户开通彩信业务。

10 月 16 日 省政府信息化工作办公室副主任、省信息产业厅副厅长韩淑云一行三人,到常德市考察、调研信息化工作。

12 月 24 日 市政府首次召开全市信息化工作会议,修订常德市信息化“十五”专项规划。

12 月 25 日 市发展改革计划委员会任命张晓君同志任市信息中心副主任。

2003 年

2 月 25 日 常德市人民政府将“政务信息化工作”纳入全市中心工作市直部门年度量化目标考核体系。

3 月 27 日 市信息中心更名为市人民政府信息化工作办公室(以下简称市信息化办),调整为市人民政府的直属事业单位。市政府授权主管全市信息化和信息产业。

3 月 常德市小灵通网络在城区分公司和各县市分公司开通。

5 月 18 日 常德市政府办发布实施《常德政府网建设管理暂行办法》。办法规定常德政府网由三部分组成:中国常德政府网、常德政务专网、常德市电子政务网控中心。

5月30日 “中国·常德”政府门户网站网控中心建设方案招标。

5月 常德移动分公司开通手机支付业务,面向签约客户开放。

6月15日 市政府任命李长春同志任市信息化办主任,同日,市委任命舒兆兰同志任市信息化办党支部书记。

7月20日 市信息化办制定《常德市电子政务建设项目专家评审活动组织实施办法(试行)》,规范常德市电子政务建设项目专家评审活动。

8月 常德市电信分公司承担全市农村远程教育数据电路建设,以“百镇千村”宽带接入工程为突破口,开通全市240个乡镇的宽带。

9月11日 常德市委宣传部制定《关于国际互联网络新闻宣传工作的暂行规定》,规范互联网站登载新闻的业务范畴,主旨是维护互联网新闻的真实性、及时性、准确性、合法性。

9月22日 市政府召开“中国·常德”政府门户网站建设工作会议,安排全市各单位子网站建设任务。

10月1日 中国联通公司常德分公司互联网拨号业务接入号码由165升位至16500。

12月8日 “中国·常德”政府门户网站正式挂网开始试运行。

12月16日 常德市电子政务网控中心成立,奠定常德市市直单位网络互联互通和信息资源共享的基础。

12月19日 “中国·常德”政府门户网站在常德市委常委扩大会议上宣传、解说,获得好评。

12月24日 市信息化办首次实行公务员公开招考,招考副科长、计算机专业技术人员、信息采编人员。

12月26日 常德市经济信息市场管理办公室获得湖南省人民政府经济信息中心、湖南省信息市场管理办公室《湖南省经济信息市场管理条例》实施与管理先进单位表彰。

2004年

1月 常德市成为劳动和社会保障部全国96个“金保工程”建设示范的试点城市。

3月17日 市信息化领导小组组长、市长陈君文主持召开市信息化领导小组第二次全体会议。会议决定,2004年开通市政府办、市计委、市财政局等10家行政事业单位公文流转和数据交换。

4月15日 常德市政府制定《“中国·常德”政府门户网站建设管理暂行规定》,加强对“中国·常德”政府门户网站的建设与管理。

5月23日 常德市政府制定《常德市电子政务工程建设管理暂行办法》,规定市直、中央和省驻常行政事业单位电子政务工程的规划、立项、评审、政府采购、监理、验收及其相关管理活动遵照执行。

5 月 28 日 常德市电信分公司完成上市重组工作，湖南省电信有限公司常德市分公司及各区县市分公司注册。

7 月 30 日 湖南省电信有限公司常德市分公司挂牌成立，刘文兵任总经理兼党委书记。

7 月 “中国·常德”政府门户网站在第三届中国电子政务技术与应用大会上被评为全国优秀政府门户网站，名列全国 300 个地级城市政府网站 18 位。

9 月 21 日 市信息化办举办首届常德市公务员信息化培训班，市直单位和区县(市)政府 100 多名信息技术人员参加。

9 月 市政府搭建两网合一、光芯接入的市电子政务网控中心物理平台，联通市政府办、市计委、市统计局、市劳动和社会保障局、市财政局 5 个单位的局域网，开通信息查询系统。

11 月 18 日 市信息化领导小组调整市信息化专家咨询委员会专家成员。

12 月 2 日 投资 30 亿元人民币的泰格林纸集团常德工程项目启动。该项目由市信息化办与市林业局、市外经局、德山开发区管委会联合引进，项目年产 100 万吨浆纸、50 万立方米板，安排 1000 多人就业。

12 月 28 日 “中国·常德”政府网站首次对常德市人大、政协“两会”进行现场直播，受到高度关注。

12 月 常德市政府确定市信息化办主管全市信息化工作，负责组织、管理和协调全市电子政务建设并提供综合信息服务。

2005 年

4 月 18 日 市政府调整市信息化办职能，将原经委机电办承担的信息产业职能划归市信息化办管理。

5 月 常德市启动“金保”“金盾”“金财”“金政”等信息化工程项目，带动中介信息咨询、科技信息、农业信息、房地产等社会信息服务。

6 月 27 日 常德市编委核定，各区、县(市)经济信息中心统一改组为县(区、市)人民政府信息化工作办公室，政府直属事业单位，副科级架子，副科级领导职数 1 名。

6 月 湖南省电信有限公司常德分公司更名为中国电信股份有限公司常德分公司。全市所属各县级分公司更名为中国电信股份有限公司 × × 分公司。

7 月 15 日 “中国·常德”政府门户网站关注市民生活新闻刊登在《湖南日报》头条显著位置。

7 月，市信息化办完成“中国·常德”主网站改版升级，美化页面，优化结构。

8 月 “中国·常德”与中国第五大新闻网“红网”联姻，建成“常德新闻网”红网常德站，构成“中国·常德”政府门户网站的新闻部分。

8 月 常德政府网站英文版正式开通。网站以介绍常德市情市貌,资源禀赋,历史文化为主,设有 0verview(概览)、cityagencies(工作机构)、Invest GUide(投资指南),Tourism(旅游)prospect(风景名胜)等主要栏目。

9 月中旬 “中国·常德”政府门户网站建设中文繁体版。

9 月底 市信息化办建成“中国·常德”政府门户网站嘉宾访谈室。

9 月 “中国·常德”荣获“2005 中国优秀政府门户网站”称号。再次进入中国地市级政府门户网站 50 强,位居全省第一。

11 月底 市信息化办完成市直单位子网站的建设,全市初步形成一个信息量大,覆盖面广、功能完善、结构合理的网站体系。

12 月 信息化办确立市直 96 家单位进入量化目标考核管理。

同月 在经过 100 年的发展后,常德电报业务退出历史舞台。

2006 年

5 月 9 日 省政府信息化办、信息产业厅等有关部门组织省内网络安全专家,在常德市举办为期 5 天的“信息安全工程师技术培训”。

5 月 18 日 市政府办发布《常德市政务信息网上公开暂行办法》。

5 月 23 日 “中国·常德”政府门户网站编辑委员会成立,市政府副秘书长沈习淼兼任主任。

5 月 常德市电信推出电信号码百事通转型业务,通过电话、互联网、IPTV 等服务通道为广大用户提供本地综合的生活信息咨询服务。

6 月 29 日 “中国·常德”政府门户网站嘉宾访谈节目开播,市长陈君文接受网站邀请,与网友进行现场互动,倾听市民呼声,回复网友问题。

6 月 中国电信常德市分公司合并原宽带营维中心与电话营维中心,成立公众客户部。

8 月 15 日 全省工商系统推进信息化建设暨办公自动化应用经验交流会在常德市召开,会上,省工商局大力推介常德市工商局信息化建设暨办公自动化应用方面的经验。

8 月 常德市委组织部、常德市电信分公司联合发文,农村党员远程教育由村延伸到户,在农村大力推广电子阅览室。

8 月 常德市启动“平安城市”工程,建成 874 个市城区治安电子防控系统监控点,10 月底城市电子防控系统开通运行。

9 月 11 日 市信息化办、市财政局首次对市级审批方案资金不少于 50 万元或财政安排资金不少于 10 万元的所有信息化建设项目组织专家进行审查验收。

9 月 26 日 市机构编制委员会办公室下文规范党政群机关及事业单位网上名称。

9 月 29 日 市信息化办、市劳动和社会保障局、湖南同德职业学院联合举办全市首届“同德杯”计算机(微机)调试员职业技能大赛。各区(县)市,市直机关各单位、市属和驻市各企事业单位均派员参赛。

10月24日 市信息化办获得湖南省第二届计算机(微机)调试员职业技能竞赛“优秀组织奖”。常德市银天电脑公司选手董道彬在大赛中夺得冠军。

10月16日 市创学办首次将信息化与电子政务课程纳入创学考核内容,全市公务员和事业单位管理人员均纳入学习考核范围。

10月30日 常德市政府确定市金税、金财、金盾、金保为信息化工作重点。

10月 董道彬在江苏常州举行的全国第二届计算机(微机)调试员职业技能大赛决赛上,夺得个人成绩第8名,被信息产业部授予“全国信息产业技术能手”称号。

11月5日 信息产业部人事司司长王耀光,全国软考办主任徐玉彬,省信息产业厅党组成员、纪检组长陈学伟一行到常德检查计算机技术和软件专业技术资格考试工作。

11月 常德市获得湖南电子信息应用教育中心电子信息应用教育“十一五”规划编制工作先进单位。

同月 常德市成立企业基础信息共享协调小组,市政府常务副秘书长周代惠任协调小组组长。

12月8日 市信息化办副主任张晓君聘任为湖南电子信息应用教育中心常德分中心主任。

12月14日 常德市城市综合监控管理信息系统建设方案通过专家评审。

12月27日 市信息化办获得湖南省2006年度信息产业统计工作先进单位。

12月底 “中国·常德”政府网站在全国第五届政府门户网站绩效评估中,位列全国地级城市政府网站第46位。

12月 常德市“金保工程”一期建设方案通过专家评审。

2007年

1月17日 常德市信息化办被评为湖南省信息化系统先进集体。

2月 常德市首次编制政务公开目录并上网公开。

3月30日 省人民政府信息化工作办公室秘书处、湖南省信息产业厅办公室授予常德市信息化办为“湖南省2006年度政务信息工作先进单位”。

同日 常德市政府改组市信息化工作领导小组,市长卿渐伟任组长,副市长陈文浩任副组长,舒兆兰兼任办公室主任。

同日 市委任命王淑华同志任市信息化办党支部书记。

3月 常德市政府确立常德行业信息化“10大工程”建设工作目标。

5月12日 市信息化办160货运网服务器于当日下午受到黑客攻击,一度造成网络中断,致使“中国常德”政府门户网站不能正常访问。

7月3日 市信息化办在临澧县召开全市首次电子政务建设及应用经验交流会议,各区县市分管信息化工作的副区县(市)长参会。

7月9日 市信息化办首次对“中国·常德”政府门户网站市直单位138个子网站实施绩效半年度考核评分。

7月30日 常德市信息化办被评为湖南省2006年度政务信息工作先进单位。

7月31日 市信息化办升格为正处级,党支部改为党组,内设机构级别相应调整为正科级。

7月 常德市电信局组织“区县电子政务营销”,提供从网络建设到政务应用的解决方案,形成常德市“电子政务”建设热潮。

9月19日 常德市电子政务内网横向网开通,市委组织部、市委宣传部、市教育局等43家单位接入。

10月10日 常德市成立信息安全等级保护工作领导小组,在全市范围内组织开展重要信息系统安全等级保护定级。

12月5日 各区县(市)和市直单位的信息化工作纳入全市量化目标考核体系。

12月8日 中共湖南省委对外宣传办公室、湖南省人民政府新闻办公室授予红网常德站2006年度红网优秀市州分站。

12月11日 常德电子信息应用教育分中心评为全省电子信息应用教育工作先进单位。

2008年

2月29日 常德市财税一体化征收系统第一期工程企业基础信息共享平台建成并测试。

3月18日 市政府任命舒兆兰同志任市信息化办主任,王淑华、胡岩城任市信息化办副主任。

5月5日 常德政府网站开展对子网站进行绩效考核。

7月31日 常德市移动公司将原有县级移动管理机构“营业部”称谓改为“县(市)分公司”。

10月1日 常德电信正式接管常德联通分公司C网,经营移动业务。

10月 常德市电信分公司调整前端组织架构及工作职责,设立实体渠道中心、城区营销中心、武陵营销中心、德山营销中心、系统集成支撑中心。

11月8日—9日 省信息产业厅副厅长刘平凡一行4人到常德调研“两化融合”及落实科学发展观。

11月18日 中国联合网络通信有限公司湖南分公司常德市分公司成立,中国网通常德分公司16名员工及25名编外人员整体融合至中国联通常德分公司。

2009 年

1 月 市信息化办主任舒兆兰获湖南省优秀信息化工作先进工作者，张晓君获省信息产业厅信息产业和信息化工作先进个人奖励和湖南电子信息应用教育工作突出贡献奖,张亚琼、金洁获湖南电子信息应用教育工作目标管理考核先进个人,金洁获湖南电子信息产业统计工作先进个人

3 月 27 日 中国移动全网手机支付平台顺利割接上线。

5 月 11 日 常德政府网完成第三次改版,新版政府网站正式挂网运行。

6 月 3 日 常德市启动全市地理信息系统(GIS)建设。

6 月 19 日 常德市政府网站机构成立,正科级机构,全额拨款事业单位,定编 8 人,设站长一名。

6 月 常德市政府将电子信息产业单列为一大产业集群。德山电子信息产业园正式兴建。

7 月 13 日 常德市开始手机支付业务新平台试商用。

7 月 15 日 市信息化办制定《常德市电子信息产业振兴实施规划》。

7 月 常德市政府网站信息公开指数单项排名居全国第 32 位。常德市政府网成为全市政务信息发布的第一平台。

10 月 9 日 常德市政府设立 500 万元电子信息产业发展专项资金奖金,资金从市新型工业化发展专项资金、科技三项费用中安排。

10 月 20 日 市委任命唐西新同志任市信息化办党组书记、副主任。

10 月 27 日 常德市政府市长陈文浩和常德市政府信息化办主任舒兆兰两人被推荐为全省优秀 CIO(首席信息官)。

10 月 常德市出台《常德市电子政务工程建设管理办法》,形成项目建设“技术方案评审、标书审核、项目监理、竣工验收”关键环节的全过程监管体系。

11 月 《常德市电子信息产业发展规划纲要(2009—2020 年)》组织专家评审。

2010 年

1 月 常德市人民政府市长陈文浩与湖南省电信分公司签订推进 “湖南省十大信息化工程”建设战略合作协议,各区县市人民政府与常德电信分公司签订推进“湖南省十大信息化工程”建设战略合作协议。

3 月 4 日 市经信委成立,市信息化办的信息产业职责和推进信息化工作职责,整合划入市经济和信息化委员会

同日 市信息化办更名为市政府电子政务管理办公室(以下简称市电子政务办),由市

政府直属事业单位调整为市政府办公室管理单位,机构级别维持正处级不变。

3月23日 常德市成立互联网协会,曹峻华、裴杰、周新、娄志刚、唐生国 等人成为互联网协会发起人。

11月8日 市电子政务办首次编制次年电子政务工程建设计划。

12月8日 常德市内网外网建设项目进入正式实施阶段,市县240个单位接入。

第一篇《

信息化发展

第一章　信息化机构

第一节　管理机构

一、市级机构

1988 年 4 月 2 日，经原常德地委编委行文（常编发〔1988〕14 号）批准成立常德地区经济信息中心，属地直属事业单位，归口常德市计委领导。定编 10 人。常德地区计划委员会副主任唐必清分管信息中心工作，曾凡君为负责人，办公室设市区朗州路 120 号计委内。

1989 年 10 月 18 日，常德地区经济信息中心更名为常德市经济信息中心（以下简称市信息中心），副处级单位，独立事业机构，其人员编制、经费来源、隶属关系均维持原地区经济信息中心不变。设置内部机构一室两科：综合办公室、信息预测科、计算通讯科。

是年 11 月，办公场所由朗州路市计委搬迁至市人民中路物资局办公楼 4 楼。

1996 年 8 月 2 日，常德市成立常德市经济信息化领导小组，领导小组办公室设市经济信息中心，市信息中心主任兼任办公室主任。市信息中心和市经济信息化领导小组合署办公，两块牌子一套人马。

1997 年 8 月 14 日，常德市经济信息化领导小组更名为常德市人民政府信息化工作领导小组，领导小组办公室设市信息中心，市信息中心设信息化管理科，具体负责领导小组的日常工作，对外称常德市政府信息化工作领导小组办公室。市计委主任梁宋模兼任办公室主任。

1998 年 3 月 19 日，市信息中心增设信息化管理科和信息市场管理办公室。

1999 年 5 月，常德市成立计算机 2000 年问题应急领导小组，副市长杨光宏任组长。领导小组办公室设在市信息中心，市信息中心主任宋公福兼任办公室主任。

2001 年，市信息中心实行公务员管理制度。调整内设机构，设 3 个科：综合科、信息化管理科、信息技术科。

2003 年 3 月 27 日，常德市经济信息中心更名为常德市人民政府信息化工作办公室（以下简称市信息化办），并由市计委管理调整为市人民政府的直属事业单位，其机构级别、内设机构、人员编制等维持不变。

1989年,市信息中心设置内部机构一室两科。综合办公室(对应于省中心办公室和综合处)。负责中心会议组织,文电处理,秘书事务,档案管理,财务、干部人事管理,思想政治工作以及日常业务工作计划的制订、实施和检查;信息预测科(对应于省中心信息处、预测处)。负责疏通信息采集的渠道,扩大信息用户,向政府、部门、企业提供无偿或有偿信息服务,负责信息刊物的出版和发行。与新闻单位合作开辟信息发布、传播、服务的渠道。以数量分析为主要手段,结合定性分析,对国民经济和社会发展情况及发展趋势进行分析和预测,提供信息咨询服务;计算通讯科(对应于省中心计算机通讯处和数据库与程序库管理处)。负责本系统计算机、网络、通信、动力等软硬件系统的管理与技术开发,负责中心计算机和通讯系统的运行和维护。

市经济信息中心领导考察津市阳关电子公司车间

二、区县(市)级机构

武陵区

1987年10月,经原常德市编制委员会批准,成立原常德市经济信息中心,为独立法人二级事业单位,归属原常德市计划委员会管理。

1988年10月,撤市建区,原常德市更名为常德市武陵区,更名后的武陵区经济信息中心(以下简称区信息中心)仍归属武陵区计划委员会管理。

1989年2月,区计划委员会与区经济工作委员会合并,改名为武陵区计划经济委员会,区经济信息中心隶属武陵区计划经济委员会管理。

2000年4月27日,区政府拨付15.3万元建设武陵区政府网站。2001年1月28日,区政府网站正式开通。

2005年10月,区经济信息中心更名为武陵区人民政府信息化办公室(以下简称区信息化办),区政府直属事业单位,副科级。

2008年11月,区人民政府确定区政府网站机构并列,编制核定为9人,其中信息化办3人,政府网站6人。

2009年,区政府明确政府网站单位单独设立并挂牌,隶属信息化办股级事业单位。

2010年,武陵区人民政府信息化办公室更名为武陵区人民政府电子政务管理办公室,归属区人民政府办公室管理,全额拨款事业单位,副科级,编制9名。内设机构有区政府网站、综合股、应用推进股、信息技术股。

鼎城区

1988年6月14日，常德县编制委员会印发《关于成立“常德县经济信息中心”的通知》，成立“常德县经济信息中心”，二级独立事业单位，归口县计委管理，事业编制5名。

2002年3月15日，鼎城区设置区经济信息中心（以下简称区信息中心），归口区计划物价局管理，负责全区信息化建设和管理，具有行政职能的副科级事业单位，全额拨款事业编制4名。内设机构有办公室、信息资源与应用推进股。

2005年7月24日，区信息中心更名为区人民政府信息化工作办公室（以下简称区信息化办），区人民政府直属事业单位，归口区人民政府办公室管理，核定副科级领导职数1名。

2009年7月31日，区政府电子政务管理办公室设立区政府网站技术维护中心，独立股级事业单位。

汉寿县

1987年11月12日，汉寿县人民政府以汉政发〔1987〕35号文件，成立“汉寿县经济信息中心”（简称县信息中心），归口县计委。

1990年4月14日，汉寿县机构编制委员会办公室以汉编办〔1990〕11号行文，将县经济信息中心定为副局级事业单位。

2006年11月，县信息中心更名为汉寿县人民政府信息化工作办公室（简称县信息化办），汉寿县人民政府直属副科级事业单位，归口汉寿县政府办管理。

2010年10月，汉寿县信息化办更名为汉寿县人民政府电子政务管理办公室（简称汉寿县电子政务办），事业单位，定为副科级，汉寿县人民政府办公室管理，具有行政管理职能。

桃源县

1988年3月，桃源县成立经济信息中心（以下简称县信息中心），定编5人。

1990年8月，县信息中心定员定编，隶属县计委领导的二级事业单位。

2005年10月，县信息中心更名为桃源县人民政府信息化工作办公室（以下简称县信息化办），副科级全额拨款事业单位，配备领导职数2名（一正一副），参照公务员管理，内设综合股和信息产业技术股。

2008年7月14日，县政府网站独立，与信息化办原则上不分拆，实行一套机构两块牌子。

2010年8月，县信息化办更名为桃源县人民政府电子政务管理办公室（以下简称县电子政务办），隶属县人民政府办公室管理，副科级事业单位。定编11人，启用新的印章。

石门县

1988年4月8日，经石门县编制委员会批准，设立石门县经济信息中心（以下简称县信息中心），副科级独立事业单位，归口石门县计划委员会管理。事业编制2名。

2008年9月1日，县政府设置石门县人民政府信息化工作办公室（以下简称县信息化办），县人民政府直属副科级事业单位，归口县人民政府办公室管理。核定全额拨款事业编制

5名。

2010年8月2日,县信息化办更名为石门县人民政府电子政务管理办公室(以下简称县电子政务办),调整为县政府办公室管理的事业单位,机构级别维持副科级不变。

临澧县

1988年,临澧县成立“临澧县经济信息中心”(以下简称县信息中心),属事业性差额拨款单位,定编5人,副科级事业单位,归口县计委管理。

2000年,成立临澧县政府网站,和县信息中心合署办公,两块牌子一套班子。

2005年1月,县委、县政府将县信息中心划归县政府办公室直接管辖,更名为“临澧县人民政府信息化工作办公室(以下简称县信息化办)”。根据县人民政府授权,主管全县信息化工作和信息产业。

2006年,县信息化办设置内设机构:综合股、应用推进股、技术评审股、信息资源股。

澧　县

1988年9月28日,澧县设立经济信息中心(以下简称县信息中心),归口澧县计划委员会领导。定事业编制2名。

1991年4月28日,澧县机构编制委员会将澧县信息中心升格为副局级事业单位,增加事业编制4名,归口澧县计划委员会领导。

2002年4月27日, 澧县人民政府办公室将澧县信息中心确定为由县发展计划物价局管理的具有行政职能的副科级事业单位,核定全额拨款事业编制5名。管理人员实行公务员管理。

2005年9月13日,澧县信息中心更名为澧县人民政府信息化工作办公室(以下简称县信息化办),为县政府直属事业单位,归口澧县人民政府办公室管理,定编7人。单位性质、机构级别、领导职数等均维持原状不变。

2007年3月12日,县信息化办设定内设机构:综合股、信息化推进股、信息技术股、电子政务股。

2010年10月9日,澧县县委、县政府出台《中共澧县县委、澧县人民政府关于印发〈澧县人民政府机构改革方案实施意见〉的通知》(澧通字〔2010〕20号),将县信息化办更名为澧县人民政府电子政务管理办公室(以下简称县电子政务办),调整为县政府办公室管理的事业单位,机构级别维持副科级不变。内设机构电子政务股加挂“澧县人民政府网站”牌子。

津市市

1988年11月,津市市设立经济信息中心(以下简称市信息中心),为独立二级事业单位,归口津市市计划委员会领导。核定事业编制2名。

2002年6月,市政府确定市信息中心为发展计划物价局管理的具有行政职能的副科级事业单位,核定全额拨款事业编制4名。

2006年2月,津市市信息中心更名为津市市人民政府信息化工作办公室(简称市信息化办)，市人民政府直属事业单位，定为副科级，主管全市信息化和信息产业。定编制 6 名，其单位性质等均维持原状不变。

2010 年 10 月，市信息化办更名为津市市人民政府电子政务管理办公室，调整为市政府办公室管理的事业单位，编制 6 名，机构级别维持副科级不变。

安乡县

1989 年 7 月 12 日，安乡县成立经济信息中心(以下简称县信息中心)，全额拨款副局级事业单位，归口县计委领导，编制 3 人。

2005 年 5 月，县信息中心更名为安乡县人民政府信息化工作办公室(以下简称县信息化办)，调整为县政府直接管理，编制 3 人。

2009 年 7 月，设立《安乡手机报》编辑部，信息化办内设股级事业单位。

2010 年 7 月 22 日，县信息化办更名为县政府电子政务管理办公室(以下简称县电子政务办)，调整为县政府办公室管理的事业单位，机构级别维持副科级不变。编制扩到 18 人，在职人员 9 名。

第二节　服务机构

一、市级机构

中国电信股份有限公司常德分公司

1989 年，常德撤区建市，常德地区邮电局改为常德市邮电局(以下简称市邮电局)，市邮电局隶属湖南省邮电管理局和常德市委、市政府双层领导，管理全市所属 8 个区、县(市)邮电局。局址设常德市下南门汉寿街。

1990 年年末，市局内部组织分党群系统、行政业务管理系统和生产系统。

1992 年，为适应邮电的大发展需要，市局内部机构设电报科，长话科，长机科，市维科，德山分局，安装公司，行政科，保卫科，办公室，增设“1321“办(程控办、“1321”办合署办公)。

1996 年 1 月，市局以改革财务管理体制为突破口，进行市县一体化管理的积极探索，改变传统的以县行政区域为中心的管理体制。以市局为龙头，逐步形成全市经营政策、经营机制、经营手段、经营品种、经营时间“5 个统一”，并对 10 个生产科室(专业)赋予管理职能，实行本地网内，本专业发展、建设、管理的垂直管理，将原纯管理的邮政业务部、电信业务部、建设部等职能管理部门削减管理职能。

1997 年 1 月，全市试行行业内市县一体化管理。坚持各县局当地法人地位不变、单独核算基本不变、自主经营基本不变，推行全市资产建设管理、财务管理、通信经营与业务管理、装备运行维护管理、人事劳资管理、物资管理、监督检查等方面的市、县一体化管理。

1997 年 7 月,常德邮电局综合办公迁至武陵大道新办公综合楼北分局新址。

1998 年 5 月,常德邮电组建湖南电信常德无线寻呼剥离改制筹备组,着手实施无线寻呼人、财、物剥离工作。11 月 28 日,湖南电信常德无线寻呼公司成立,市邮电局划拨给寻呼公司 600 万元财务资产,湖南电信常德无线寻呼公司无偿划归常德联通公司。

1998 年 8 月,常德实施邮电分营。10 月 16 日,常德市邮电局撤销,成立常德市邮政局和常德市电信局(以下简称市电信局),10 月 22 日,常德市电信局挂牌成立,全市邮电分营完毕。分营后,全市电信总人数合计 2669 人,财务资产 118303 万元。龙建业担任常德市电信局局长兼党委书记。 分营后,市电信局由 30 个职能科室减少到 5 部、2 室、1 会,对市电信局及各县市局的机关管理人员进行分流。

1999 年 6 月,根据信息产业部的要求和省电信管理局的部署,常德电信实施移动脱离工作。7 月 17 日,常德市电信局、常德市移动通信公司挂牌成立。原市电信局局长龙建业任常德市电信局局长兼党委书记,原市电信局副局长戴开树任常德市移动通信公司经理、党委书记。电信员工合计 2230 人,划归电信资产 72465 万元。

2000 年 9 月,常德电信实行公司化运营。9 月 21 日,中国电信集团湖南省电信公司常德分公司成立(以下简称市电信分公司),原常德市电信局副局长舒石任公司总经理、党委书记。12 月,市分公司实施主附、主辅分离。2001 年 4 月,市电信实业有限责任公司注册成立,市公司领导及相关部门负责人组成公司董事会,总经理任董事长、法人代表,设监事会,下设 5 部、8 个(县区市)分公司、1 个设计室。公司整体搬迁至武陵区洞庭大道西段办公。

2004 年,中国电信改制重组上市,5 月 28 日,常德市电信分公司完成上市重组工作。30 日,市电信分公司举行湖南省电信有限公司常德市分公司成立挂牌仪式,刘文兵任总经理兼党委书记。同年 8 月,市电信分公司调整内部组织机构。新架构实行前后端型,前端为营销中心,设 9 个二级机构、5 个三级机构;后端为网络中心,设 3 个二级机构、9 个三级机构;管控支撑部门设 11 个。省直单位直管的常德微波局并入本地网,整体划入 19 人。

2005 年 6 月,市电信分公司对现行公司法人体制进行调整,湖南省电信有限公司常德市分公司更名为中国电信股份有限公司常德分公司。

常德市电信分公司武陵路办公大楼

2006 年,市电信分公司对城市渠道进行机构和客户覆盖的调整。将原宽带营维中心与电话营维中心合并成新的公众客户部;原公众客户部和商业客户部合并为商业客户部。县级分公司渠道进行规范,设立大商客户中心、公众客户中心、公话增值业务中心和营业服务中心。2007 年,市电信分公司设立政企客户部和系统集成业务部，助力常德信息社会建设。政企客户部主要负责政企客户市场管理、营销和服务，协同系统集成业务部做好系统集成产品的推进工作；系统集成业务部主要负责系统集成相关业务的管理、营销、项目实施、支撑和售后服务。

2008 年 10 月，市电信分公司调整前端组织架构及工作职责，设立实体渠道中心、城区营销中心、武陵营销中心、德山营销中心、系统集成支撑中心。对县分公司前端组织架构进行对口调整。

中国移动通信集团湖南有限公司常德分公司

1992 年，常德市邮电局在电信管理科设无线通信管理台席或移动通信专业台席。对移动通信专业的工程建设、维护和营销实行专门的管理和相应的筹备。

1994 年，根据湖南省邮电管理局湘邮〔1994〕局字 243 号《关于加强移动通信专业化管理有关问题的通知》文件要求，常德市邮电局设立移动通信生产管理机构。

1996 年 1 月，常德市移动通信分局正式成立并正常运作，设立业务营销部、业务管理部、综合部和多种经营部。

1996 年 7 月，常德市邮电局设立常德市移动通信局，代表常德市邮电局行使全市移动通信专业化管理职能，接受省移动通信局和常德市邮电局的双重领导。

1999 年 7 月 17 日，中国移动通信集团湖南省公司常德分公司（以下简称市移动分公司）完成电、移分离，正式挂牌成立。市移动分公司下辖鼎城、澧县等 8 个区、县(市)营业处。

市移动分公司经理由省邮电管理局聘任，副职由省邮电管理局审定，市移动通信分公司经理聘任。

1999 年 8 月，市移动分公司设置综合办公室、人力资源部、经营服务部、计划财务部、建设工程部、运行维护部、第二产业管理办公室 7 个职能管理部门及工会委员会和党群工作办公室，公司下设立移动营业中心、欠费管理中心、客户服务中心，账务处理中心、德山营业所、安保科、基建科等 7 个生产中心。

2000 年 10 月，市移动分公司重新设置机构，设立综合办公室、人力资源部、市场经营部、财务部、计划建设部、网络部、党群工作部、纪检监察审计部、武陵市场部等 9 个职能管理部门及工会委员会，公司下面设立安全保卫科、迅拓公司、客户服务中心、账务结算中心、基建办、网络维护优化中心、网管监控中心、传输动力中心、营业营销中心、欠费收缴中心、代办代销业务管理中心、德山营业所等 12 个生产部门。

市移动分公司优雅的办公环境

2001 年 7 月 20 日，常德市分公司全称定为“中国移动通信集团湖南省移动通信公司常德市分公司”，简称“湖南省移动通信公司常德市分公司”。

2002 年 6 月,市移动分公司优化机构设置,设立综合部、人力资源部、市场经营部、计划财务部、工程网络部五部和后勤送配中心、工程建设中心、交换维护中心、无线维护中心、客户中心、账务中心、营业中心、大客户中心、数据中心、代办中心等 10 个生产部门。

2004 年 5 月,市移动分公司新设立 IT 网络维护中心和宣传策划中心。

市移动分公司主要设置 10 个职能管理部门、14 个中心机构。

1.10 个职能管理部门:综合部、人力资源部、财务部、纪检监察审计部、工会党群部、网络部、计划建设部、市场经营部、数据部、集团客户部。

2.14 个中心机构:后勤中心、采购中心、安保中心;客户服务中心、业务支撑中心、渠道管理中心、全业务运营中心;综合维护中心、无线优化中心、传输优化中心、全业务支撑中心、网络调度中心、基建办、工程建设中心。

2008 年 7 月 31 日,常德市各区县市移动管理机构“营业部”称谓改为“县(市)分公司”,全市各县(市)分公司按客户规模划分为五类。

中国联合网络通信有限公司常德分公司

1999 年 8 月,国信寻呼常德分公司并入中国联通常德分公司,成为常德联通的寻呼事业部,国信寻呼常德分公司员工整体划转。同年 11 月 8 日,湖南联通在常德市设置分公司。从此,中国联通常德市分公司从无到有、从小到大、由弱到强,实现跨越式发展。

常德联通分公司大楼

2008 年 10 月,中国联通有限公司拟向中国电信股份有限公司转让 CDMA 业务,根据中国联通有限公司与中国电信股份有限公司签署的《人力安排协议》,中国联通常德分公司 31 名员工划转至中国电信股份有限公司常德分公司。

2008 年 11 月 18 日,根据国家体制改革的政策,中国网通与中国联通融合,重新组合成为中国联合网络通信有限公司湖南分公司,常德市设置为其分公司(以下简称市联通分公司)。中国网通常德分公司 16 名员工及 25 名编外人员整体融合至中国联通常德分公司。

二、区县市机构

电　信

按照国家政策和机构改革，常德市各区县市邮电分离为邮政和电信。1997年1月，常德市电信局在全市正式试行企业市县一体化管理。坚持县局在当地法人地位不变、单独核算基本不变、自主经营基本不变的前提下，推行全市资产建设管理，财务管理、通信经营与业务管理、装备运行维护管理、人事劳资管理、物资管理、监督检查等方面的市、县一体化管理，县局主要负责业务经营。

2004年7月，各县级分公司更名湖南省电信有限公司××县分公司。

2005年6月，常德电信分公司所属各县级分公司更名为中国电信股份有限公司××县分公司。市电信分公司对各县级分公司授予以下权限：1.决定所在行政区内自办营业厅、支局的设立、变更、注销。并以自己名义办理工商、税务、房产、土地等照、证的登记、年检等事项。2.决定内部机构及分支机构负责人任免，以自己名义对外签订标的额在100万元以下的合同，但不包括担保合同、外贸合同、借款合同、资产转让、抵押、赠予合同和涉及全市统一规划的工程建设合同。3.以自己名义对外参加投标活动，并签署中标合同；以自己名义参加有关仲裁、诉讼活动，处理纠纷案件。

2008年10月，市分公司对县分公司前端组织架构进行对口调整。

移　动

1994年，根据湖南省邮电管理局湘邮〔1994〕局字第243号《关于加强移动通信专业化管理有关问题的通知》文件要求，常德市邮电局设立各县局移动通信管理工作机构。

1999年7月2日，各县（市）移动通信营业处挂牌成立。各区、县（市）移动营业部正、副主任由常德市电信局聘任。

2000年3月，常德落实湖南移动通信有限公司人资〔2000〕63号文件精神，各区、县（市）营业处改称区、县（市）分公司。

2001年8月，按照集团公司中移发〔2000〕621号文件规定，常德各县市区分公司名称统一改为营业部，全称为“中国移动通信集团湖南省移动通信公司××县（市）营业部”，简称“湖南省移动通信公司××县（市）营业部”，营业部负责人职务仍称经理。

湖南联通成立十周年文艺演出

2008年7月31日，省公司以湖南移动人资〔2008〕688号《关于印发〈中国移动通信集团湖南有限公司县(市)营业部机构设置指导意见〉的通知》明确,原有县级移动管理机构“营业部”称谓改为“县(市)分公司”。全市设城区、鼎城区、桃源县、澧县、汉寿县、临澧县、石门县、安乡县、津市市、德山10个区县市分公司。

联　通

2001年,常德市各区县(市)联通分公司建自营厅9家,社会网点40家。

2002年,各区县(市)联通分公司自营渠道9家,社会网点80家。

2008年,汉寿西湖分公司,在处于该区人流量较多地段购买场所作为自营业厅。是年,全市新建合作厅16家、专营店42家、代办点10家。

2009年,常德联通分公司启动“渠道风暴”建设竞赛。各区县分公司渠道建设与网络建设齐头并进,“交叉、同步”进行,全市新建合作厅16家、专营店45家、代办点(交纳押金)10家。

2010年,常德联通分公司新建合作厅42家、专营店232家,新建及保佑合计专营店1532家,便民点1189家,村级联络员2653人。是年,市联通分公司网络规模扩大。移网核心网方面,总容量223万,开卡用户112万,软交换设备SERVER 2台、MGW 3台,设备总容量172万,占用容量82万。业务覆盖全市11个区县,关口局2套,分别与移动、电信、铁通相连。

第二章　信息化工作

第一节　信息基础工作

信息开发

1989年6月13日，市信息中心开展人工信息网络建设。全市各区县市配合市信息中心,发展各乡镇、各行业信息员约600多个。信息员收集各方面的信息,将这些信息进行分析综合,发布在《常德计划信息》上,为各级政府领导进行市场预测提供分析依据。

1990年,市信息中心以搞好信息服务分析、预测和对重大经济问题的研究为工作重点,增加分析信息产品的数量,提高信息分析质量。收集省内外、市内外多层次多种形式的信息,在《常德计划信息》刊物上转载、刊登。抓住常德市经济工作中的热点、难点、焦点,有针对性地开展信息收集发布工作,利用"宏观经济数据库"对全市1949—1988年的77个指标进行搜集整理和录入,开展全市工业总产值分析预测。同时,发展多层次、纵横交错的信息员网络。

1991年,市信息中心重点围绕经济生活中的"热点""难点"进行调查研究,开展信息服务,为政府、企业、生产者、消费者提供市场超前信息,为市委、市政府领导提供参考决策依据。是年,市信息中心三篇调查报告被《湖南经济信息报》刊载。调查报告《我市城镇贫困户的现状、成因与对策》刊载在省委内参件《经济情况通报》上。

1993年,市信息中心开通终端节点,收录信息1.2万多条,发展人工信息网20多户,编印《信息快报》15期、《决策参考》6期,利用电子网传递信息几千条。

1994年,市信息中心建立信息数据库,整理录入采集的招商引资信息364条,联营合作信息298条,新产品新工艺信息146条,商品供求信息1235条。

1996年,市信息中心开展对全市六大支柱产业进行论证,为产业结构调整提供信息支持,提出常德市县域经济发展模式,提出市农业产业化发展建议。是年,市信息中心以"信息与企业联谊会"为纽带,为60多家大中型企业提供信息服务,将联谊会成员单位的360多条招商引资、原材料求购、新产品发布等信息发送上网。

1997年,市信息中心向市政府提出全市信息化发展建议,市政府将其列入政府第四次常务会议议题。9月15日,市政府第四次常务会议讨论经济信息化工作,会议决定制定市经济信息化发展规划,加大信息化建设投入的力度。

1998年,市信息中心编制《常德市信息化规划纲要(1998—2010年)》。市信息中心对市直50多家部门和单位,对烟厂、烟机、七一厂等企业的信息化建设进行调研,组织人员考察广东、海南、上海、江苏等经济发达地区信息化建设,广泛听取各部门的意见,召开专家组进行评审,最终形成常德市信息化发展建设蓝本。6月,市信息化工作领导小组颁发《常德市信息化工程项目管理办法》和《常德市信息平台管理办法》。9月,成立由18名专家组成的信息化工作专家组。

2000年10月,湖南阳光乳业股份有限公司、常德家具产业园发展有限公司、湖南洞庭水殖股份有限公司、常德桥南市场等30家企业在常德政府公众信息网上建立网站。常德市企业信息化工作迈开第一步。

信企联姻

1995年5月10日,常德市成立信息与企业联谊会。联谊会以市计委为直接业务主管部门,以全市企业和经济组织(会员单位)为服务对象,以经济信息传播为纽带,以电子联网和《信息与企业》会刊为阵地进行联谊。主要宗旨:繁荣常德经济,开发特色的社会主义市场经济信息资源,加强信息部门、信息机构之间的联系,提供可靠的信息服务。

2001年,市信息中心组织常德卷烟厂、金健米业股份有限公司等企业的相关负责人参加省政府信息办组织的"电子商务与企业信息化研讨会",参观长沙卷烟厂的信息化建设现场。是年,湖南阳光乳业股份有限公司、常德家具产业园发展有限公司、湖南洞庭水殖股份有限公司、常德桥南市场等30家企业在"常德政府公众信息网"上建立网站,迈出企业利用网络化运作的第一步。

计算机2000年问题

1998年12月,常德市成立计算机2000年问题工作领导小组. 副市长杨光宏任组长,蔡子定兼任办公室主任,办公室设市信息中心,主要工作任务是解决好常德市计算机2000年问题。

1999年,常德市2000年问题领导小组办公室,制订全市解决千年虫倒计时工作应急方案,解决全市所有计算机系统平稳度过2000年问题。计算机2000年问题,就是指在某些使用计算机程序的智能系统(包括计算机系统、自动控制芯片等)中,由于其中的年份只使用两位十进制数来表示,因此当系统进行(或涉及到)跨世纪的日期处理运算(如多个日期之间的计算或比较等)时,就会出现错误的结果,进而引发各种各样的系统功能紊乱甚至崩溃。

2000年1月1日,由于各级政府重视,操作得当,处理妥善,常德市计算机2000年问题得到解决。

信息化长远规划

1998年10月,市信息中心组织力量编写《常德市信息化规划纲要(1998—2010年)》。纲要构成常德市信息化建设的主要内容,提出常德市信息化发展原则和总的部署。

1999年,市信息中心根据《国家信息化"九五"规划和2 010年远景目标纲要》和《湖南省信息化建设规划纲要(1999—2010年)》的要求,结合全市信息化建设的现状,在《常德市信息化规划纲要（1998—2010年）》基础上，制定出《常德市信息化建设规划纲要（2000—2010年）》。纲要规划：2010年，常德市建成覆盖全市、联接全国和世界的高速传输网络，国民经济和社会的主要领域基本实现信息化，初步建立国民经济和社会发展的信息化体系；信息技术得到广泛应用，社会经济效益和工作效率显著提高，人们生活方式和工作方式发生重大改变，市民物质生活和精神生活很大改善；信息产业产值在国内生产总值中所占比重达到30%，产业结构得到优化，经济增长方式发生根本改变；信息化管理体制和法规、标准体系比较健全，信息市场发达，信息专业人才、专业队伍具有一定规模。

2001年年底，《常德市信息化建设规划纲要（2000—2010年）》开始实施。

第二节　信息服务

1993年，市信息中心提供俄罗斯、越南、香港、韩国等国家和地区受欢迎的中国产品信息；针对常德市新兴的支柱产业汽车行业，市信息中心提供汽车多用活塞环、新开发的汽车发电机等汽车新产品、新技术信息。是年，信息中心对《国家资产投资项目管理信息系统》和《国外贷款项目管理信息系统》进行微机处理。

数字常德地理空间框架是常德信息化建设迈上新台阶的标志性工程

1995年，市信息中心成立信息技术服务中心和信息资源开发中心，建立局域经济信息网，开发本市信息资源。10月，信息技术服务中心为常德汽车北站建立自动售票系统，当年底投入运行。

1996年，市信息中心成立信息技术培训部，负责市直公务员和企业管理人员的电脑培训，面向社会提供电脑技术服务。

1997年，市信息中心发挥电脑技术和设备优势，组织人事局管理的公务员、组织部管理的参管人员培训班4期，培训300多人；组织电算会计培训90人，面向社会组织待业和下岗职工培训150人，所有培训人员全部领取合格证书。当年向机关事业单位输送培训合格人员150名，为企业和个体户输送40名，向沿海地区输送70名。下半年，市信息中心先后开发《常德专利技术转让》《常德新产品新技术》《常德经济协作》等数据库供用户使用、查询。

1998年1月，市信息中心将全市500多家主要企业和上千种产品录入“企业和产品信息数据库”。是年，信息中心每周从湖南信息网收集最新信息资料，发布在“企业和产品信息数据库”,供用户查阅参考。

2000年,市信息中心建立党政信息交换中心,制定全市经济计划和提供信息预测。在党政信息交换中心平台上开辟市长信箱,建立法律法规、经济动态等栏目,给市领导提供参阅参考平台。推介常德企业与名优产品,宣传常德卷烟厂、金健米业等20家重点企业。为企业建立虚拟网站,制作主页,提供咨询服务,开展招商引资。

2002年,市信息中心对使用财政性资金的信息工程开展可行性论证,促使全市使用财政性资金的信息工程管理逐步走向规范。协调和配合公安、保密、安全等部门,研究提出全市信息安全保障体系的总体框架及初步实施计划,处理信息安全方面的重大问题。

2003年3月,市信息化办开展信息化宣传,普及信息化知识,邀请国防科技大学计算机学院教授龚正虎来常德为市级学习中心组作《电子政务与地区信息化的规划与实施问题》专题辅导报告;4月中旬,邀请省信息化办副主任、省信息产业厅副厅长钟志慧为全市党委学习中心组秘书培训班和鼎城区党委学习中心组作《关于走新型工业化道路的几点思考》的专题辅导报告。至11月,市信息化办与市科协、市社科联在全市联合组织开展大力推进信息化,加快发展信息产业,以信息化带动工业化,实现跨越式发展为主题内容的“信息化与常德经济社会发展”调研、论文征集活动,市直有关单位和社会各界关心、支持、研究信息化工作的同志踊跃参与,积极投稿,最终征集到高质量的调研论文22篇,获奖论文刊发于“中国·常德”政府门户网站。

2004年5月,市信息化办开展信息化试点,举办信息化调研和论文征集活动。经过甄选,确定常德烟草机械有限责任公司、市劳动和社会保障局成为全市首批信息化试点单位。

2004年11月2日,常德市信息化办举办首届全市公务员信息化培训班,培训内容是网站信息的采集、编辑、审核和发布,电子邮件的使用,图形处理,网络安全。培训对象是纳入“中国·常德”政府门户网站子网站建设范围的132家市直单位和各区县(市)人民政府、德山开发区、柳叶湖旅游度假区、西湖管理区、西洞庭管理区管委会的网站技术和管理人员。

2005年,市信息化办在全市工业化进程中推广信息技术应用。常德卷烟厂、常德烟机、常德纺织机械、常德电业局、五强溪电厂、金健米业、洞庭水殖等企业信息化应用水平和能力不断提高,企业信息网络建设取得明显成效。

2007年,常德市参加全省信息化成果展示交流会,展示常德市电子政务、社会公共服务信息化、农村信息化、企业信息化以及电子信息产业等多领域的成果。市长陈文浩、市信息化办主任舒兆兰等2人获“湖南省优秀信息化CIO先进个人”称号,常德移动和常德电信荣获“湖南省信息化建设贡献奖”。

第三节　电子政务

政府上网工程

政府上网工程是政府各部门建立网站并提供信息共享和便民服务的应用项目。主要是满足政府机构履行职责，提高工作效率和决策质量的需求，树立理性、廉洁、公开、负责任、高效率政府形象，形成“电子政府”，带动企业和家庭上网。

1999 年 12 月，常德市启动政府上网工程。常德市政府上网工程由市信息中心和各区县市经济信息中心具体组织实施。

2000 年 1 月，市信息中心制订出常德市政府上网工程方案。方案规定上网工程目标为实现政府职能的网络化，推动政府工作体制和工作方式的改革，信息畅通，保证政令统一，提高办事效率；方便市民了解政府机构的组成、职能、各项法规和办事规程，增进政府与市民的沟通；挖掘政府丰富的信息资源，为全市企事业单位服务。

2004 年，陈文浩市长视察政府网站两会场现场直播

2000 年 2 月，市信息中心具体落实常德市政府上网工程方案，注册常德市政府网站域名 www.changde.gov.cn，投资 100 万元建立政府上网工程服务器机房。以市政府交互平台为中心，指导 9 个区县（市）建立网站，指导市直 91 家单位建立虚拟网站，建成全省第一个连接区县（市）和市直单位的党政信息网。

2000 年 4 月，常德市各区县市在市信息中心指导下，逐步实施政府上网工程。

政务信息公开

2003 年 12 月，常德市建设电子政务网控中心。市信息化办反复咨询有关系统集成商、电信运营商和有关方面的专家，确定市电子政务网控中心的组网和接入方式。从可控性、安全性、先进性、稳定性、节省性考虑，按分布式星型拓扑结构，以专线方式连接市直各单位局域网。网控中心按网络系统区域进行划分。基本区域包括五个：交换核心区、网络互联区、接入区、数据库应用服务区、安全服务区。

2007 年 5 月，常德市在临澧县召开全市电子政务工作座谈会议。会议提出全市电子政务工作要求，2007 年内建成纵联省、市、县，横接市直单位的电子政务内网。确保连通从县到市的纵向网，从市直单位到信息化办的横向网，9 月实现网上公文传输应用。

2007 年 9 月，市信息化办根据《中华人民共和国政府信息公开条例》、省政务公开工作的有关要求，组织开展全市各单位编制政务公开目录。

2008年，市信息化办加强政务服务功能，强化信息公开功能和在线办事功能，在全市增加数据查询服务和各类业务代办、在线缴费等项目。完善网站服务市民日常生活的功能，整合数据资源，逐步将行政许可事项实行网上办理。强化政民互动功能，利用市民留言、嘉宾访谈等互动栏，提升质量和品位，变互动栏目为网站品牌栏目。

是年，“中国·常德”网站发布政务信息19条，常德市人民政府信息化工作办公室网站发布信息174条，所有信息实行上网公开，当年网站日访问量高达20多万人次，阅读量达72635人次。

政府信息公开的主要类别：机构设置、主要职能、办事程序、规范性文件、发展规划、专项规划及相关政策、行政许可事项、依据、条件、数量、程序、期限，以及申请行政许可的全部材料目录和及办理情况、重大信息化建设项目的批准和实施情况、工作动态等。

市信息化办将政务信息网上公开作为信息化工作考核的重要指标予以考核，促使各级各部门高度重视和认真落实政务信息网上公开工作。

2009年，市信息化办突出网站政务和宣传两大职能，促进政务信息网上公开，实现52项行政许可项目在线审批，增加数据查询服务和各类业务代办功能，承办文明城市创建、解放思想大讨论等新闻专题。

政府与网民互动

2006年6月29日，“中国·常德”政府门户网站首期“嘉宾访谈”栏目开播，市长陈君文走进政府门户网站访谈室，与网民互动，现场回复网友提出的各种问题，同时参与的市公安局、城管局、卫生局等单位负责人也现场回答网友提出的有关问题。随后不久，市长陈君文再次走进政府门户网站访谈室进行嘉宾访谈。市教育局黎建平局长在访谈中就教育方面的问题回答网友提问。

嘉宾访谈栏目立足搭建市民和政府部门沟通的桥梁，实际解决市民的各种具体问题，市民对“中国·常德”政府门户网站这一新的互动形式给予高度关注。当年完成访谈6期。

2007年，市政府网站共完成嘉宾访谈录制节目22期。

2008年，市政府网站共完成嘉宾访谈录制节目47期，访谈栏目跟帖7万多条，网站及时回复处理主题帖4000多条，编发《市民留言摘录》26期，市领导亲自签字督办37件，妥善化解相关矛盾，维护了社会稳定

2009年，市政府网站共完成嘉宾访谈录制节目45期。

2010年，市政府网站完成嘉宾访谈录制节目35期。

政务新闻发布

2005年，常德市信息化办全面整合全市新闻资源，打造省内一流的强势媒体“中国·常德”政府门户网站，与中国第五大新闻网“红网”联姻，高起点建成“常德新闻网”，作为“中国·常德”政府门户网站的新闻部分，称红网常德站。是年，“常德新闻网”整合全市新闻资源，每

天发布各类新闻信息 300 多条，更新信息量 10000 字以上，成为常德市对外宣传常德、对内服务市民的重要渠道。

2006—2008 年，常德新闻网成长为一个成熟的新闻媒体，设有总编室、新闻部、互动部、制作部、行政部等多个部门；配有新闻编辑、新闻记者、节目主持、网页制作、业务营销等专业人才 20 多人；制定有采编发管理、论坛管理、经营管理、经费管理等规章制度；设置有嘉宾访谈、市民留言、常德论坛等栏目。

2008 年 5 月 5 日，常德新闻网制定有关管理制度，张晓君兼任总编辑，熊秋来、李辉、张亚琼任副总编辑，成立新闻部、互动部、制作部、经营部、行政部，新闻网严格按照《常德新闻网经费管理暂行办法》运行。

常德市信息化办团结奋进的领导班子

6 月 27 日，市信息化办实施“经营养网、滚动发展”，独立常德政府网站新闻宣传职能，实现常德政府网站新闻版块改版，常德新闻网使用红网的内容管理系统。

是年，常德新闻网坚持正确的舆论导向，加大新闻宣传和政民互动力度，坚持把正确的舆论导向作为常德新闻网的第一政治任务和第一工作标准，紧扣市委、市政府中心工作开展新闻宣传，共采写、发布各类新闻 3 万多条。

2008 年，常德新闻网策划“创建文明城市”“解放思想大讨论”“我为常德城市发展献一策”“辉煌 20 年”“常德柑橘放心吃”等 15 个新闻专题，全面集中地反映市委、市政府在各个阶段的工作重点；开辟“穿行沅澧看招商”栏目，利用图片、消息、通讯等多种形式及时、准确地报道全市招商引资；开辟“创建文明城市大看台”“常德市道德模范网上巡讲”“常德科普”等专题，发布信息 2000 余条，采写信息 500 余条，上传图片 1000 多张，报道全市创建全国文明城市信息；精心策划“领导言论、论文交流、动态消息”等栏目，报道全市“解放思想大讨论”活动。

2008 年，常德新闻网利用“市长信箱”“市长热线”“市民留言”“常德论坛”等栏目，反映基层民生，表达群众诉求。

是年，常德新闻网“市民留言”中发主题帖 11216 条，跟帖 73728 条。网站管理员及时回复处理主题帖 4565 条，屏蔽问题帖 2508 条，咨询后回复 2572 条。全年编发《市民留言摘录》26 期，向有关单位发送传真 1040 件，收到正式回复 341 件，其中，武吉海、卿渐伟、陈文浩、覃清香等市领导亲自签字督办 37 件。网民反映的各种基层人民群众切身利益的焦点问题，通过常德新闻网转送后，都得到有效解决，相关矛盾得到妥善化解。是年“两会” 期间，常德新闻网利用政民互动平台推出“我有问题问市长”等互动话题,网上直接参与人数达到3万多人次。

2009年,市信息化办将常德政府网站的政务服务功能和新闻宣传功能分开,设立常德政府网和常德新闻网。

第四节　电子商务

2008年,市信息化办推进农村信息化,整合部门信息化资源,建设常德“信息田园”工程,开通网上农技推广、农产品供求信息发布等服务。

同年,常德移动保障全国移动电子商务在常德的试点项目手机支付缴纳电费进展顺利,进入试运行。

2007年改版后的常德政府网站

2009年,常德被列为全省六个移动电子商务试点市州之一,手机支付电费试点项目完成终验,并达到大力推广。

2010年,市信息化办协同市电信、移动发展网上购物平台,推出手机投注、手机购书、手机购电影票等一系列移动电子商务业务,筹建移动电子商务亭(机)。8月,湖南金利信息技术公司投资1.1亿元在常德建设1500个移动电子商务亭(机)。

第三章　信息化建设

第一节　规划编制

1998 年年初,市信息中心开展对市直 50 多家部门和单位信息化建设进行调研,并组织人员去广东、海南、上海、江苏等经济发达地区信息化建设情况进行考察,对本市烟厂、烟机、七一厂等企业进行重点调研分析,多次听取市委、市政府、市人大领导和市直各部门意见,形成《常德市信息化规划纲要(1998—2010 年)》(征求意见稿)。

是年 5 月,市经济信息化工作办公室组织编制、审定《常德市信息化规划纲要(1998—2010 年)》。

《常德市信息化规划纲要(1998—2010 年)》约 10000 字,由信息化建设发展现状、信息化建设指导思想和实施原则、信息化建设发展目标、信息化建设主要任务、建设环境与对策措施等内容构成,是常德市政府用于指导全市信息化建设的纲要性文件。

2000 年 7 月,市信息中心按照国家和省计委"十五"国民经济信息化专项规划座谈会精神,几易其稿,形成《常德市信息化建设规划纲要(2000—2010 年)》(送审稿)。规划纲要包括全市信息化建设发展方针,战略目标、建设任务、政策措施等内容。

《常德市信息化建设规划纲要(2000—2010 年)》摘录如下:

建成覆盖全市、连接全国和世界的高速传输网络,国民经济和社会的主要领域基本实现信息化,初步建立国民经济和社会发展的信息化体系;信息技术得到广泛应用,社会经济效益和工作效率显著提高,人们生活方式和工作方式发生重大改变,市民物质生活和精神生活得到提高,信息产业产值在国内生产总值中所占比重达到 30%,产业结构得到优化,经济增长方式发生根本改变;信息化管理体制和法规、标准体系比较健全,信息市场比较发达,信息技术人才专业队伍具有一定规模。

建设高速电信网络、广播电视网络、移动联通通信网络、叠桥卫星通信传输网络。建设电信光纤网和数字传输系统,建设依托 SDH 技术、以 ATM 交换技术为核心,构成包括电话交换平台、25 数据交换平台、DDN 数据交换平台、图像交换平台等综合业务交换宽带平台;建设由业务节点至用户之间的宽带数字接入网,提供电话业务、移动电话业务、数据通信业务、计算机技术增值业等、多媒体图像业务等基于 IP 的高速数据服务;建设金桥网络通信网常德分中心。

建设城域计算机系统高速信息交互网络互联网,连接邮电、广电、信息、教育科研、科技等五个公共计算机信息网络的互联网网控中心、主干高速通道、控制管理软件及应用系统。

建设常德市计算机互联网网控中心,网控中心设市信息中心,管理并负责网控中心的设备维护,实现电信、广电、计算机互联网三网合一,实现网络资源、信息资源共享;大力开发政府信息资源、市场信息资源、社会公众信息资源,建设各类数据库,完善五大信息工程:

防汛调度指挥决策信息工程,包括气象预报、洪水预警、洪水调度、堤防位置和水利工程及其他重要设施分布、灾情评估、救助等为主要内容的综合信息网。

城市建设管理信息工程。建立以地理信息(GIS)为基础的城市建设管理信息系统,研制城区电子地图,建立城市规划、道路交通、土地资源、地下管网、城市环境和市容管理、城市防洪等系统;动态掌握以地理定位为基础的各种信息,并提供综合分析和查询服务。

信息化示范工程。建成宽带综合通信网络,开展多媒体、交互式信息服务的技术实验和产品实验。将信息设备、通信网络和终端设备结合成一个社会信息系统。

社会保障信息系统工程。建设社会保险电子信息网,实现社会保险制度运作电子化,在工伤、医疗、生育、转业、养老等领域实现高效便捷的服务。逐步实现一张IC卡统一管理社会保险的备份领域。

建设和完善办公自动化系统工程,提高信息质量,为管理和行政科学决策服务;开发公开政务信息上网服务应用系统,公开办事制度和办事指南。建设开发财政、税收、国有资产、统计、工商、劳动、物价、审计、工业、农业、招商、科技、交通、技术监督等经济管理系统。

建设信息网络变换平台和网控中心。提供领导宏观决策平台,以市委、市人大、市政府、市政协四大家的互联互通构成网络核心,联通区县(市)和市直有关部门,链接常德信息港、常德有线电视网、常德经济信息网、常德教育网、常德科技网等五大公共计算机网络,形成各级提供图文并茂的全方位、高质量的信息服务体系。

建设全市国际电子商务工程,构筑面向大中型企业、中小企业和消费者的电子商务平台,营造电子商务环境。

建立覆盖常德市企事业单位的电子汇电系统,建立存取款体系,实现储蓄存款通存通兑;实现常德市POS系统、ATM系统和IC卡系统网络共享;开发证券、期货信息系统;建设商业增值网和物流系统;建设和完善粮食、物资等市场信息系统,开展生产和经营预测分析、交易行情信息服务;建设人力资源市场信息系统,开展规范化市场信息服务。

推广信息技术应用,加快传统产业技术改造,提高产品的信息技术含量,提高智能化程度和附加值。推广计算机辅助设计、计算机辅助制造、计算机集成制造系统,生产过程和生产线实现计算机控制。抓住信息化建设的良好机遇,促使信息产业高速发展。信息设备制造业依托大市场,建设大项目,实现传统的单一制造业向现代电子信息产业转变,技术进步向以自主开发和创新为主转变的产业结构转变。开发和建立市场大型数据库,形成若干成熟的数据“银行”、数据仓库和数据服务中心。培育和发展信息咨询服务体系。发展和扩大电脑市场。开拓网络通信和信息服务增值业务。培养各类信息技术人才、经营人才以及各类具有应用能力的复合型人才，形成一支技术和经营相结合、专业和应用相结合的信息化人才队伍。

2009年9月，市信息化办制定常德市2009年至2020年信息产业发展规划纲要。规划纲要详细分析常德市电子信息产业发展背景与环境、电子信息产业现状、优势、发展机遇，完整的提出常德市信息产业发展的指导思想、基本原则、发展思路及目标、发展重点、产业布局，制定出常德市信息产业发展的政策措施。措施略具如下：

成立常德市电子信息产业发展领导小组，组建常德市电子信息产业协会。市政府协调，龙头企业牵头，众多电子信息企业参加，开展行业咨询与服务工作，促进常德市电子信息企业与国内知名高校、科研院所、各大企业间的交流与合作。

认真贯彻落实国家《电子信息产业调整和振兴规划》《湖南省电子信息产业振兴实施规划》有关扶持政策，结合常德市实际，制定并落实促进常德市电子信息产业发展的配套政策措施，加快出台《关于大力发展电子信息产业的意见》，营造产业发展的良好政策环境。

大力推进专业招商、人脉招商、以商招商、企业招商、产业链招商等各种招商方式，引进技术，引进日、韩等发达国家以及港台、珠三角等沿海地区的电子信息产业重大项目、龙头企业和资金。坚持与科研院所合作，承接电子新产品、新技术等科研成果的转化和技术的引进。

积极承接沿海地区产业转移，充分利用常德市邻接珠三角和海峡西岸经济区的区位优势，水、电资源丰富，土地、劳动力的价格优势，积极承接沿海地区电子信息产业转移，形成特色产业集聚。

着力提高自主创新能力，提升区位优势，努力解决制约产业发展的“瓶颈”问题。加强电子新能源材料、半导体照明、消费电子、平板显示、集成电路、软件和信息服务等领域创新能力建设，加强公共技术与服务平台建设，从常德市电子信息产业发展的核心领域和重大项目出发，支持立足本市、覆盖周边的公共技术与服务平台建设，重点推动重大技术开发平台、产品验证测试平台、公共服务平台、培训中心等公共资源建设，降低企业开发生产成本，提升电子信息产业的集群创新能力。加快培养和引进高层次人才。

围绕电子政务、现代远程教育、农业信息化、企业信息化、数字城市等信息化应用重大项目，强化资源节约和环境保护意识，严格执行重大决策、重大项目建设的生态环境影响评价制度。

第二节　网络建设

一、电信通信网

1989年，常德市拥有长途交换机总容量1432门(路)，市话交换机总容量27046门。长途业务话路485条，其中有线架空明线281条，无线204条；全市市话杆路总长476公里，电缆总长464皮长公里，中继线800对；农话杆路12802公里，明线线条总长度17692对公里中,农话电缆总长315皮长公里。

1990年,全市农话交换机总容量21875门,自动400门;1992年11月,全市市话通信实现市话自动化,全市市话自动交换机总容量37868门。

1991年,常德邮电筹建大通路数字微波系统,开通万门程控电话。

1992年,全市乡(镇)总数258个,行政村4180个,乡(镇)全部通电话,行政村3911个通电话,农话交换机总容量17355门,农话杆路总长12783公里,水泥杆路9841公里,明线线路18246公里,电缆417皮长公里。

1993年10月,常德市各区县市程控电话开通,全市实现市话交换程控化。

1993年,常德市邮电局组织全市“1321”工程和“518”工程,新增数据通信端口1339个。6月,常德至全市各县(市)34兆微波系统建成投入运行,全市2331条长途电话电路中,有线170路,无线2161路,全市长途交换容量4170路端(门),长话电路为1988年4.8倍,长途通信能力实现五年翻两番。

1995年,常德市邮电局DDN扩容463个端口,全市开设分组交换端口32个,数字数据网节点机端口464个,语音信箱总容量60个。全市实施农话改制改型,全年共完成农话交换点改制扩容98处,农话程控交换机总容量达7.64万线,全市实现农话交换程控化。农话光缆总长度1426公里。6月25日零点,常德市C3本地电话网电话号码从6位升为7位。常德市区和鼎城区原6位电话号码前加“7”,其他各县在原号码前加相应数字。全市启用“0736”统一的长途区号。

1996年,全市邮电逐步改进电话基础网。是年,推行接入网、传输网、市话网“三网合一”,相继建成多媒体通信网、全市电话大本地网、计算机互联网、计算机综合信息网。市局投资2300余万元,完成“路路通”服务平台建成。6月,常德市本地网正式并网运行。是年末,全市建设分组交换节点机端口474个,分组交换PAD端口数108个,数字数据网节点机端口464个,语音信箱总容量120个。

1998年,全市电信载波终端设备容量74路,长途程控自动交换机容量增至20280路端,长途数字终端复用设备容量增至30240路,长途光纤数字终端复用设备容量增至25920路,长途微波数字终端复用设备容量达4320路,长途至本地公众电话交换机数字中继电路4124路。市局投资450万元建设开通常德市党政信息网,全市党政部门信息传递进入信息高速公路时代。

1999年,常德市电信局加大数字数据和宽带通信的投入,扩大规模。2001年,全市分组交换节点机端口增至598个、中继电路带宽省内1.73Mbps(兆比特每秒,下同)、本地网内2.32Mbps;数字数据网节点机口增至1831个、中继电路带宽省内28 Mbps、本地网58 Mbps;IP网端口总数达45000个、IP网拨号服务器端口2520个;宽带业务网端口136个、帧中继端口96个、ATM端口40个,宽带业务网中继电路带宽省内932 Mbps、本地网479 Mbps。

2000—2001年,全市电信建设投入资金5个亿,参与全省百万电话大行动和三百万工程，开展“20 万大行动”和“30 万工程”。

2003 年 3 月，全市电信在城区开通小灵通网络，正式对外放号。年末，全市电信小灵通容量 11 万门。

2004 年，全市电信拥有交换点 705 个，建成模块点 686 个，局用交换端局 26 个；小灵通工程立项 2 个，扩容基站 1044 个。全市电信交换机期末容量达 119 万门；通信主干电缆长度 43836 皮长公里，本地中继光缆长度 5770 皮长公里，本地管道孔长度 631 公里。

是年，市电信局实施企业转型，全年接入网立项 732 个，投资 7964 万元；传输网立项 2 个，投资 432 万元；企业信息系统投资 7 个，投资 252 万元；IP 网立项 2 个，投资 272 万元；新增 ADSL 端口 2.2 万线、以太网端口 5082 端口、网线入户 3870 户、2M 电路 9 3 条。年末，全市电信基础数据业务用户端口增至 1102 个，分组交换用户端 57 个，帧中继 /ATM155Mbps 长途线路 4 个；互联网骨干网中继带宽 2.5G。互联网城域网中继带宽 10.5G。

2010 年年末，全市电信通信主干电缆长度 43836.53 皮长公里，接入网光缆长度 1213.63 皮长公里，本地中继光缆长度 5770.1 皮长公里，本地管道孔长度 631.34 公里，数字微波线路 420 公里；本地 2Mbps 传输端口 151766 个，本地 155Mbps 传输端口 3 个。

二、移动通信网

模拟移动通信网

1992 年 5 月，常德市邮电局先期投资 450 万元，引进瑞典爱立信公司生产的 900 兆赫移动电话交换机设备，建一个基站共 16 个信道及配套工程。8 月 18 日调试成功，顺利开通，成为继长沙之后最早开通移动电话的地级市，半年发展用户 116 户。采用模拟调制方式，通过蜂窝式移动电话通信系统实现话音信息传输。该系统由移动业务交换中心、基站、移动台（也称移动终端）及传输电路等组成。

1993 年，湖南省模拟蜂窝式移动电话通信系统 2 期扩容工程建成，常德等九个地市拥有了独立的交换系统。是年，常德市局移动电话 421 户，1994 年上升到 1569 户．1996 年跃至 8515 户，1998 年上升到 22794 户。

2001 年 12 月 31 日，模拟移动通信网在运行十年后封网。

数字移动通信网

1996 年 1 月 9 日，常德建立交换局。6 月中旬，常德与全省其他十三个市州电信局相继开通数字移动电话通信网。

1997 年 4 月，常德数字移动电话通信交换局扩容。

1998 年 4 月，常德新建 1 套美国摩托罗拉公司 GSM 数字移动电话 HLR。

1998 年 5 月，常德电信随全省一次性向社会推出 137、136、135 三个新网号。

1999 年 7 月 17 日，常德移动通信从电信局分离，组建常德移动分公司，成为一个独立的经济实体,隶属于中国移动通信集团湖南省移动通信公司。

1999 年 7 月 22 日零时,“全球通”数字移动电话号码从 10 位升到 11 位,升位方法为原号码第三位后加“0”,号码升位后,号码资源得到改善。

2001 年 7 月,湖南省通信管理局对常德、株洲等 8 个地区投资 5533 万元安装光电传输设备。

2004 年 6 月,常德移动深入到最偏远、最闭塞的农村。

常德联通分公司办公大厅

2006 年,常德新建 1 个华为软交换局替换常德 MSCl 西门子局,新建的 MSCl 容量为 43 万户。常德、吉首、张家界为一个华为软交换大本地网,大本地网 Server 与新建替换的常德 MSCl 合设,下带常德 MGW,吉首 MGW 与张家界 MGW。

2007 年,常德分公司参与湖南移动投资 212213.71 万元进行 GSM 网 12 期和 13 期扩容建设。

2008 年 1 月,湖南移动 GSM14 期开工建设完成后,常德的 EGPRS 覆盖率达到全区的 95%以上。

三、联通 G、C 通信网

1999 年,常德联通分公司引入 CNCnet 运行网络,业务覆盖全市 11 个区县,关口局 2 套,分别与移动、电信、铁通相连,承载网间话务疏通;固网核心网方面,固网核心网共有设备 3 套,其中传统 PSTN 交换机一套,软交换固定电话交换机一套,固话关口局一套,承载固定用户 2 万门。

2002 年,常德联通开始发展 CDMA 网络,由此,拉开联通 G、C 双网运行的序幕。

2007 年,核心网开始设备升级,将北电传统交换机替换为华为软交换设备,此次替换,提高设备容量,减少故障发生率,调高设备稳定性,用户使用感知明显提升。2009 年,中国联通和中国网通合并,新的常德联通着手实施 WCDMA 3G 网络的建设。对常德原有联通 GSM 网络的无线覆盖、网络质量、话务数据的分析,结合市场发展方向及网优部门的要求,提出 GSM 网建设的质量目标、容量目标、覆盖目标和成本目标:着力改善城区的网络质量,提升用户的感知度。在城区加大 GSM1800 基站作为话务承载网的建设力度,在重点核心区域做到 GSM1800 基站连续覆盖。强化网络优化,提升网络质量;扩容核心网设备容量,满足用户发展需要;进一步提升 GPRS 业务承载能力,提升 GPRS 网络的数据承载能力及对GPRS 业务的支撑水平；完善市区、县城等核心高话务区域的网络深度覆盖，提升郊区覆盖广度，完善乡镇覆盖，适度拓展农村广度覆盖和交通干线覆盖；合理利用各种技术手段等方式降低建设成本，提高效益，做到节能减排。

2010 年，常德联通分公司在全市设立 BSC20 个，PCU20 个，GSM900 基站 896 个，载频 4661 个，一体化和微蜂窝基站 17 个，载频 33 个，GSM1800 基站 71 个，载频 582 个。全市基站达到 984 个，载频 5276 个，物理站点 5276 个，可提供无线话务量约为 21489.07 Erl，无线用户 162.16 万户，静态 PDCH 3728 个。

四、无线通信网

1999 年 7 月 17 日，常德移动通信分公司在湖南移动通信公司的统一指挥调度下，负责常德市辖区内的中国移动通信网的规划建设、运行管理与经营服务工作。

2000 年，全市共建有 10 个 BSC，231 个基站，411 个小区，配置载频个数和信道总数分别为 1600 和 16715。年底网上实际通话用户突破 20 万户，占全省网上通话用户的十分之一。

2001 年，全市共有 14 个 BSC，313 个基站，713 个小区，配置载频个数和信道总数分别为 2062 和 14738。2001 年年底，期末用户数达到 32.4 万户，全年净增通话用户 9.89 万户，用户规模排全省第二位。

2002 年，全市共有 17 个 BSC，376 个基站，754 个小区，配置载频个数和信道总数分别为 2492 和 17687。全年累计净增网上通话用户 11.6 万户，期末网上实际通话用户数达到 42.5 万户，名列全省前茅。

2003 年，全市共有 17 个 BSC，435 个基站，922 个小区，配置载频个数和信道总数分别为 2901 和 20646。全年累计净增网上通话用户 17.5 万户，期末用户数近 60 万户，绝对值名列全省第二。

2004 年，全市共有 21 个 BSC，527 个基站，1259 个小区，配置载频个数和信道总数分别为 2935 和 20877。全年累计净增通话用户 15 万余户，期末用户总数达 74 万户。

2005 年，全市共有 24 个 BSC，617 个基站，1482 个小区，配置载频个数和信道总数分别为 5634 和 39172。全年累计净增通话用户 14.1 万户，期末通话用户规模达到 88.8 万户，位居全省第二位。

2006 年，全市共有 27 个 BSC，768 个基站，1965 个小区，配置载频个数和信道总数分别为 7333 和 50968。全年累计净增通话用户 16.28 万户，期末用户规模达 105 万多户。

2007 年，全市共有 39 个 BSC，1208 个基站，3334 个小区，配置载频个数和信道总数分别为 8367 和 58208。全年累计净增通话用户 35.34 万户，期末通话用户规模达 140.4 万户。

2008 年，全市共计 44 个 BSC，1397 个基站，3915 个小区，配置载频个数和信道总数分别为 13825 和 86282。全年累计净增通话用户 33.3 万户，期末通话用户规模达 173 万户。

常德市政府与常德电信分公司签订战略合作协议

2009 年，全市共计 47 个 BSC，1477 个基站，4184 个小区，配置载频个数和信道总数分别为 14542 和 90708。

2010 年，全市共计 48 个 BSC，1664 个 GSM 基站，4759 个 GSM 小区，GSM 配置载频个数和信道总数分别为 18802 和 119137。2 个 RNC，417 个 TD 基站，891 个 TD 小区，3296 个 TD 载频。

五、无线寻呼网

1988 年 6 月，常德市邮电局从北京购买无线寻呼系统设备并安装调试成功。是年底，发展寻呼业务用户 173 户。无线寻呼是 20 世纪 80 年代我国的一项新兴通信业务。无线寻呼机俗称 BB 机，当机主在寻呼信号覆盖区任何地方收到呼号信号时，BP 机即发出声、光或振动提示，同时显示呼叫人的电话号码，寻呼用户根据约定的代码简语，及时获得信息，接受指令，沟通联络。它只能接收对方寻呼信号，不能应答寻呼者，应答者还需另用室内电话座机回话。那时在随身包或腰带上拴个 BP 机，一时成为时尚。

1988 年年底，改为全国统一的特服号“126”(人工台)。1995 年，常德城区无线寻呼用户 30904 户。1998 年年底，常德城区寻呼用户发展到 70416 户。

随着移动电话的快速发展，无线寻呼业务逐渐退出通信领域。

六、数据网

1996 年，常德市邮电局建设数据通信网，该网是为提供数据通信业务组成的电信网。由电信部门建立、经营，为公众提供数据传输业务的电信网为公用数据通信网。

在公用数据通信网中，传输业务体现电路交换、分组交换和租用电路三种形式数据。电路交换数据传输业务在数据终端设备(DTE)间传送数据之前必须先建立电路交换连接。分组交换数据传输业务以带有寻址信息的分组形式进行数据传送。租用电路数据传输业务则提供公用网的一条或多条电路给用户进行数据传送。电路交换公用数据网(CSPDN)和综合业务数字网（ISDN）的电路交换部分可提供电路交换数据传输业务。分组交换公用数据网(PSPDN)和 ISDN 的分组交换功能可提供分组交换数据传输业务。数字数据网(DDN)可提供租用电路数据传输业务。另外，公用电话交换网(PSTN)与用户电报网虽可提供数据传输业务，但是不属于公用数据通信网的范畴，而是该网开放的增值业务。

电路交换数据网主要适用于实时性要求高、数据终端之间数据传输业务量大的场合；分组交换数据网主要适用于交互式、短报文的场合；数字数据网主要提供租用电路数据传输业务。

用户电报网、公用电话交换网开放的数据传输增值业务，虽然有数据传输速率较低，交换电路接续时间较长，提供的服务少等缺陷，不适宜进行高质量的数据传输业务，但由于该网分布面广，通信费用较便宜，因此很多数据通信系统的数据终端仍在大量使用该网。并通过网路互连方法使公用数据网、用户电报网、公用电话交换网中的数据终端得以互通，从而组成各种不同用途的数据通信系统。

租用电路有数字数据网提供的数字数据电路和普通电话网提供的模拟电路两类。适合于进行数据传输的模拟电话电路在CCITTM.1020建议中对全程衰耗、衰耗频率特性、群时延失真、噪声、频率偏差、相位抖动、瞬断、幅度突变、单频干扰、谐波失真和误码率等都做了具体规定。数字数据电路也有相应的规定。

移动梦网“Monternet(Mobile+Internet)”是中国移动通信集团公司推出的移动数据应用服务的全国统一品牌，它通过为各SP(服务提供商)提供“公平、开放、多赢”的商业运行环境，为广大移动客户架设与互联网之间的桥梁，从而实现手机到互联网、互联网到手机的双向沟通功能，为用户提供及时、丰富、多元化和个性化的信息服务，使移动用户的手机从一部通信工具变成一个功能强大、综合性的信息终端，其服务涵盖通信、信息、娱乐、商务和位置、广告等特殊业务。

七、常德政府网

市级政府网站

1995年1月25日，借助国家经济信息资源网建设工作会议召开的东风，常德市经济信息中心建立常德市“SICNET增值服务网”工作站，开发常德市经济发展资源网的主干网络。

1997年10月21日，常德公共信息平台——常德信息港开通，信息中心成功筹办开通仪式，市委、市政府领导和省中心领导到会剪彩。

2000年2月29日，常德市投资近百万元，建立全省第一家政府网站“常德政府公众信息网”。市政府举行“常德政府公众信息网”网站开通仪式暨政府上网动员，常德市在国际互联网上有了自己的站点和域名。3月，省政府在常德市召开全省市州政府上网工作现场会，推介常德经验。4月，以市政府交互平台为中心，全市9个区县(市)进行域名注册，建立县级政府网站，市直91家单位建立虚拟风站。常德市建成全省第一家连接区县(市)和市直单位的党政信息网。

2001年，市信息中心对“常德政府公众信息网”主页改版。网站基本形成“走进常德、新闻中心、常德导航、电子政务、常德经济、常德之家、投资指南、常德之旅”等八大版块，平均日访问量达到600人次。

2002年,政府网站设立"常德政务"专页,建成"市长专区""市领导""政府文件""政府工作""市府公告""市长讲话""人事任免""政府大事记""电子政务""办事指南"等20个动态栏目。市政府负责提供政府动态新闻、市长信息、政府大事记、办事指南、历年政府工作报告等信息资料,其他信息资料由市直单位提供。

2003年,市信息化办把常德市公众信息网定名为"中国·常德","中国·常德"网站设"市长专页、走进常德、党政部门、办事指南"等16个主要栏目,内容丰富、分类合理、功能齐全,具有权威性、便民性、广泛性、统一性、安全性等主要功能。12月18日,"中国·常德"正式挂网,改版后的网站以全新的面貌展现在广大网民面前。

2004年年底,市信息化办为市纪委、贺家山原种场、常德卷烟厂、金鹏凹版印刷有限公司等17家党政机关企事业单位建立网站,"中国·常德"网站的子网群得到扩大。

是年,"中国·常德"政府门户网站被评为全国优秀政府门户网站,在全国300多家地市级网站中综合排名第18位。

2005年,"中国·常德"网站增强网站的服务功能,增设"视频新闻""影视频道""音乐下载""焦点网谈"等十多个新栏目,开通"住房公积金在线查询"等便民服务。网站全年共发主帖8379条,跟帖50500条,发布各类新闻18000多条,更新政务信息8500条,主网站每天的IP访问数量突破20000个,页面日点击量最高达10万次以上,不断刷新历史纪录。

常德市政府网站逐年访问量示意图

9月,"中国·常德"再次进入中国地市级政府门户网站50强,连续两次荣获"中国优秀政府门户网站"称号。

是年,"中国·常德"政府门户网站英文版和繁体版挂网开放。年底,"中国·常德"网站完成全市96家子网站的建设和改版任务。

2006年,"中国·常德"政府门户网站成立新闻编辑委员会,市委书记武吉海亲任编委会主任。5月18日,市政府办以常政办发〔2006〕10号文件向全市发布《常德市政务信息网上公开暂行办法》,规范全市政务信息网上公开的内容、方法等。

是年,"中国·常德"政府门户网站发布各类新闻1.62万条,开展重大新闻事件的专题采访活动221次,建成"市民留言""嘉宾访谈""12345市长热线回复公布""行风热线""市长信箱"等5个互动栏目,门户网站作为党政宣传喉舌的作用日益突出。

2008年,"中国·常德"政府门户网站实现52项行政许可项目在线审批,增加数据查询服务和各类业务代办功能,承办文明城市创建、解放思想大讨论等新闻专题。

2009 年 5 月，常德市政府网站新版正式挂网运行。改版后的政府网站集信息公开、网上办事、政民互动、便民服务和宣传常德于一体，体现“一站两网”的宏观构架，管理机制科学，功能设置完善，运行环境稳定，初步形成一个完整的电子政府体系。

6 月，常德设立常德政府网站机构，属信息化办管理的正科级事业单位。主要工作任务：负责常德政府网站群的规划；负责常德政府网站的建设、管理；负责政府网站信息审核发布；配合有关部门加强网上在线办事，推进政府行政许可的在线办理；负责在政府网站宣传常德；负责按规定在政府网站公开政务信息；负责市民互动栏目的管理，收集整理网络社情民意，实现政府与市民在线互动交流；负责在政府网站整合各类便民查询信息和便民资讯；负责对政府网站群的子网站进行分类导航。

是年，新版常德政府网站主网站增加市直 145 家子网站，形成庞大的网站群，日均访问量突破 20 万人次，领先于全国同级政府网站；集政务服务和新闻宣传于一体，内容丰富，实用性强。全年市民留言发布近万条主题帖，日均发布各类新闻、政务信息 100 多条。成为外界了解常德的重要窗口、政府联系群众的重要桥梁。

年底，常德政府网站在 Alexa 全球网站访问量排名中前进 1 万多位，在全国 300 多个地市级政府网站中排名第 49 位。

2010 年，市信息化办打破以往政府网与新闻网独立运行的格局，实现两网核心层面的资源共享，促进网站的融合发展。年初，在网站首页改版的基础上进行后台升级改造，政府网站在新的栏目体系下，实现子网站信息更新自动触发主网站栏目信息的更新，提高主网站的工作效率，创全国领先模式。开发子网站日常监测管理的自动监测程序。网站采取热帖加亮置顶、重大舆情专报，促进一批关系民生热点难点问题得到解决。采用 24 小时值班管理和严格的权限限制，保证论坛安全。政府网站拓展在线服务功能，清理全市 800 多项行政审批和服务事项，整理事项名称、办事依据、受理机构、收费标准、办理时限等，形成全省最完备的办事指南目录。是年，政府网站组织湘商大会等报道，组织常德论坛网友联谊，协助解决唐家溶迁坟事件等热点问题，有效拓宽网站的群众基础，提升政府网站影响力。常德政府网站成为政民互动的重要纽带和展示常德的重要窗口，成为全省政府网站建设的典范。

是年年底，Alexa 全球网站访问量排名显示，常德政府网站居全国地级市第 4 位。

县级政府网站

武陵区政府网站

2000 年 4 月 27 日，区政府投入 15.3 万元，借调 2 名专业人才，成立武陵区人民政府网站。6 月 28 日区政府网站正式开通。11 月，区电信局将政府网站原来的 DDN 线路改为 100 兆光纤线路。

2005 年 3 月 28 日，武陵区政府网站成功通过国家互联网信息中心(CNNIC)ICP 备案审核。2006 年 3 月，武陵区政府网站更名“中国·武陵”。

2007 年 10 月,政府网站第三次升级,在全市率先采用 FreeBSI 操作系统 +Apachc 网页服务作为政府网站的运行平台,保证网站的安全性与稳定性。

2008 年,区信息化办对全区独立网络单位完善管理制度,对子网站安全运行、信息发布进行督导检查。全区上网单位达 63 家,建立独立网站达 27 家,上网覆盖率 80%。

2009 年,区政府网站单位单设,归属信息化办管理,核定全额拨款事业编制 6 人,主要负责政府网站主编、网页制作与维护、网络编程等工作。

2010 年,武陵区拨付 102 万元对政府外网平台进行全面改造建设。

鼎城区政府网站

2000 年 11 月,鼎城区成立鼎城区政府公众信息网站,注册政府机构域名 dingcheng.gov.cn,为鼎城区政府门户网站前身。

2002 年 10 月,鼎城区政府公众信息网完成第一次改版,初步形成信息公开和政民互动的网站架构。

2005 年 3 月,鼎城区经济信息中心对区政府公众信息网进行全面改版,首次建设以信息公开、政民互动和公众服务三大功能模块为核心的鼎城区政府门户网站。

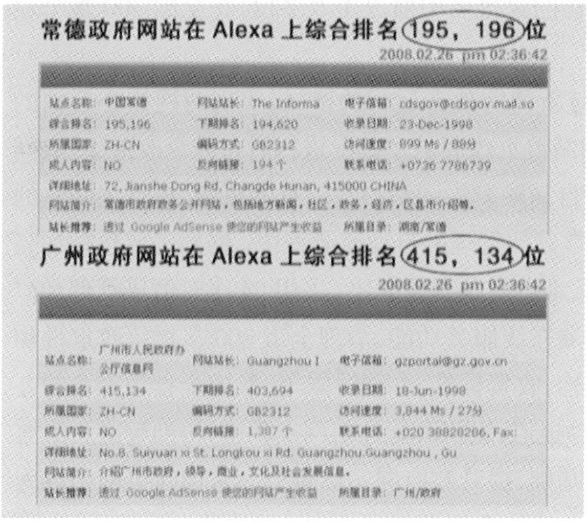

2005 年政府网站在 Alexa 的综合排名

2007 年,区政府网站设置《区长信箱》、《市民留言》栏目建设,畅通与民互动渠道。全年发布人民群众反映的问题及咨询帖子 500 余条,政府网站的访问量屡创新高,日访问量最高达 5000 人次,年访问总量达到 30 多万人次。

2008 年,鼎城区电子政务办强化网站信息公开工作,区政府网站每天更新各类信息超过 50 条,全年网站发布各类新闻、热点信息及其他信息等 10000 余条。网站建立完整的、分工明确的网站信息采集、报送、审核、发布制度。网站上设置区长信箱、市民留言、便民服务等互动功能模块,实现政府与民众在线交流,网站的功能更趋互动性、便利性、实用性,增强行政工作的透明度,化解社会矛盾,保证人民群众的知情权、参与权、监督权。

2009 年,区信息化办从栏目建设、新闻报道、专题制作、政民互动、网站宣传等五个方面推进网站建设。

2010 年,鼎城区信息化办通过推进四项工作发展政府网站。一是全面改版,二是网站宣传,三是服务中心工作,四是政民互动。

汉寿县政府网站

2000年7月,汉寿县政府网站开通。而后,县信息中心围绕县委、县政府中心工作,充实网站内容,及时更新网站政务信息。

2005年,汉寿县政府网站充实内容,及时更新网站政务信息。政府网成为推进政务公开、提高办事效率、接受公众监督、提供社会服务、加强对外宣传、树立政府形象的重要窗口和服务企业的现代信息新平台。

2006年11月,汉寿县人民政府网站独立,归口汉寿县政府办管理。办公场所迁至汉寿县电信分公司营业大楼五楼。

2008年,汉寿县信息化办对政府网站进行全面改版,开发建设新的留言系统、论坛系统、农副产品供求自助上网系统、政府信息申请系统、房地产行业证件在线申报查询系统、服务行业诚信调查投票系统、地税专题网上调查系统、十件实事办理建言系统等。政府网站主网站IP访问量从400多个增加到800多个,最高达7000多个,PV访问量从2500个页面增加到3400多个页面,最高达15000多个页面。政府网站上传县内新闻稿件1600多篇,上传国内动态新闻1500余条,制作政务专题18个,政府文件、公告等及时更新,价费公示栏目中各单位收费项目、标准、依据全部上网与网民见面,实现网上“阳光”收费。

是年,汉寿县信息化办牵头,先后建立县委、县人大、县政协等80多个子网站。

同年,汉寿政府网站开通嘉宾访谈。县长、县委书记先后在线访谈,实现政民互通,解决群众关心的实际问题。网站及时处理县长信箱和市民留言近500封。是年底,汉寿县政府网站被评为常德政府网站优秀子网站。

2009年,政府网站汉寿政务动态、部门动态、三农动态、工业动态、城镇动态五个栏目新上1949篇文章,市政府网站采用117篇,省农经网、全国湿地中国网等大型网站转载约100多篇。县信息化办新建和链接子网站58个,

2009年、2010年,汉寿县政府网站连续被评为湖南省优秀政府网站。

2010年,县政府门户网站动态更新内容,动态栏目中汉寿政务动态、部门动态、三农动态、工业动态、城镇动态5个栏目新上2756篇文章,其中204篇被市政府网站采用,100多篇文稿被省级以上大型网站转载。

桃源县政府网站

2000年8月1日,桃源县财政局和县电信局投资18万元,建设桃源县政府公众信息网站。

2001年1月15日,桃源县政府公众信息网站改版。同年2月桃源县政府网站由于事故原因而终止运行。

2004年,县政府投资15万元,县电信局投资5万元,县计划物价局投资5万元,共同筹建政府网站。5月30日,县经济信息中心与上海博峰网络科技有限公司合作,桃源县政府网站改版恢复挂网运行。

2006年7月初,信息化办对政府网站进行改版。10月初,桃源县政府网站子网站建设纳入议事日程。12月,全县建成子网站19个。

2007年,县信息化办加大政府网站子网站建设力度。对县直各单位、各乡镇的子网站及局域网建设实行归口管理,并因地制宜建成30多个农村信息服务站。

是年8月23日,网站完成英文版建设。桃源县政府网率先成为全省首家发布政务信息,提供在线服务,拥有英文版的县级政府网站。

桃源县农业信息化现场会

2008年4月,县信息化办完成桃源政府门户网站的第二次改版升级,政府网站分成政府站、市民站、企业站三个板块。网站共建306个栏目,信息容量达65G。

2010年,桃源县政府门户网站进行改版升级,政府网站栏目进行科学分类,调整为政府站、新闻站、便民站等三大版块,设立桃源文化、桃源旅游、爱心桥梁等重点栏目,以政府主导、市场运作的方式建设便民信息网。改版后网站共设306个栏目,信息容量近100G,全县单位子网站建设达110个。

是年,县信息化办组织技术力量开发村级网站信息发布系统,并配合社科院"村治在线"系统搞好全国试点,全县431个村建起专门的村务信息网站。

是年8月9日,桃源新闻网暨尚一网桃源县分站经湖南省人民政府新闻办公室批准成立。

同年底,县信息化办完善全县网站群体系建设,40个乡镇全部上网,102个县直单位全部进入网站群。

石门县政府网站

2000年5月18日,石门县政府投资33万元,建设开通政府网站。网站主要栏目包括石门新闻、办事指南、招商项目、特色品牌、旅游景点、工商企业等。

2002年,县政府投资20万元,对政府网站机房进行改造升级,完成光纤接入、网络线路改造、政府网站资源移植和改版。

2003年12月—2007年3月,石门县政府委托中盛文化有限公司、石门县有智信息服务中心维护县政府网站。

2005年11月30日,县政府办与石门县有智信息服务中心签订合同,委托该公司运维县政府网站。

2007年3月,石门县政府办明确由喻志文全面负责启动政府网站改版工作。在栏目设置上,采取"1+5"的架构予以规划设置。网站信息内容突出政务这个核心,把服务、投资、旅游、文化提到主要地位,全方位、多视角地展示、介绍石门、宣传石门。

2007年7月，新版政府网站全面上线。网站日均浏览量从700多人次增加到3500多人次，最高日浏览达7000多人次。10月，政府网站建立起“百件实事网上办”大型服务专题。2007年年底，石门政府网站在“中国常德”政府门户网站绩效考核中，名列全市138个子网站的第七位，区县市政府网站第二位。是年，被湖南省人民政府评选为“湖南省优秀政府网站”。当年，在全国政府网站绩效评估中名列县级政府网站绩效评估排名47名。

2008年，县政府网站围绕栏目规范、内容梳理、细节调整三大重点，进一步强化政府信息网上公开功能。政务信息网上公开栏目增加到18个，政务信息公开内容更加丰富、规范。政府网站整合政务中心数据和在线办事频道，实现资源共享，强化办事指南、咨询投诉和办理公示功能，切实满足广大公众的实际需求。同年，石门县政府网站被湖南省人民政府评为“湖南省优秀政府网站”。

2009年，政府网站机房迁到县老电信局四楼，共发布政务公开信息4170余条，网站县长信箱收到群众来信1153件。是年，石门县政府网站被湖南省人民政府评为“湖南省优秀政府网站”。

2010年，县财政安排专项资金15万元，建设县政府网站嘉宾访谈室。县政府网站开设嘉宾访谈11期。

是年，全县20个乡镇区和45家县直单位建立起子网站，初步形成石门政府网站子网站群。

临澧县政府网站

2000年4月2日，临澧县成立政府网站“临澧县公众信息网”，域名：www.linli.gov.cn。2001年3月，临澧县经济信息中心与上海博峰网络科技有限公司合作，重新改版政府网站，5月挂网运行。

2003年4月，临澧县经济信息中心聘请上海博峰网络科技有限公司高峰作为技术顾问，高薪招聘技术员和信息采编。5月，临澧县公众信息网进行改版，更名为“中国·临澧”。同年10月，“中国·临澧”在全国县级政府网站排名中名列123位。在全市区县市政府网站评比中荣获第一名。年底，县经济信息中心和县电信局建设县政府办公大楼局域网，10家单位进入局域网。

2004年，政府网站再次进行改版。3月，临澧县政府网站首次直播县人大、政协两会，开全市人大政协两会直播先河。是年10月，县政府网站开设丁玲网站，作为纪念丁玲活动的宣传网站。同年底，“中国·临澧”网站参加全国县级政府网站排名，由2003年的123名跃升到第34名。

2005年5月，县信息化办整体搬迁到政务中心；7月，县政府拨专款购置新的服务器，添置办公设施和必要的采访设备，网站作为主要媒体参与县内各项活动。同年10月，信息化办为县委、县政府制订《临澧县子网站建设方案》《临澧县电子政务实施方案》《临澧县内网建设方案》，为临澧县信息化的发展、实施办公自动化、无纸化和“数字临澧”奠定基础。11月，县政府投资30万元,建设临澧县政府网站中心机房。临澧县成为全市第一家建设政府网站中心机房的县级政府。

2005年,临澧县政府网站"中国·临澧"在国务院办公厅举办的全国政府网站绩效评估中同级排名全国第51名,全省第三名。

2006年,网站注重对外宣传临澧、展示临澧形象,对内实现政务网上公开、架起政府与群众沟通的桥梁。充实政府网站的内容。网站内容做到每日更新。全年网站累积发布政务信息、各类稿件近千篇,制作"落实省八件实事完成情况公示""创建全国科普示范县""建设社会主义新农村""树立社会主义荣辱观""临澧县2006人大述职评议""爱心改变命运"等十多个专题栏目。完成政府网站的改版。集中三个月的时间,对政府网站进行全面改版升级。突出"近日临澧"等栏目,功能上完善查询服务。强化政府网站的管理。从上网信息审核、登记和网上信息过滤、清理等方面严把信息质量关。同时完善网站内部管理制度。完成政府网站的改版。该年县政府网站累积访问量超过20万人次,日访问量在800~1000人次左右。

是年,临澧县政府网在全国县级政府网排名中列全国第45名,全省第一名。

同年,政府网站大力主抓子网站建设。3月,举办全县各单位信息员培训班。5—7月,发展县直部门和乡镇子网站70多个。11月,县信息员队伍、子网站建设和维护列入全县双文明工作考核。

澧县政府网站

2000年6月,澧县人民政府网站成立,域名为www.li-xian.gov.cn。网站设有澧县简介、政策法规、招商引资、县长信箱、人文典故、新闻动态、领导班子等栏目。

2004年6月30日,中国·澧县通用网址注册。

2007年,县电子政务办配置照相机、电脑、摄像机等器材,配备网站管理人员及采编人员,在网站开设《澧县概览》《政务动态》《县长信箱》《市民留言》《澧州论坛》《网上办事》《专题专栏》等栏目。聘请湖南求实科技公司提供技术支持,对澧县政府网站实行全新改版,在网站开设《澧县概览》《政务动态》《县长信箱》《市民留言》《澧州论坛》《网上办事》《专题专栏》等一级栏目。县政府网站建立"澧县政府网信息员联络QQ群",吸纳86名信息员加入QQ群。当年,政府网信息量大大增加,发布信息达到1万多条。

澧县信息化办举办信息采集"百日会战"竞赛

2008年,澧县政府网站增加《政策法规》《社会公益》栏目,为企业和公民提供相关政策和法律法规服务,向社会发布社会事业和公益服务方面的信息。是年,县信息化办加强与各乡镇和县直单位联系,全年采编、收集、发布反映政府工作和县域经济社会发展的重要信息3万多条，政府网站加强网上投诉信件办理。接受群众来信、留言，协调相关部门调查解决群众反映的各类热点、难点问题共300多件。

同年，政府网站加大信息自主采编力度，加强新闻信息的编辑、审核工作，政府网站每周发布新闻信息40条以上，全年发布新闻信息3900多条。被省政府办公厅评为湖南省优秀县级政府网站。

2010年，政府网站重视信息自主采编，加大县内重大会议、重要活动的现场信息采编报道工作，以图文并茂的形式发布自主采编动态信息300多条。同时，政府网站加强新闻信息采编和管理，建立新闻三审制度。网站全年发布新闻信息3900多条。

是年，政府网新闻信息量大量增加，政府网站成为服务县委、县政府中心工作的舆论工具，成为反映各乡镇、部门工作主要平台，成为联系、沟通人民群众的桥梁。年底县政府网站被省政府办公厅评为湖南省优秀县级政府网站。

津市市政府网站

2007年，津市市信息化办聘请湖南求实科技公司提供技术支持，对市政府网站实行全新改版，建立各乡镇和市直单位网站子网站。是年，市信息化办加强内部管理工作，出台"网站资料登记制度"、"网站资料上网审签制度""网站信息更新制度""网站资料采编考核奖惩通报制度""网站安全保密制度""网站管理过错追究制度""网站资料立卷归档制度"等8项规章制度。

2008年，津市市加强各乡镇和市直单位网站子网站建设。乡镇和市直部门网站包括单位简介、领导班子、机构职能、工作动态、政策法规、办事程序等基本内容。乡镇和市直部门网站由市人民政府网站实行五统一。网站制作和日常维护由各单位与市人民政府网站签订服务合同进行管理。各单位明确信息联络员，报送相关文字、图片信息资料等，市政府网站指导上网发布。

是年，津市市人民政府网以打造不下班的网上政府为目标，全面加强网上信息公开工作。开辟"服务企业""服务市民""服务三农"等栏目，方便企业和个人办事；设立"政策法规""社会公益""在线查询"等栏目，向社会发布社会事业和公益服务方面的信息，提供人才招聘、婚姻、就业、工资查询、公积金查询、交通违规查询等到公益服务和实用查询服务。

2009年，市政府网站增设"教育""卫生""社会保障""公共服务"及"居民""企业""三农""旅游""投资"等十三大民生服务栏目，以《市长信箱》《市民留言》等栏目为载体，解决群众反映的各类热点、难点问题200多件。

2010年，市电子政务办将部门单位信息报送及子网站建设运行工作纳入到全市绩效考核范畴。对政府网站新闻信息的编辑和审核，实行新闻三审制度，政府网站全年发布新闻信息3100多条。

安乡县政府网站

1998年9月，安乡县政府网"安乡之窗"建立，1999年3月正式接入互联网。网站建成之初,设立县情简介、党政机构、招商政策、地方企业、交通信息等栏目,同时把安乡希望工程、'98抗洪境外捐款名录、安乡畜牧水产、防汛抢险网上教室等搬上网站。

2005年,“安乡之窗”更名为“中国·安乡”。“中国·安乡”是安乡县人民政府的门户网站,是县委、县政府对外发布政务信息、实现政民互动、提供在线服务的总平台,也是利用互联网宣传展示安乡形象的窗口。

2008年4月,县信息化办对“中国·安乡”进行升级改版。增设新闻动态类、政务公开类、县情资料类、互动类和便民服务类五大块,新增图片安乡、电子地图、安乡古今名人、应急管理、政府信息公开目录、人事任命、历年统计公报和财政预决算报告、交通违章曝光台和城市生活等崭新栏目和繁体版。完善对工资、住房公积金、交通违规查询等十多类查询服务系统。网站设置《县长信箱》《市民心声》《网络问政》等栏目。是年,协调相关部门调查解决群众反映的各类热点、难点问题700多条,编发《政府网站县长信箱来信摘录》5期。网站每日访问量超过3000人次。

7月30日,市政府网站“嘉宾访谈”栏目组第一次走进安乡,以网络现场视频直播的方式采访县长石玉林。

是年,县政府网站累计发布新闻和政务类信息达5000多条。县长信箱处理网友来信400多条,编发《政府网站县长信箱来信摘录》5期。

2009年,县政府网站增设“教育”“卫生”“社会保障”“公共服务”及“居民”“企业”“三农”“旅游”“投资”等服务栏目,统一公布相关政府部门的工作流程、办事程序,为群众提供网上办事服务。全年在政府网站发布新闻类信息5000条,“县长信箱”处理网友来信400多条。

2010年,信息化办加大政府网站信息自主采编力度,安排专人负责县内重大会议、重要活动的现场信息采编报道工作,全年发布新闻信息、视频新闻和部门动态895条,加强对政府网站新闻信息的编辑、审核工作,建立新闻三审制度。政府网站全年发布新闻信息9800多条。

第三节　安全体系建设

1991年5月28日,市信息中心成立计算机安全与保密小组,负责市信息中心的计算机维护、信息发布审核、录入信息复查、网络安全工作。

1995年,常德市成立“SICNET增值服务网”常德工作站,网络安全问题提上市信息中心的议事日程

1998年12月,常德市计算机2000年问题工作领导小组成立,计算机安全问题摆上市政府领导工作案头。

1999年5月,成立常德市计算机2000年问题应急领导小组,主要是防范和化解由于Y2K问题的发生可能带来的重大损失和社会不稳定,将影响和损失降至最低限度,确保全市平稳过渡计算机2000年。

2003年5月,常德市政府办公室制定下发《常德政府网建设管理暂行办法》。信息化办应会同市公安、国安、保密等相关部门制订政府网站、政务网站和子网站的安全保密实施方案及安全保密工作制度,按规定落实有关安全保密措施。

12月,信息化办成立信息技术科,归口管理、组织和协调全市信息网络安全与计算机病毒防范工作。

2004年4月,常德市政府办公室制定《"中国·常德"政府门户网站建设管理暂行规定》。对网站的信息审核、信息管理、互动管理、网站安全、信息保密等方面进行规范。规定确定门户网站实行信息发布审核制度。

常德市公安系统推进公安信息化启动仪式

同年年底，常德市成立华中信息安全测评认证中心常德办事处，加强网络安全,化解信息安全风险。

2005年，常德市成立市政府主要领导参加的网络与信息安全工作协调领导小组,建立信息安全情况通报制度、网络与信息安全应急预案、信息安全等级保护制度、信息公开审查制度。

是年,常德市公安局在常德市政府网站上开通子网站,实现警务公开和网上受理。全市建立"一机两用"监控系统,安装天融信防火墙和江民KV2005网络版查杀计算机病毒软件。全市人口、出入境、禁毒、车驾管、监管、政治部、刑侦等部门数据库资料都进入信息综合查询系统,实现信息关联和比对。由市公安局政治部、科技科和警官培训中心组织开展民警计算机应用培训。至2005年,全市共举办计算机学习及信息安全、网络安全培训班68期,参训人员达3000多人次,占全市民警总数的75%。

2006年,常德市公安局成立网监大队,对全市网络实行全天候、全方位的24小时监控。

2007年5月12日,市信息化办160货运网服务器连续受到黑客攻击,一度造成网络中断。事发后,市信息化办对全办主要计算机系统的资源配置、操作及业务系统、系统维护人员、操作人员进行登记。并设立专职安全管理员,负责日常管理与监督。计算机保密工作做到了制度到位、管理到位、检查到位。

2007年10月,市信息化办、市公安局、市国家保密局、市国家密码管理局联合成立全市信息安全等级保护工作领导小组，在全市范围内组织开展重要信息系统安全等级保护定级工作。

同月,市信息化办完善"中国·常德"政务门户网站后台内容管理系统的用户管理制度和机房管理制度;添置入侵检测器、硬件防火墙、杀毒软件等安全设备产品;升级改造网站的"市民留言""桃花源论坛"等栏目,加强对这些板块的信息管理,保证全天候有人值守、不良信息消除在网站后台。

2008年7月24日,红网总站与红网常德站签订《网络信息安全目标管理责任状》,对责任对象、责任目标、责任考核和奖励以及责任人法律责任进行约定。制定和完善信息发布审核、登记制度信息监控、保存、清除和备份制度。

第四章　信息化应用

第一节　政务信息化

一、电子政务内网

2002年9月5日，常德市政府常务副市长杨光宏主持召开常德市信息化建设工作有关问题专题会议。会议强调：强化电子政务工作，建设统一的电子政务内外网络平台，建设基础数据库，建设市政府网控中心，形成常德市电子政务的基础框架，达到投资省、见效快、标准高、安全可靠。

2003年5月，常德市电子政务网控中心一期工程建设实施方案出台。方案设计市电子政务网控中心按分布式星型拓扑结构，以专线方式连接市直各单位局域网，组建常德政务专网。网控中心租用网络服务商提供的纤芯或线路，前期将市政府办、市计委、市统计局、市劳动和社会保障局和市财政局等单位的局域网连接起来，逐步建立常德政务专网。在专网出口部署软隔离区、认证系统、内外网隔离卡和病毒防护等安全设备，确保内外网系统的安全运行和信息安全交换。

2004年年初，常德市政府酝酿建设“常德电子政务专网”。专网由政务内网（涉密网）和政务外网构成。涉密网主要功能是传递市直单位与省、区县（市）、市直单位之间的涉密公文、指令、邮件、会议精神等。政务外网主要承担面向企业、公众和政府的专业性服务业务和不需要在涉密网上运行的业务。政务外网即“中国·常德”政府综合门户网站。

“常德电子政务专网”的建设目标：提高政府管理水平、改善办公条件，使办公活动更加高效化、规范化和科学化。“常德电子政务网”以浏览器和服务器作为基本运行环境，以信息和组件管理、多媒体通信工具、应用软件等软件组件集成，构建“三网一库”架构的综合信息系统，构造一个内容丰富、功能齐全、无处不在的政务办公环境。实现市政府内部方便和灵活的信息共享和交换，增强政府办公自动化的程度，提高各部门间协同工作的效率，为政府的管理、决策等应用提供环境，保证政府机关内部重要信息的安全。“常德电子政务网”遵循“统一规划，分步实施，资源共享，简单实用、安全保密”的基本原则。

“常德电子政务专网”建设内容分办公业务网（简称内网或局域网）和办公业务资源网（简称外网或广域网）。

办公业务网（简称内网或局域网）是支持市政府机关内部实现办公自动化的局域网（涉

密网)。该网同时布防两套物理分离的网络线缆,在保密和安全规定下,支持政府办公业务网和公众信息网的同时应用,并建设高标准的网控中心。

办公业务资源网(简称外网或广域网)是实现本单位办公业务网与上级部门、平行部门和下级部门单位互联互通的广域网。采用广域互联技术实现政府网络互联互通的外网。办公业务资源网配置防火墙,保障"常德政务网"互联又实现安全隔离,通过防火墙安全规则配置,实现内外网之间的信息存取安全。办公业务资源网即常德政府公众信息网(市政府网站)及其子网站群。

8 月,常德市安全保密方案通过由国家保密局领导主持、常德市国家保密局组织常德市涉密计算机信息系统专家评审组的综合评审。

2005 年,市信息化办完成应用支撑平台及协同办公系统的采购和部署,对网控中心接入单位的技术人员进行操作培训。

10 月,市委保密局保密邮件系统通过专线将 168 个部门接入网络,实现涉密公文的网上传输。

年底,市财政局等 14 家单位通过光纤连接,实现网上接入信息分级共享和公文交换。市财政局支付专网与非税专网开通,连通 128 家单位,实现专网报账和经费审批。常德市气象局中小尺度灾害天气自动气象监测站网与市城管执法局的城市综合监控管理信息系统开通运行。

2006 年 5 月,电子政务外网中心节点与省政府外网平台连通。

2007 年 1 月 26 日,市信息化办制订《常德市电子政务内网建设方案》。方案遵循省委省政府两办有关电子政务建设的要求,统一规划、统一技术规范、立足当前、适度超前,采用成熟的网络技术,建设市本级电子政务内网横向骨干网和横向传输网,整合市直各单位综合办公网,形成全市电子政务内网基本框架。

同年 3 月,常德市第三次信息化领导小组会议通过市电子政务内网建设方案:2007 年,建成以市委、市人大、市政府、市政协,市法院、市检察院为骨干的 68 家单位横向公文传输网,年底投入正式运行。4 月,省、市、县三级纵向骨干网实现连通。5 月,常德市电子政务内网建设进入系统招标。内网建设由市委办、市政府办牵头,市信息化办负责组织建设。

4 月 18 日,市政府召开全市信息化工作会议上,陈文浩市长在会上要求各单位配合内网建设,积极开展应用工作。年底,市委、市政府严格控制纸质公文数量,接入内网的单位原则上不再使用纸质公文进行传递。

9 月,常德市电信公司负责建设常德市电子政务内网横向工作网,完成线路租用和网络集成,开通并调试到位市直横向网。市委办、市政府办及市信息化办与电信公司共同商定解决网络开通过程中的具体技术问题。市委组织部、市委宣传部、市教育局、市民政局等 43 家单位接入,电子政务内网横向工作网进入试运行。

9 月 5 日,市信息化办公开常德政府网站网上政务公开目录。

2008 年 6 月,常德市电子公文传输网络建设基本完成,开通传输终端 184 家。电子公文传输系统从 6 月 10 日开始试运行，市“两办”通过电子公文传输系统发送正式公文近百份，各单位收文情况良好。

8 月，针对电子公文传输网络试运行出现的安全问题，市信息化办制订《常德市电子政务内网网络安全实施方案》。方案提出解决问题的方案必须建立网络安全技术保障系统，内网与外网之间实现物理隔离；设立防火墙和防病毒系统。在内外网实行管理系统一卡制，每天实行入侵检测，系统漏洞扫描。

2008 年 10 月，常德市财税一体化征收系统第一期工程企业基础信息共享平台和第二期工程房地产税一体化征收系统建成投入使用。整合涉税部门数据资源，实现部门间的业务协同，是常德市电子政务的组成部分。

是年，全市建成集中统一的社会保障中心数据库，实现劳动保障五大险种数据共享与交换，达到“同人同城同库”；“金财工程”省、市、县成功联网，接入全省财政系统纵向网络平台，实现国家、省、市、县财政部门业务联网应用，完善了市电子政务专网。

2008 年，金土工程数据中心建设、金盾工程平安城市建设、教育校校通等工程完善系统，更加丰富了电子政务专网的内容。

2009 年，市信息化办部署电子政务内网构建，建成企业基础信息共享平台和房地产税一体化征收系统，奠定全市综合治税网络基础。全市推进金保工程一期、科技强警、金审工程等重点工程建设和应用。

2010 年 6 月，常德市形成以电子政务办机房为中心，“两办”为节点，横向连接 195 家主要市直部门的电子政务网络框架内网。

2010 年 7 月，0A 系统在政务内网中运行，市直单位办公实行公文传输。全市人财编信息应用系统开展试运行。

2010 年 11 月，常德市召开全市电子政务内外网建设工作会议，部署整合全市电子政务内外网建设工作。

12 月初，常德市政府采用电子政务内网协同办公系统建设，当年完成协同办公系统市直 40 家单位和县市区 80 家单位的接入，将原已实现电子公文传输的市直单位先开通一个连接点。

2010 年 12 月 8 日，常德市全市内网外网建设项目进入正式实施阶段，完成市县 240 个单位接入。政务内网形成以党委、人大、政府、政协、法院、检察院等业务网络互联互通，全部满足各级政务部门内部办公、管理、协调、监督和决策的需要的网络系统。

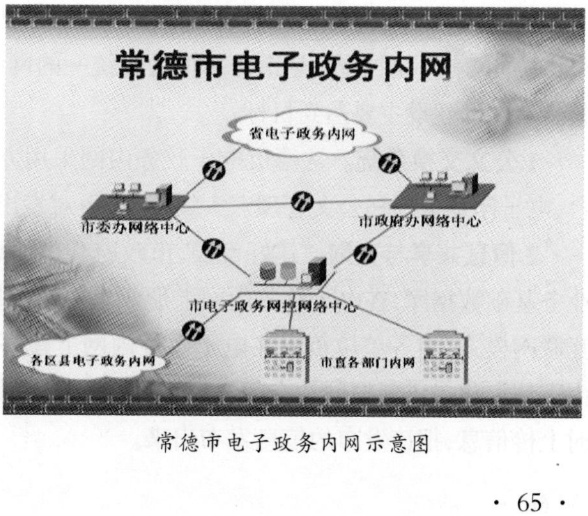

常德市电子政务内网示意图

二、系统应用

公文传输

2003年5月,常德市信息化办正式启动市电子政务网控中心建设。

2004年4月,常德市政府年建设市电子政务网控中心平台,确保市政府办、市计委、市财政局、市统计局、市劳动和社会保障局等单位实现公文流转和数据传输,逐步构建全市政务网系统,推进办公自动化,通过办公自动化提高行政和服务效率。

是年,常德市建立全市各党政机关和各委办局实现网络互联和网上交互式办公的物理平台,市政府办、市财政局等5家单位率先进入,市委办、市政务中心等8家单位也相继完成单位局域网接入,进入网控中心。2004年年底,市委办、市政府办等几个主要单位通过"OA"系统实现网上公文流转和信息交互。

2005年3月,市政府再次投入100多万元,完成应用支撑平台及协同办公系统的采购和部署工作,完成网控中心接入单位技术人员第一轮操作培训。各接入单位在当年12月实现网上信息共享等实际应用。

2006年9月,市信息化办正式部署网上公文交换系统。

2007年1月,常德市信息化办提出《常德市电子政务内网建设方案》。方案通过需求和可行性分析,确定全市电子政务内网建设的工作目标,分三步实施:

第一步,实现公文交换网络化。全市党政机关的所有公文往来由过去的邮递方式转变为通过网络交换,逐步取消单位间的纸制公文往来,提高公文交换速度。计划2007年上半年完成测试,下半年正式使用。

第二步,实现信息查询网络化。以市委、市人大、市政府、市政协、市检察院、市法院六大家为信息集散地,形成六大信息资源中心。各单位拥有的基础数据要提供查询接口,逐步实现全市信息资源的共享。计划在2008年着手建设,一年见成效。

第三步,实现协同办公网络化。以市网控中心为核心,整合各单位综合办公网络,搭建好全市协同办公应用平台,全市各单位通过统一的网络平台处理办公事务。计划2009年开始起步。内网建设主要达到目标:

1.公文交换系统。常德市电子政务内网采用方正公文交换系统。该系统由公文交换平台、电子印章管理和公文管理三大块组成,可对发出的公文进行有效控制。

2.信息共享与查询。建好市委、市政府和市信息化办三个信息资源库,整合市直各单位业务基础数据库,在电子政务内网上形成丰富的市情资源库。在信息资源的分布上采用国际互联网模式,由各单位负责在电子政务内网上建好自己的网站,对没有专用服务器的单位,由市信息化提供虚拟网站空间,供内网用户自由查询。工作重点是督导各单位建好网站,及时上传信息,把该发布的信息发布出来。

3、公文流转。完善协同办公系统,加以推广应用。2007 年 3 月 30 日,陈文浩副市长主持召开全市信息化领导小组第三次会议。会议通过《常德市电子政务内网建设方案》。确定常德市年内要建成纵联省、市、县三级政府、横接市直有关单位的电子政务内网。9 月以前,全市实现电子公文网上传输应用。会议明确切实抓好四项工作。第一、明确建设步骤,完成平台搭建。在完成内网建设方案(草案)的基础上,制订组网技术方案、公文交换系统方案和建设实施方案。4 月到 8 月,完成骨干网线路铺设,软、硬件集成和终端设备安装调试等工作;第二、加强部门联动,促进实际应用。会议决定以两办名义下发文件,落实领导责任,建立工作考核机制,强力推行公文网上传输等基础应用,促进系统的实际应用和深度开发;第三、强化岗位责任,积极开展培训。各单位确定公文收发人员,明确岗位职责,对相关人员进行业务培训,建立内网运行维护的组织网络。第四、健全管理制度,确保运行安全。严格机要保密制度,健全内网安全保障机制,保证内网稳定、安全、高效运行。

2007 年 4 月,常德市省、市、县三级纵向骨干网实现连通。内网建设进入系统招标。

是年 4 月 18 日,市政府召开全市信息化工作会议,陈文浩副市长在会上强调,内网系统建成后,市委、市政府接入内网的单位原则上不再使用纸质公文进行传递。

2008 年电信日促销活动

2007 年 6 月,常德市完成市电子政务内网暨电子公文传输系统建设。10 日,市直电子公文传输系统试运行。

2009 年 12 月, 市电信公司和上海理想公司共同建设协同办公系统试用平台。试用一年。

2010 年 12 月, 协同办公系统试用一年,效果理想。

12 月 8 日,全市召开电子政务内网外网建设工作会议。会议根据协同办公系统试用情况,要求年内完成协同办公系统建设。该项工作列入 2010 年建设人民满意政府七项行动的工作任务之一。

根据试用情况,市信息化办分两期全面建成涵盖所有市直单位和县市区的统一协同 OA 办公系统,其运行条件:

1.OA 运行的网络环境。电子政务网络由政务内网和政务外网组成。政务内网由党委、人大、政府、政协、法院、检察院的业务网络互联互通形成,主要满足各级政务部门内部办公、管理、协调、监督和决策的需要;政务外网主要满足各级政务部门社会管理、公共服务等面向社会服务的需要。OA 在政务内网中运行。

2.OA 接入单位分两种情况:一种是单点接入,只接一台电脑在该电脑上进行 OA 处理;另一种是单位整网接入,该局域网内的每个用户都可以使用 OA。

3.接入单位的网络。对单点接入单位,情况类似于公文传输系统,维持现状不变;对整个局域网接入的单位,必须具备物理隔离。单位局域外网与互联网相连,将接入电子政务外网;单位局域内网将接入电子政务内网。

4.接入单位的设备。所有 OA 接入单位必须准备至少一台中间机,该电脑不与任何网络相联,仅限用于移动介质在不同网络之间进行数据交换,不得作为他用,并明确专人管理。

5.接入单位的人员。各单位具体明确办公室主任牵头,并确定一名技术人员担当系统管理员,主要做好移动存储介质管理系统部署、OA 系统实施配合及培训准备工作。

6.OA 系统开通期间,原内网公文传输系统并行一段时间。

人财编一体化

2010 年,常德市启动人财编一体化综合管理系统项目。1 月 8 日,启动仪式在华天酒店举行,市政府常务副秘书长周代惠致辞,市政府信息化办主任舒兆兰主持启动仪式。

人财编一体化综合管理系统,目的在于通过信息化手段,建立编制、组织、人事、财政的一体化,进一步强化人员编制实名制管理,使常德市行政事业单位人员编制管理走上信息化、规范化和科学化道路。

1986 年至 1990 年 10 月,常德市企业职工基本养老保险基金和失业保险基金的收支,由市财政局按照财务制度和会计制度予以监督。1990 年 10 月 5 日,省劳动厅印发《湖南省社会保险事业管理机构内部审计暂行规定》,各地、市社会劳动保险机构独立行使内部审计 职权,接受上级内部审计机构和同级审计机关的业务指导。审计的内容主要包括:一是对国 家有关政策、法规、条例和上级部门制定的相关规定贯彻执行情况。二是内部控制制度的建 立、健全和执行情况。三是各项社会保险资金的收缴、储存、拨付、提取、上交等方面的执行。四是各项社会保险资金的运用、管理情况。五是管理费和其他专项经费的提取、支 用、上交情况。六是各种财产物资的购置、保管、使用的手续和安全完整情况。七是银行结算制度、现金管理制度的执行情况;八是其他经济行为和会计行为的合法性。常德市社会劳动保险所设立内部审计办公室,配备了两名专职审计人员。各区、县(市)社会劳动保险站也指定兼职审计人员,负责基金和各项费用的收支审计。1995 年,全市社会保险系统建 立社会劳动保险监督委员会,市和各区、县(市)政府分管领导任主任,劳动、财政、审计 及工会等部门以及企业职工、离退休人员代表任委员。

1995 年,常德市金财、金税、金盾、金保、金审工程相继启动

1996 年 7 月 26 日,省劳动厅、审计厅印发《关于印发〈社会保险审计暂行规定〉的实 施

办法的通知》,1990 年 10 月省劳动厅的《内部审计暂行规定》废止。社会保险基金的监 督由财政部门依法监督,社保经办机构内部审计转变为接受外部的审计。

2000 年 12 月,常德市劳动保障局设立社会保险基金监督科,配备专职人员,建立起现场监督、非现场监督、基金管理风险评估和社会保障反欺诈工作体系。

2003 年,常德市编委建成事业单位管理信息系统数据库和专门网页,开展网上登记管理师资培训,着手推行网上登记模式,建立信息沟通机制。和人事部门一起召开高层人才座谈会、研讨会,积极引导,组织交流,加强宣传。探索建立人才需求数据库和区域发展信息库,搭建网络信息发布平台,为常德市人才一体化发展提供信息基础和决策依据。

2005 年至 2010 年, 市劳动保障局先后印发《常德市社会保险基金行政监督实施细则》《常德市社会保险基金监督举报工作管理实施办法》《常德市社会保险基金监督举报受理程序》等文件,使社会保险基金行政监督 有法可依,有章可循。

2005 年 3 月,常德市劳动保障局决定将企业职工基本养老保险、失业保险、工伤保险、基本医疗、生育保险,机关事业单位基本养老保险(统称“五险”)实行统一稽核,统一扩面,统一征缴。在社会保险费征缴的第一个环节核准缴费基数上防止了社会保险费的流失,做到应收尽收。

全市社会保险基金行政监督机构会同财政、审计、人民银行,对社会保险基金管理和使用情况开展基金管理评估,对各经办机构内控制度督查。2008 年 9 月开展社会保险基金专项治理。对于检查、督查中出现的问题建立台账。截至 2010 年年底,全市社会保险经办机构的问题整改率达 100%。2005 年至 2010 年,全市劳动保障部门社会保险行政监督机构开展现场监督检查 1543 次,派出监查人员 6837 人(次),检查单位 2092 家。受理社会保险基 金方面的举报案件 851 件,处理结案 851 件,减少社会保险基金流失 254 万元。全市共派出 稽核人员 60559 人(次),稽核单位 22196 家,核增各项社会保险缴费基数 86189 万元,核 增社会保险基金 11033 万元,支付举报奖励 8.51 万元。

2010 年,常德市人力资源和社会保障局按照“数据集中、应用集中、网络集中、安全集中”的信息系统管理要求,对已有的制度归纳、整理,形成统一的《常德市人力资源和社会保障信息系统建设与运行管理办法》。召开高层人才座谈会、研讨会,积极引导,组织交流,加强宣传。探索建立人才需求数据库和区域发展信息库,搭建网络信息发布平台,为常德市人才一体化发展提供信息基础和决策依据。市编委积极动员区域内各企业商会、行业协会、智库、社会组织、中介机构等,面向常德市开展服务,促进人才智力合作,建立人才库,便于全市人才安排和调动,推动高层次人才资源的流动与合理配置。加大对人才的服务力度,提升人才服务精细化管理水平,建好专业人才、公务人员、特别是政府工作人员数据库,做好编制规划、人员调配的统筹管理,编制与财政部门直接挂钩。

第二节　经济信息化

一、农业和农村信息化

1989年,常德市成立农业信息中心站,负责收集常德市农业信息。2003年,市编办对常德市农业信息中心站机构编制正式定编,核定农业信息中心站全额拨款事业编制2名。

2001年,常德市农业局正式启动计算机网络建设。该项目总投资60万元,新增15个终端微机及打印机,建成市本级局级网络平台及20个网络终端(局级领导及局属各单位),建立粮油、经作、科技、植保、推广、土肥、种子、农业执法、项目管理、农情信息、市场信息等11个网页制作工作站,实现内部信息共享,对外提供各种信息服务。2002年,市农业局加大投入,建立连接市县涉农单位,连接乡镇和农村经济大户的信息网络。2004年,市农业局投入171万元进一步完善农业信息网络。其中,市本级信息平台建设总投资44万元,在农业局办公楼内搭建局域网络,进行机房改造;添置2台HP服务器、2台交换机、11台联想电脑、1台UPS不间断电源、1套网络打印机及扫描仪等硬件设施;购置操作系统及防毒软件,开发农业信息采集发布系统和信息资料数据库等软件。县级信息服务平台建设总投资127万元,在澧县、桃源、鼎城、石门、汉寿等5个区县农业局进行信息平台建设,购置硬件设备,添置信息采集处理服务系统、操作系统等软件。

是年,常德市农业局建设常德市农业信息网站(www.cdsagri.gov.cn)。农业信息网设置“信息公开”“综合动态”“市场信息”“科技推广”“经济作物”等14个栏目。2004年,对农业信息网站进行升级,对页面设计,色彩搭配,图片处理,整体效果(包括单位名称、字体、图片大小、颜色、Logo、Flash技术运用)进行规范。

同年11月29日,常德市成立农村经济信息中心。2002年3月,组建全市唯一自主开发的网站管理平台——常德农经网,配备L INUX操作系统,ORACLE数据库。

2008年7月1日,常德市成立市农村信息化领导小组。小组由33个市直单位组成。是年,常德市在全市10多个示范村高标准建设集上网、图书、缴费等服务于一体的农民电子书屋,免费为农民提供文化娱乐、培训、上网查询等服务。当年全市建设农村综合信息服务站320个,创建信息化示范村770个,示范乡镇90个,示范县(市)区3个。2008年至2009年,农村经济信息中心为农村经济大户提供信息服务和技术咨询,免费为乡镇、村发放价值2000多元的农村信息机1000多部。

2010年1月20日,常德市出台《常德市推进电信信息化新农村创建工程实施方案》。

二、工业信息化

2003年5月,常德市信息化办开展工业信息化试点。按照省政府信息办的要求,征集一批信息化工作开展较好的单位进行试点。经过甄选,确定“常德烟草机械有限责任公司”“市劳动和社会保障局”成为全市首批信息化试点单位。

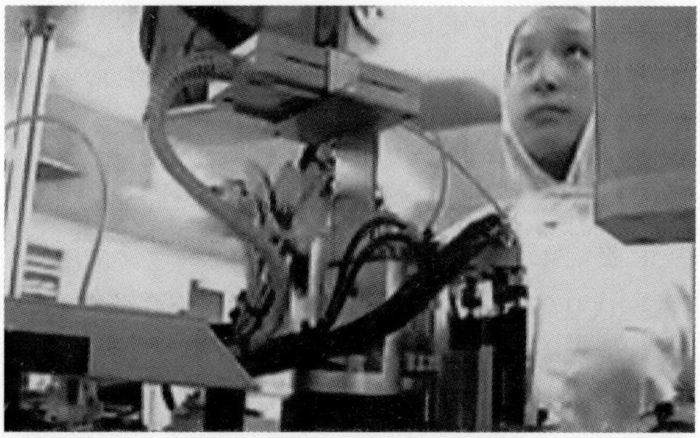

技术员操作网络计算机进行生产

是年,常德市各大企业积极组织员工进行信息化培训,湖大远程公司投资10万元先后组织专业技术培训12期,受训人员逾140人次。华南光电仪器厂通过与相关院校联系和网上招聘,先后引进专业人才25名,充实到企业的研发中心、技术管理部等部门。

2004年9月22日,根据市信息化领导小组下发文件《关于印发〈“中国常德”政府门户网站子网站信息更新和报送制度〉的通知》(常信发〔2004〕3号),市信息化办组织市直各单位报送有关资料,充实政府门户网站“企业—规划建设”栏目,内容包括:表格下载、便民问答、办事指南、受理机构、政策法规。

2005年,信息技术应用在全市工业化进程中开始发挥重要作用。常德卷烟厂、常德烟机、常德纺织机械、常德电业局、五强溪电厂、金健米业、洞庭水殖等企业信息化应用水平和能力不断提高,企业信息网络建设成效明显。

2006年,为加快推进企业基础信息交换与共享工作,促进企业信息资源开发应用,增强政府监管能力、提高工作效率、提升服务水平,常德市成立企业基础信息共享协调小组。主要职能:根据国家推进企业基础信息共享的方针、政策,制定、提出全市企业基础信息共享规划,审查企业基础信息共享实施方案,研究解决企业基础信息共享中遇到的困难和问题,组织协调相关部门实施企业基础信息共享工作。协调小组下设联合工作办公室,负责企业基础信息共享的具体实施工作,制订实施方案,落实国家相关技术标准和规范的应用。

2007年,省信息化办、省信息产业厅开展信息技术与传统产业嫁接专题调查,常德24家企业列为调查企业。具体如下:常德金鹏凹版印刷有限公司、湖南重庆啤酒国人有限责任公司、常德恒安纸业股份有限公司、湖南杰新纺织有限公司、湖南东信棉业(常德〕有限公司、湖南中泰特种装备有限责任公司 、湖南广源麻业有限公司、湘澧盐矿、中石化湖南常德石油分公司、新澧化工有限责任公司、常德纺织机械有限公司 、常德烟草机械有限公司、湖南汽车车桥厂、湖南安福气门有限公司 、中联重科建筑起重机械分公司、湖南湘福新型建材有限公司、湖南石门特种水泥有限公司、湖南创元铝业有限公司、石门电厂、常德电业局、湖南三金药业有限公司、湖南洞庭药业有限公司 、益侨(湖南)制药有限公司、湖南创普物流有限公司。

2008 年 2 月, 常德市信息化办切实做好利用信息技术改造和提升传统产业试点工作,抓住信息技术改造和提升传统产业契机,组织全市企业对照相关要求进行申报,对各区县(市)申报的企业进行严格审查。推荐汉寿县特种涂料厂、常德市科辉墙材有限责任公司、常德东鼎动力机械有限公司、常德天马电器成套设备有限公司、湖南石门二化有限责任公司等 5 家企业为常德市全省利用信息技术改造和提升传统产业 的第二批试点企业。

2009 年,常德市信息化办以“两化”融合为重点,推进企业信息化:大力推进信息化与工业化融合。积极争取上级“两化”融合专项资金扶持,选取部分信息化基础较好的中小企业进行“两化”融合试点示范;积极参与全国移动电子商务服务平台建设。推进手机支付电费项目建设和应用,拓展移动公共事业缴费业务,启动常德市移动电子商务机(亭)建设。

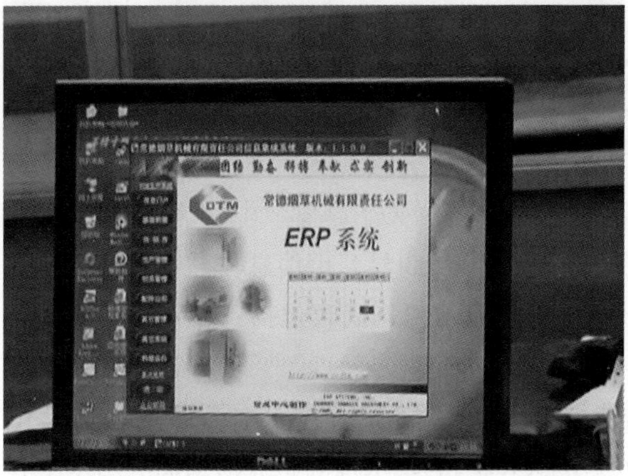

常德市信息化与工业化融合

是年,湖南省实施信息化“两化”融合试点。市信息化办将汉寿特种涂料厂、湖南凯斯机械、石门玉叶化肥、临澧县永安烟花进入省扶持名单,成为全省利用信息技术改造和提升传统产业三批试点企业。安福气门等 7 家企业成为全省移动信息化试点企业。全年选调 39 人参加省企业信息化培训学习。

2010 年,常德市为全面推动企业信息化,启动实施筑巢引凤方略,确定电子信息产业为常德市增长强劲的朝阳产业。市委、市政府对电子信息产业予以重点扶持,为便于操作,集块成团,出台专项规划和政策意见,确立四大产业集群发展方向和百亿产业发展目标。规划建设德山电子信息产业园,园区发展成为省级电子信息产业园和国家高技术产业基地园区,建成标准厂房 20 万平方来,其中省专项资金扶持 5 万元建设 1.5 万平方米。大力实施产业链招商,成功组织和承办常德电子信息产业招商推介会等招商活动,协助引进电子信息产业项目 20 多个,投资总额 50 多亿元。是年,市信息化办帮助半导体电子申报省信息产业专项资金,帮助平安医疗等 3 家企业申报省第四批次“两化” 融合试点企业。

三、财政信息化

2003 年 10 月,常德市财政局以筹建市国库集中支付网络系统为契机,启动“金财工程”项目建设。建设局域网络,包括财政中心机关建设、局办公楼综合布线工程、网络信息点安全测试,网络设备配置,财政局域网专线建设、网络安全建设等,

2004 年 4 月,市财政局实施机关网络建设(含局域网、信息网,支付网),7 月试运行;12 月,市财政局与市信息技术服务中心签订《网站开发建设合同》,由市信息技术服务中心负责市财政局网站及网页设计制作、网站集成系统、程序开发、网站域名注册与解析,中文网络实名注册等相关工作。

2005 年 1 月,开通中国常德政府门户网站“财政局”网站;2 月,经市编办批复同意,市财政局设立信息中心,为正科级全额拨款事业单位,主要负责制定全市财政系统信息化建设规划,负责国库集中支付计算机系统建设,日常维护和数据备份工作,负责建设和管理市财政局机关局域网,指导和管理全市财政系统围绕广域网建设,负责局机关办公自动化建设和计算机网络系统的安全保密工作。

2006 年年底,市财政局建成包含城域网的庞大网络体系,其中包括硬件设备中网络设备 18 台、安全设备 5 台、小型机 3 台、服务器 19 台、不间断电源 2 台;软件中包括各种操作系统软件 3 套、各种数据库软件 2 套、安全软件和管理软件各一套。同时,建立国库集中支付、非税收人征管、国有资产管理、社保资金管理、工资统一发放查询、办公自动化,财政因特网等应用。

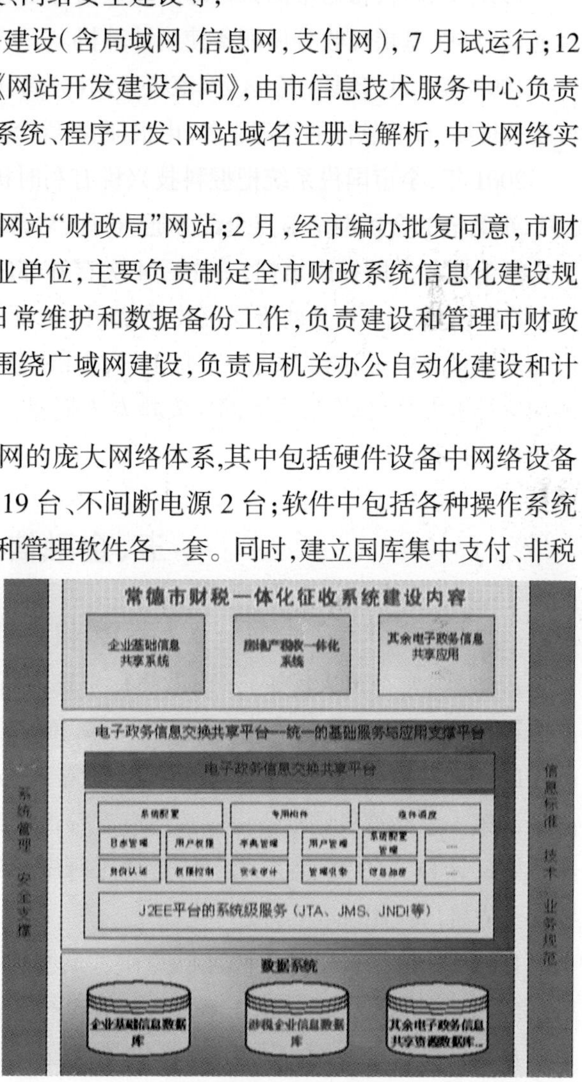

常德市财税征收系统一体化

2008 年,根据省财政厅统一部署,市财政局配合完成省、市、县三级财政专线的联网试点工作,做到三级财政网络互联互通、数据传输和共享。同时,建立和完善“金财工程”网络安全体系,市信息化办和专家组进行技术审查和验收。

2009 年,市财政局投资 650 多万元启动 2009—2010 年“金财工程”二期建设。二期建设包含软硬件设备采购、省财政厅试点项目运维管理系统采购、安装和调试等,省财政厅进行验收。同时,完成国库集中支付软件升级开发和工资统发软件重新开发。

四、税务信息化

1989 年,电子计算机技术在税收征管中逐步应用。

1995 年 10 月,常德市国家税务局开始实施“金税工程”。

1996 年 5 月,常德市国家税务局成立信息中心。是年,市国税局开通计算机广域网和远程通信,11 个基层征收分局配备使用计算机。

1998 年 1 月,各县(市、区)国家税务局(分局)办税服务厅启用《湖南征管》4.20 版软件实行税费征缴,征管软件的管理服务、申报征收、综合查询、发票管理等模块得到应用。

2001 年,全市国税系统把握科技兴税有利时机,循序渐进地加快“金税工程”建设步伐。2 月,全系统的金税网络节点全部开通。6 月,常德市国家税务局对全市系统的“金税工程”专干进行为期 4 天的提高培训,并先后 4 次召开部门协调会议,组成 4 支检查组下县督促、检查工作落实情况。市、县两级局税政、信息中心、征管、稽查、涉外征收线上的有关工作人员加班加点地录入资料、调试系统。7 月 1 日,全市“金税工程”如期开通运行。同时,市国税局机关加速推进办公自动化,先后两次安排专人授课,组织强化培训,开展操作竞赛,公文处理系统成功试运行。

五、金融信息化

(一)微机处理业务

1988 年,常德市人民银行(以下简称常德人行)建成电传和微机通信网络;8 月,常德市工商银行(以下简称常德工行)成立科技部,负责辖属支行电子计算机的定型、定购、分配和软件的开发与应用;9 月 17 日,常德人行成立科技科;10 月,常德工行正式组建常德地区金融系统第一家计算机储蓄所——常德市支行青年路储蓄所,实行计算机操作处理存取款记账、结账、计息、挂失等业务;12 月,常德工行微机处理系统通过省人行鉴定验收,并于 1989 年在全省推广应用。

1989 年,常德工行科技计算机专业人员增加到 7 人;投入专项资金 130 多万元购置设备。是年,常德人行先后选派 128 人参加人总行、省人行举办的计算机专业培训班,并开通全市各县支行微机电传网。同年,计算机在常德市农业银行(以下简称常德农行)经营网点运用;6 月 20 日,中国银行常德支行(以下简称常德中行)计算机记账试机成功,8 月 10 日和 9 月 10 日相继撤除手工同步记账;年末,计算机记账科目占发生科目的 80%。

1990 年,全市人民银行系统拥有计算机 22 台,其他设备(电传、传真、复印)各一台;常德工行投资 120 多万元购置计算机设备,辖属 10 个支行的中心储蓄(柜)实行计算机临柜营业,会计报表采用计算机微机处理;在全省工行系统率先实行人事档案计算机微机管理。同年末，常德工行全辖配备计算机主机38台、终端机56台、点钞机163台、计息机365台、密押机82台；全市农行系统的计算机应用网点发展到15处，其中有计算机储蓄网点3处；建行所辖县市支行建立计算机室，配备计算机并培训专业人员。

2005年，常德市金财、金保、金盾、金审、教育信息化系统全面启动

1991年，常德人行信贷计划、货币发行、人事管理、会计国库、劳动工资、文书档案均已实现计算机化；常德工行辖内33个营业网点的同城计算机储蓄联网，实现储蓄业务通存通兑；常德中行市分行中心所开始使用计算机受理业务，配置3台(套)计算机，进入电子业务处理的新历程；常德建行成立计算机应用管理科，建立9个储蓄事后监督计算机网点。常德从外省引进"FK"网络系统，年底投资138万元，在市区内组建FK-64网络中心，实现10个计算机储蓄所联网，开通15个具有全国联行行号网点的电子汇兑业务。是年8月，常德市汉寿县围堤信用社购置计算机设备，开办常德市农村信用社首家计算机储蓄所。

1992年，常德人行完成临澧、桃源、安乡3个支行的改造，新增微机设备30台(件)。是年，常德工行实现微机上机网点65个，会计对公脱机11个，储蓄联机49个，储蓄脱机5个，网点覆盖率为68%。同年，常德农行设立信息计算机科。是年，常德市区(武陵、鼎城)的计算机储蓄所全部实现计算机联网，设立四台自动取款机。同年9月，常德农行筹集资金200万元，在武陵、鼎城、石门等支行建立3个储蓄通存通兑FK同城网络，联机网点40个。各县市支行(直属部所)计算机对公业务网点16个，开通15个具有全国联行行号网点的电子汇兑业务。是年，武陵区农村信用社购置电子计算机，开办计算机储蓄业务。

(二)网络建设

1993年，常德人行扩大计算机在银行业务中的应用面，开通支行与常德人行的传真、数据网络，与省人行联网，增加《金融机构管理系统》程序软件的开发和运用。是年，常德人行投入资金220万元，装备微机126台，其他外围设备105台、套，建设大小计算机机房14个，总面积526平方米，配机覆盖率100%。

同年，常德人行由微机处理业务专项发展网络建设，建成卫星通信小站和电报网、微机数据通信网和传真网等现代通信网络系统。全辖调统、会计、国库等部门业务实现计算机专网报送，人行与市级专业银行之间实现数据共享。常德工行牡丹信用卡业务在全省工行系统中率先配置POS系统，上网点15个，安装POS终端30台；常德农行筹资298万元，开通计算机储蓄所86个，其中银行46个、信用社40个。是年2月19日，常德中行正式设立计算机科，投资100万元发展储蓄计算机网点，装机率达到25%，新建计算机处理业务分理处和储蓄所14个。常德建行新上计算机储蓄网点25个;开发人事信息、房地产金融、信用卡业务3套软件系统;培训计算机操作人员90人、次。

1994年,常德农行筹措资金280万元,新设计算机储蓄网点42个,是年底,全市农行建立计算机储蓄所182家,处于全省农行系统城镇覆盖面领先地市。常德中行投资45万元添置计算机设备,改造17个储蓄所,12个网点配备计算机。10月,中行与国家联行和省联行电子化对账系统调试成功。

1995年,常德人行对澧县、津市、安乡、临澧四个支行投入资金53万元进行同城网络建设。是年,工行新上小型机系统15套,终端35台,开通运行POS机110台、ATM机8台。开通全国联行电子汇兑业务,企业资金异地结算够一日(24小时)到账。

1996年,常德人行建立同城清算网络,人行清算中心全年处理联行往来账业务1.56万笔,金额58.3亿元,实现随到随发、及时核对、账账相符。常德工行筹建市分行计算中心。是年,网点新添置微机服务器15台、终端59台、打印机55台、UPS23台。

同年,常德农行争取全省第一个IBM小型机城市综合网建设项目。常德中行安装使用常德城区支行10个POS点, 计划部门报表文本传输、B系列与PC机报表文本实现数据转换、开通全国电子联行汇总系统、人民银行同城清算网络、计划系统电子邮件系统、人教系统职工正常等级工资系统、城区信用卡系统业务程序。常德中行"城区支行信用卡系统"项目经省中行信用卡部验收,在全省中行网点试运行。9月7日,常德中行开通SWFT系统,首先实施商业银行外汇清缴、划拨与国际清算系统接轨。

1997年,常德人行全市同城清算网络扩大到辖内各金融机构,同城票据清算网络覆盖面达100%。人行机关局域网全面开通,县支行局域网络建设实现省、市、县三级广域网。推广运用《货币发行管理系统》四个业务软件。建成开通"天上三秒,地上三天"的电子联行网络,全年电子联行系统办理业务2.22万笔,金额131.7亿元;处理同城票据电子清算业务3.1万笔,金额4.3亿元。是年,常德工行将城区支行业务资料全部集中在计算中心主服务器,开通常德工行至省工行计算中心的网络物理链路。是年,将各支行的局域网联入市分行大网,清交数据与报表一律在计算机中心统计和打印。年末,常德工行全辖城区储蓄网点55个,已上机54个,覆盖率达98.2%;对公网点22个;联机网点覆盖率95%。

同年,常德农行新开青岛版储蓄系统网点20个,转换FK版到青岛版储蓄系统网点11个,转换房产公积金SYBASE版7个;开通全市14个营业所(部)的计算机签发银行汇票系统和6个城区网点的同城票据清算系统。

1998年,常德人行开通169网,并连通互联网。全年,电子联行清算中心共办理资金划转业务3.27万笔,金额962.5亿元,同城清算业务15万笔,金额352亿元。常德工行开通全国实时电子汇兑网络系统,10月底全辖储蓄营业网点全部完成大机延伸。常德农行投资1505万元,建成占地600多平方米的高标准小型机网络中心,引进美国IBM公司RS-6型小型机系统组装上网运行。常德中行应用开发信用卡GWCMS网络系统辖内、9个县支行的

GBIS 会计新系统。

1999 年,常德人行解决计算机“2000 年问题”,结合推进计算机软、硬件平台升级,完善网络建设。淘汰 386 机型计算机,对 486 机型 51 台和 586 机型 13 台更换主板、内存、硬盘和加载直通卡。升级改造 cisco2501 路由器,配置 cisco4500 路由器,新增 LSE404S 模块、LFE4004 模块。开通电子邮件系统,异地备份会计核算、发行、金融统计、国库国债系统 Legato 备份软件到服务器。4 月,邮政储蓄在常德市城西支行布放第一台 ATM 机。8 月 31 日,开通全省首个绿卡工程联网网站,常德绿卡中心担负益阳、自治州、张家界、常德四个地州市的邮政金融数据交换传输。

(三)信息管理

2000 年,常德人行将 9 个农村信用联社纳入该系统管理范围,实现全国联网。率先在全省推广传真自动回复系统;对《中央银行会计核算系统》等 77 个主要业务系统升级;推广和安装《人事档案管理系统》等 5 个应用系统;组织开发《拨款单位查询系统》。3 月,常德工行与常德市电信分公司合作开发“电子商务·网上银行”项目,电信营业机构、市工行的营业网点、17989 电话平台或 169 网上银行实现缴费。中行完成 RIS6000 小型机的建设,11 月,市分行及城区支行与人行同城清算、电子联行“天地对接”系统开通。3 月底,全市农村信用社计算机储蓄网点 328 个,对公点 9 个、电子汇兑网点 9 个,连接全省城乡资金清算电子汇兑系统在常德市信用联社贯通。3 月 30 日,全市邮储“67 个绿卡工程网点”一期联网工程完成,装 ATM 机 11 台,市城区 14 个邮储网点实现通存通兑。

2001 年,常德人行将人行县支行 x.25 线改为帧中级专线,强化建设“防火墙”。全年处理联行来账资金 140 亿元,往账资金 54 亿元,同城汇划资金 120 亿元。工行推出个人汇款业务统一品牌“汇款直通车”。12 月,开通消费信贷台账子系统,推广运行个人住房贷款子系统,建立 95588 电话银行系统。12 月,农行完成储蓄、银行卡两大基本业务系统、ATM、POS 等管道机具、银行卡通讯前置机等软件升级;市农村信用社开通省辖电子汇兑信用社 21 个;市邮政局完成绿卡网二期联网工程,全市建设 35 个电子汇兑分网点,全市 135 个邮储网点联入国家网,实现全国通存通兑。

2002 年,常德人行改造大楼局域网骨干,主干租用电信 2M 光纤,备份线路采用 ISDN,当2M 线路断开时,备份线路自动启用,信息点达 588 个。升级 NOTES 邮件系统和电子公文传输系统的 NOTESRS;安装防火墙系统、防病毒系统。12 月初,常德工行实现工行全国联网;常德农行实施应用新一代综合应用系统(ABIS)、银行卡联网通用综合应用前置系统(AIPS)、集中式信贷管理系统(CMS)的“三大工程”建设;常德中行升级改造县支行网点网络;常德市信用联社开通 9 个区、县(市)营业部电子汇兑全国特约系统;市邮政局实行储蓄网点程序版本更新、安装中间业务平台数据、启动绿卡和电子汇兑三期建设工程。

2004 年,常德人行完成内部网络二期工程扩容、路由器 IOS 升级、4 个支行 UPS 改造、3 个支行路由器设备升级。开发常德金融信息港信息发布管理平台,整合信息资源,开辟“中支动态”“电子刊物”“银行法学习”等40多个专题，发布信息1500条，推行公文处理流转系统，实现机关公文网络化和无纸化处理，实行逐笔实时处理支付指令。常德工行实施全行设置IP地址，网络改造，完成NOVA、参数管理、会计要素管理、外汇汇款等10个子系统升级。

2005年，常德市农村信用社(以下简称市信用社)428个营业网点，使用计算机645台，打印机589台，其中票据打印机349台，报表打印机240台，UPS306台，发电机51台，开通计算机储蓄的信用社239个。9个区、县(市)联社采用ISDN通信方式连接省结算中心，运行全国电子汇兑系统和大额支付系统；市信用社已拥有23名计算机专职技术人员。邮政储蓄与电子汇兑系统继续对城区12个骨干网点、11个农村网点升级改造，涉农资金成为快速代发“直通车”，年代发资金达3.5亿元。

2006年，常德人行推广应用小额支付，企业信用信息、个人信用信息、国库信息处理、财库行横向联网、补丁自动分发等10套业务应用系统；升级中央银行会计核算，国家金库会计核算、货币金银管理、金融统计、信贷咨询、公文流转等12项系统。是年全市发卡量163.45万张，交易笔数453万笔，消费交易金额达3190868万元，受理银行卡特约商户528家，POS机具1010台，ATM机119台。市信用社成立计算机网络中心，全市农村信用社储蓄、对公、结算、信贷等基本业务资料逐项汇集省中心，将财务管理、信贷管理、办公自动化等纳入网络化运作。

常德市举行政企信息化业务推介会

2008年，常德人行加强网络风险预警监测，强化巡检和日志分析，对网站程序、服务器托管、网站维护、外部接口管理等方面实行监管，关闭不必要的链接，强化网站功能，规范信息安全保密；开发TBS日志核查系统、县支行TBS服务器上收试点、中小企业信息接口程序。常德工行升级NOVA新终端平台、人行信息交换平台，监控与管理非授权软件、非法外联、ATM及其他自助设备。常德中行建立临柜业务、后台业务管理和行政管理三大信息系统。营业系统和办公系统实行逻辑隔断，互联网和内网进行物理隔离，对营业、办公系统安装防病毒软件，专人管理密码。邮储银行临澧县支行安装并开通第一台商易通。6月，邮储银行常德市分行(以下简称市邮储银行)电话银行开通。10月，市邮储银行第一张信用卡成功发放；11月，电子验印系统和电话银行系统上线。12月18日，市邮储银行首次发放绿卡通卡，将活期、定期、本币、外币存款及理财账户集中于一张借记卡，企业网上银行上线。

2009年，常德人行制定《内网电子认证证书管理实施细则》，建立“数字证书责任人、部门、单位”三级共管模式。是年，常德工行建设全辖营业网点贵宾理财中心8个，理财网点32个，升级改造率达90%；自动柜员机87台，其中存取款一体机25台。网银服务终端28台，增

“金融@家”电子银行示范区1个。常德农行改造21个网点金库和网络综合布线，迁址安装5个城区网点，增加20条农村网点通信备份线路。1月1日银监系统实现电子公文传输。

2010年，常德人行确定澧县为省金融服务创新试点单位，石门三中为全省首家“征信教育基地”。是年，常德工行完善全辖37个网点190个柜台的远程授权系统；开通会计凭证档案影像管理系统；全辖38个网点（含市分行业务处理中心）开通计算机验印系统，安装70台验印平台；完成新版印鉴卡扫描建库；完成NOVA+1.1.6，NOVA+1.2.0，NOVA+1.2.4版本投产升级。全市工行建设自助银行23家、存取款机98台、网银服务终端28台、“金融@家”电子银行示范区1个。常德中行33家营业网点有47台ATM机，POS机465台，全年电子银行交易累计金额为27.21亿元，网上银行客户数量达到24199户。同年，市农村信用社联网营业网点309个，其中299个网点使用光纤网络，10个网点使用网线直联；中心机房8个，其中市级中心机房1个，县级中心机房7个，上线ATM机93台。

六、审计信息化

2003年，常德市安乡县审计局率先开发《审计法规应用》软件，在全市推广使用。

2004年，常德市审计局（以下简称市审计局）加大信息化建设投资，投入40多万元进行计算机设备更新及机房改造。4月，审计署推广金审工程一期建设《现场审计实施系统》，市审计局审计业务人员参与考试，熟练掌握该系统的操作，完全使用该系统进行项目建立、数据导入、数据分析等操作，实际应用SQL server软件和Oracle软件。

2005年至2010年，市审计局及各县（市）区组织《现场审计实施系统》培训10次，培训范围覆盖全市审计人员。2005年以来，市审计局派2人参加审计署和省厅组织的培训，5人参加省厅计算机审计中级培训班。是年，市审计局建立网站，设有政务公开、内部审计、政策法规、通知公告、审计动态、审计文化、主题活动等多个栏目，设置“满意机关建设”和“民生焦点”两个专栏。网站内容发布按照《常德市审计局网站管理制度》采用分类分级审批。

2006年，市审计局列入湖南省“金审工程”一期试点。

2007年7月，市审计局筹集资金180万元，按审计署《地方审计机关金审工程（一期）审计管理系统地方版/1拖N版部署指导书》要求，对市审计局机房和全局网络进行改造，布置内外网接口150个，进行内外网物理隔离，部署《审计管理系统（OA）地方版/1拖N版》，实现公文网上流转。10月，市审计局完成《审计管理系统地方版/1拖N版》部署，聘请中软公司部署工程师给全局干部职工和各县（市）区审计局技术骨干进行培训。12月，聘请文理学院的专家教授和省厅计算机处的技术专家，对全局干部职工进行为期一个月的封闭式计算机培训。是年，市审计局为全市各区县市审计局进行网络规划，建设局域网，全部接入常德市《审计管理系统（OA）地方版/1拖N版》。

2008年，市审计局2名同志通过省厅的审计署AO培训认证考试。同年市审计局获全省审计机关计算机知识及应用技能竞赛三等奖。是年,市审计局向国家审计署报送计算机审计专家经验文章4 篇,1 篇获优秀奖,1 篇获入选奖;同年,常德市审计局运行《审计管理系统地方版 /1 拖 N 版》公文流转,行政公文和业务公文全面实现无纸化,常德市审计局列入全市电子公文传输横向网建设单位,同年电子公文传输系统开通。

2009 年,常德市审计部门 161 人参加审计署 AO 培训认证考试,考试全部合格。

2010 年,市审计局实现审计业务人员人手一台笔记本计算机,每个科室均配有台式机及打印机,全局部署机架服务器 7 台,磁盘阵列(容量 1.8T)1 台,虚拟磁带机 1 台,三层中心交换机 1 台,楼层交换机 12 台,UPS(延时 4 小时)一套,LED 显示屏一块。同年向国家审计署报送计算机审计方法论文 7 篇,2 篇获优秀奖,3 篇获入选奖,名列全国市州前茅。

第三节　社会事业信息化

一、人力资源与社会保障信息化

1989 年,常德市劳动保障局启动信息化建设,历经 22 年的努力,全市劳动保障业务系统数据处理中心和网络中心的建设初具规模,2005 年启动的“金保工程”投入运行。2010 年 4 月 2 日,经部、省两级相关领导和专家的现场核查,正式通过验收,达到国家“金保工程”一期建设的目标和要求。常德市建立以“数据集中、应用集中、网络集中、安全集中”为主要特点的劳动保障业务信息系统管理体系。

1996 年,常德市及各区、县(市)建立以太局域网络,完成数十万参保人员信息、5 万多离退休人员基本信息及 1995 年 10 月以来缴拨账务处理信息录入。全市企业职工基本养老保险业务管理工作步人程序化、信息化的管理轨道。1998 年 9 月,常德市筹建劳动力市场信息网络。2000 年全国统一网络《劳动 99》第二版正式投入运行。该网络系统的建立,为下岗职工以及广大的求职者,及时发布用人单位的招聘信息奠定基础。2000 年,医疗保险制度改革推行,建立与定点医院、定点药店实时联网的网络系统,解决参保人员和离退休人员在定点医院就医、定点药店购药进行实时结算的难题。

1998 年 9 月,筹建常德市劳动力市场信息网络。

2002 年 5 月,市劳动力市场大楼落成投入运行,常德市建成全省第一个集多险种、各业务为一体的大型劳动力市场信息网络。全市劳动力保障工作的业务量与日俱增,城、乡劳动者及城镇居民参加社会保障意识强,服务需求多。常德市劳动保障局决定加快信息网站建设。

7 月,开通市级劳动保险网站,全省率先。2004 年,常德市劳动保险网站改版升级为常德市劳动保障局门户网站。网站的内容和功能更加完善。

2005 年,常德市被劳动保障部正式确定为“金保工程”建设示范城市。着手建设“金保工程”网络,总体目标:对内要互联社会保险各大险种、人力资源、财务核算、公众服务等相关部门;对外要与部、省、各区、县(市)劳动保障部门及本市技术监督、财政、审计、金融、工商、保险、公安、定点医院、定点药店、乡镇、街道、社区等部门实时联网。2006 年,市劳动保障网站进行全面改版升级为常德市劳动保障网站，网站日臻完善，为全市 17000 多家各类参保单位、290 多万参保人员以及 50 多万离退休人员查询劳动保障的相关政策法规、业务流程、参保情况等方面提供极大的方便。网站内容覆盖劳动保障的所有工作,成为全市劳动保障系统的档案库和数据中心。市劳动保障网站运行的同时,局属社保网、企业职工基本养老保险网、X 医疗保险网、机关事业社保网、就业服务网、工伤保险网相继建立,形成以市劳动保障网站为主,局属相关单位子网站为辅,互为补充的劳动保障信息服务体系,搭建起与老百姓沟通信息的公开平台,满足百姓的需求。

2008 年 6 月 6 日,市信息化办在市劳动保障局机关社保处召开全市政府子网站建设现场会。推介市机关社保处《建起单位网络,更好服务百姓》的工作经验。2008 年,市机关事业社保网站、市劳动保障网获得常德政府网站优秀子网站的称号。

2009 年 7 月 16 日,市劳动保障局印发《关建立全市劳动保障业务骨干网的通知》,实现省、市、县三级劳动保障系统的互联互通。

2010 年,常德市劳动和社会保障统计信息中心把信息网络安全运行、为广大群众服务放在首位,制定一系列的管理制度:计算机软硬件维护管理办法、计算机操作管理制度、机房管理制度、计算机病毒防范制度、数据保密及数据备份制度、网络中心机房消防安全管理制度、精密空调管理制度、不间断电源(UPS)管理制度。是年,常德市人力资源和社会保障局按照“数据集中、应用集中、网络集中、安全集中”的信息系统管理要求,对已有的制度归纳、整理,形成统一的《常德市人力资源和社会保障信息系统建设与运行管理办法》。

2010 年常德市机关事业社保网站被评为常德市政府网站优秀子网站。

二、教育信息化

常德市教育系统应用信息技术和设备大致可以分为以下三个发展阶段。

1.萌芽与起步阶段。1986 年,常德市一中等学校建立计算机教室,并在部分高中教学班开设 BASIC 语言课程。同时,全市教育系统举办 BASIC 语言培训班,部分中学校长参加培训。1987 年,湖南省普通高校招生考试管理信息系统、高等教育自学考试管理信息系统在常德市投入使用,全市普通高校招生考试和高等教育自学考试工作进入计算机管理,同时,利用电话拨号的通信方式实现与省里通信,接收考生录取信息。此后,常德市少数条件较好的学校自筹资金陆续建设计算机教室。学校基础教育、计划财务等业务工作逐步利用计算机进行管理。20 世纪 90 年代初期,常德市省属重点高中学校开设计算机课程,随后,其他高中学校开设计算机课。 1996 年,湖南省开始现代教育技术实验学校创建,常德市一中和桃源县漳江小学被省教育厅确认为湖南省首批现代教育技术实验学校;1997 年，上述两校被教育部确认为全国现代教育技术实验学校。

2.快速发展阶段。2000年年底,常德市教育信息中心成立,全市教育信息化工作归口信息中心统筹管理。2001年,市教育局制订《常德市教育信息化建设方案》;2003年,常德市被确定为全国农村党员干部现代远程教育工程和农村中小学现代远程教育工程试点市,常德市修改《常德市教育信息化建设方案》,市委办、市政府办以文件(常办通字〔2003〕24号)形式下发到各县市区委、政府和市直有关单位。2005年,市教育局制订市本级教育信息化"校校通""班班通"建设实施方案,方案经市政府领导批准后于2006年实施。

3.整体推进与信息资源共建共享阶段。2012年9月,常德市制订常德市"三通"工程建设方案,整体推进全市教育信息化工作。常德市教育信息化2000年—2010年主要目标、任务、标准要求与建设应用推进情况。

主要目标任务。

推进学校上网和信息化基础建设,争取90%以上的中小学实现上网,乡镇中心小学以上学校有电脑教室和多媒体教室,推进城区学校"班班通"建设和区域教育骨干网建设,逐步实现区域内学校联网,市、县城区学校60%以上实现"班班通"。所有教学点和村小建立教学光盘和卫星接收点,享受优质教育资源。中小学开设信息技术必修课,学校电脑教室基本满足学校开课需求。推进教育电子政务建设,逐步实现教育政务(校务)网上公开、部分事项网上办理、非涉密文件(资料)网上流转,开通省、市、县教育视频会议系统,按照教育部标准建设管理信息系统,实现教育系统主要业务工作网上管理。加大涵盖各级各类教育的信息资源开发,逐步形成多层次、多功能、交互式的教育资源服务体系。加强信息技术培训,全面提高教师应用信息技术的水平。

建设应用推进情况。

1.建设推进情况:2000年12月,市教育局机关局域网和常德教育网建成开通。2001年,常德市一中、二中校园网、"班班通"建成。此后,条件较好的学校开始筹资建设校园网,少数学校逐步给各教学班配备多媒体教学设备,装备"班班通"。

2003年,常德市被国家三部委(教育部、发展改革委、财政部)确定为首批全国农村中小学现代远程教育工程建设试点市之一。按照国家三部委试点工作方案(教基〔2003〕22号)规定,试点建设对象为农村乡镇中心校及以下学校和教学点。常德市一共有2192所农村中小学(含教学点)纳入试点建设,其中模式一290个、模式二1647个、模式三255个。建设资金由财政负担,常德市站点建设总投资为6547.2万元,中央和省专项补助2811.9万元,常德市落实配套资金3735.3万元。2004年9月底完成站点建设,10月通过国家三部委验收。同时,教育系统积极参与农村党员干部现代远程教育试点工作,全市101个为农村党员干部现代远程教育和中小学远程教育合一站点,站点由村党支部和学校共同使用。

2006年,常德市本级教育信息化"校校通"建设方案经市政府领导同意后实施,同年,技术方案经市政府信息办审核通过,2007年5月,常德市市本级教育城域网建成开通,市直教育单位全部通过光纤接入城域网,并通过城域网统一出口上互联网,市直九年义务教育学校(含完中的初中)实现“班班通”,2008 年市直高中实现“班班通”。同时,常德市教育资源网、常德市教育数字图书馆、常德市电子期刊阅览室建成。2009 年,常德市教育局到省教育厅的视频会议系统建成开通。2010 年,市教育局到各县市区教育局的视频会议系统开通,常德教育城域网通过 2 兆专线和 100 兆 VPN 专网连接到 9 个县市区。2008 年,常德市教育信息化工作在教育部教育信息化创新与发展论坛上作经验发言。

2.应用推进情况:随着教育信息化建设的推进,培训工作的不断加强,教育系统应用信息技术的范围不断扩大,水平不断提高。

3.信息技术课程开设情况:2001 年下学期,常德市、县城区初中全面开设信息技术课,2005 年,全市所有初中和农村中心完小以上学校全部开设信息技术课。

2005 年, 常德市被教育部评为农村中小学现代远程教育试点先进市; 2007 年 5 月,在全国教育信息化创新与发展论坛会议上,常德市教育局作经验发言;2009 年,被省教育厅评为教育信息化工作目标管理先进单位。

三、科技信息化

常德市科技信息化由常德市科技情报研究所具体研究、策划和实施。常德市科技情报研究所是常德市科技局直属全额拨款的正科级公益性科研事业机构, 主要从事科技情报信息的采集、整理、加工处理、分析、传递,查询和科技咨询,为领导决策和全市企事业单位、农村农业提供科技情报信息服务;承担国家、省、市级科研课题项目;指导各区县(市)科技情报站的情报信息工作;建设常德科技政务网和常德市科技条件基础服务平台。

1988 年 4 月,常德市科技情报研究所经常德地区编制委员会批复成立“常德地区工业应用技术研究所”(加挂);7 月,地改市后,更名为“常德市科技情报研究所”,仍隶属常德市科委领导。

1990 年 10 月,在湖南省科技情报研究所的支持下,建立全省第一个地市级计算机联机检索系统终端,并与中国科技信息研究所及机械部、化工部情报中心联网,开展远程计算机信息检索服务。

1999 年 6 月,由省市两级科技主管部门投资 160 万元,建设常德科技信息港。

2000 年 6 月,常德市成立常德科技信息港(网站设在市电子研究所 4 楼),基本形成软硬件设备统一、多功能、开放式、综合性的现代信息网络系统,年点击量达到 15 万人次,开创科技情报服务工作方式的新时代。

常德科技信息网搭建鼎城、武陵、汉寿、津市等区县市科技信息网、地震信息网、专利局网站、科协网站、电脑农业网、技术市场网,全面实行后台维护管理、升级,快捷方便发布和了解政策法规、新闻资讯、经济、科技、项目等信息,组成一个多视角、全方位的市级科技服务工

社会信息化——10000客户中心开展为民服务

作服务平台。

是年10月,各区县(市)科技局相继建立科技信息港,并与市科技信息网相连,开展科技信息服务工作。

2006年,常德市科技局投资15万元,依靠自有技术力量,建立基于WEB的常德科技工作智能平台,包括科技基础条件平台(企事业单位基础信息数据库、科技文献资源共享、科技人才、科技政策法规等)和科技管理业务工作平台(计划项目申报与评审、科技成果与科技进步奖的申报和评审、科技统计等系统)。2007年8月至2009年7月,此系统先后将技术转让到益阳、永州、邵阳、湘西自治州、张家界等科技管理部门使用。

2010年,常德科技政务网建成,并成为展示常德科技工作的重要窗口和平台,承载智能化农业信息网、区县市科技网、防震减灾、技术市场和企业网站20多个;肩负科技政务、采集、发布科技信息、科技新闻和科技项目的重任。科技政务网自主建立科技成果库、计划项目库、专家人才库、招商引资库、市企业和产品库、民营企业库和市科研机构库等数据库,通过湖南省科技文献资源网共享北京万方、清华同方、重庆维普等国内知名数据公司科技文献资源和国研网、Emis等国内外动态的竞争情报资源。

是年,在常德科技政务网基础上,构建常德科技工作智能平台,包括常德市现代农业物联网展示平台、常德市产学研合作创新网、常德市企业技术需求信息平台,建设农产品、农技推广、农业基础数据,农业科技机构和推广体系等数据库,企业科技数据库,收集市规模以上企业信息535个;科技政策法规系统,采集国家政策法规、部门规章、地方政策法规等科技政策信息753条;科技人才系统,收集1532条科技人才信息;科技成果评审和科技进步奖申报评审服务系统,收集全市获奖的478条科技成果信息,受理2006年以来全市科技进步奖的成果311项,获奖成果项目207项;收录2007—2012年全市科技计划申报项目1922个。

四、公安信息化

1988年,常德市公安局(以下简称市公安局)成立通信科;1996年,更名通信计算机管理科;2002年,更名信息通信科;2007年,科技科与信息通信科合并为科技信通科;2009年,更名科技信息管理办公室。主要负责研究制定全市公安科技发展规划;负责全市公安信息化、科技强警和金盾工程建设管理工作;负责全市公安信息网络和设备资源的运行维护、管理和服务,保障公安信息网络、信息系统安全。

1988年,市公安局开始使用无线通信,1992年全市使用150兆无线通讯,共有转信台8

个,无线基地台 99 个,车船台 68 个,对讲机 831 个,全市 169 个派出所中有 102 个派出所购置了无线通信设备,占总数的 61%。

2001 年,市公安信息化正式启动,冠名为“金盾工程”,历时 4 年。

2002 年 3 月 4 日,为加大对金盾工程的指导,促使常德市金盾工程有序开展,市公安局成立常德市金盾工程领导小组,由市公安局长任组长,常务副局长任副组长,领导小组下设办公室,办公室设在市公安局科技科。2003 年至 2005 年,常德市公安计算机网络市局至省厅的二级网络带宽达 40M ,市公安局在 NE05 主干路由器上扩容 16 口,各区县(市)共安装华为3680E 路由器 4 台,2621 路由器 6 台,其他品牌路由器 3 台。市公安局至武陵、鼎城、桃源、汉寿、临澧、澧县、石门、津市、安乡九个区、县(市)公安(分)局网络带宽为 6M,市公安局至德山、柳叶湖、西湖、西洞庭四个分局网络带宽为 4M。市公安局及 13 个区、县(市)公安(分)局局域网全部建成,建立自己的网站,各级公安机关院内和院外单位全部按标准接入公安网。全市323 个应接入网点分别以光纤、局域网和 ADSL 方式 100%接入公安网。全市公安网上计算机台数达 1373 台,百名民警上网注册率超过 30 台。市公安局在常德市政府网站上开通子网站,实现警务公开和网上受理。建立“一机两用”监控系统,全市均安装天融信防火墙和江民KV2005 网络版查杀计算机病毒软件。全市人口、出入境、禁毒、车驾管、监管、政治部、刑侦等部门数据库资料都已进入信息综合查询系统,实现信息关联和比对。完成人口基本信息资源库、违法犯罪人员信息资源库、机动车与驾驶员信息资源库、安全重点单位信息资源库、警员基本信息资源库、在逃人员信息资源库、被盗抢汽车信息资源库、出入境人员信息资源库八大资源库和人口信息管理系统、违法犯罪人员信息系统、派出所综合信息系统、车驾信息管理系统、消防安全重点单位信息系统、被盗抢汽车信息系统、在逃人员信息系统、邪教及有害气功人员信息管理系统、公安综合信息查询系统、民警违法违纪案件查办系统、公安人事信息管理系统、禁毒信息管理系统、出国境人员信息管理系统、境外人员来华信息系统、民爆物品管理信息系统、未知名尸体和失踪人员信息系统等十六大系统。市局至省厅、市公安局至武陵、鼎城、桃源、汉寿、临澧、澧县、石门、津市、安乡九个区、县(市)局通过 2M 专线开通视频会议系统,至德山、柳叶湖、西湖、西洞庭四个分局开通电话会议系统。

公安系统组织公安干警计算机培训

2002 年至 2005 年,市公安局举办全市公安系统民警计算机培训班 68 期,参训人员达 3000 多人次,占全市民警总数的 75%。300 多名机关民警全部顺利通过公安部和人事部门组织的考试。此后,在全市公安机关的大练兵活动以及新警招录、晋升警衔培训中,都开设计算机基础知识培训必修课程。

2006年至2008年,市公安局建成网络基础体系,三级网、四级网、局域网等各级网点100%标准接入,内外网站正常运转,八大资源库和各类应用系统建设全部完成;350M无线集群覆盖全市,实现省、市、县三级漫游联网,一线执勤民警移动电台配备比例达到100%;三级电视电话会议系统全部开通,部分开到派出所;市公安局信息中心开通办公自动化系统、综合信息查询系统、涉密信息传输系统和身份认证系统,民警数字证书拥有率、入网计算机拥有率分别达100%、125.78%。市县两级全面完成了"三台合一"建设,智能接处警系统可同时打进30路电话,实现电话录音、历史查询和三方通话;城市监控系统对城区208处主要路段进行24小时图像监控;处警车全部安装了GPS定位系统,可通过电子地图和无线对讲传达和接收处警指令;全市政法部门4100支公用枪支建立枪弹痕迹档案,完成指纹自动识别等各类刑事信息系统的升级扩容建设。

2010年,全市公安无线通信系统形成以市局1个12信道为主系统,太阳山1个4信道为主基站,7个县局子系统为辅助的覆盖面,城区达100%,整个常德市面积达80%以上的无线通信网络体系。全市公安配备移动电台764部,一线执勤民警公安专用移动电台配备比例达到了33%。实现省厅、市局和县局三级无线漫游,通过沿国道线补点后实现全线连接。

五、民政信息化

2008年,常德市民政局(以下简称市民政局)网络信息平台一期建设项目立项。

2008年,市民政局网站作为市政府网站群子网站正式投入运行。

2009年8月10日,市民政局信息中心制定《信息中心工作管理制度》。

2009年9月,市民政局信息中心制定印发《常德市民政系统政务信息报送工作实施方案》(常民函〔2009〕68号)。规范信息采编范围为九个方面:民政业务中心、热点和专题工作;省市"十"件实事;民政工作调查研究报告;各级领导开展视察、调研、走访工作情况;市局领导班子成员深入县市区调研、走访情况;民政系统各类活动;民政各类业务工作情况;民政行政综合工作;全市民政系统各类典型工作。

全市民政系统以"常德市民政局网站www.cdsmzj.gov.cn"为政务信息宣传的第一阵地,所有政务信息全部在"常德民政网"上择优发布。

2010年1月,市民政局信息平台建设进入外网试运行的监控调试和线路标记工作的扫尾阶段。3月上旬,市民政局在各县市区民政局统一安装标准型号的天融信防火墙设备,完成省、市、县民政VPN隧道联网,实现各项民政业务数据的加密传输报送。

4月,市民政局信息中心制订《市民政局计算机系统保密管理工作方案》,作为本机关计算机安全问题的保密方案和措施。

5月，市民政局信息中心制订《全国民政网站群常德子网站系列建设工作方案》。研究制订《常德民政网站信息报送工作方案》和《网站发布审核报送工作制度》，建立一套完整、严谨的信息采编、录入、审核、发布工作机制。信息报送要求：向市局报送重大涉稳信息、重大突发事件、重大自然灾害不得晚于事发（或灾发）后2个小时；工作动态类信息需在24小时之内适时上报；上级领导视察、调研、走访等活动和大型活动、会议的信息原则上需配备相应照片信息；调查研究类信息材料字数需在1500字以上；经验典型类信息材料1000字以上。

是年10月26日，市电子政务办核准下发常信办通〔2010〕30号《关于市民政局网络信息平台二期建设方案的审查意见》，评审项目建设资金为119.38万元。

六、卫生信息化

2003年，常德市卫生局（以下简称市卫生局）加强公共卫生、医疗服务、新农合、基本药物制度、综合管理5项业务应用，建设居民健康档案、医院电子病历2个基础数据库。

6月，完成血液信息管理系统建设，整套系统由30多个模块组成，涵盖血站的采供血业务、财务、后勤、质量控制、输血研究、流动采血车、医院血库联网、采血屋、供血分站、自动检验设置联网等等。2009年9月，血液管理信息系统完成血站和市第一人民医院、市中医院、桃源县人民医院、汉寿县人民医院、临澧县人民医院、石门县人民医院、澧县人民医院、津市市人民医院、安乡县人民医院联网。

2004年，启用人口死亡信息工作管理系统，用于监测全市死亡人口数据分析；启用结核病管理信息系统，用于结核病疫情报告、结核病患者登记管理及数据分析报告。

2005年，市卫生局完成局机关网络建设，确保全局干部职工网上办公。

是年底，完成常德市公共卫生紧急救援调度系统的建设，由急救信息子系统、交换机子系统、数字录音录时子系统、地理信息子系统、救护车载子系统等五大系统组成。

2005年，启用中国疾病预防控制信息系统，用于传染病报告信息管理、突发公共卫生事件管理、传染病自动预警信息、中国流感监测信息、鼠疫监测、霍乱监测、麻疹、AFP、乙脑、流脑等疫苗针对性疾病监测。

2006年，市卫生局完成门户网站建设，开设“单位概况、领导班子、机构设置、政策法规”等9个栏目。2007年，制定《常德市卫生局政务信息公开制度》和《网上信息保密制度》。2009年完成门户网站第一次改版，网站由单一转向多元。

2007年，完成新型农村合作医疗管理信息系统的建设。

是年，启用全民健康生活方式行动工作管理系统，用于掌握全市全民健康生活方式形式的动态信息。启用艾滋病综合防治信息系统，用于对艾滋病综合防治数据信息进行整合，规范有关数据的收集和上报，并自动分析产生各类统计报表。

2009年,启用传染病监测技术平台信息管理系统,用于禽流感监测。

2010年,启用疑似预防接种异常反应信息管理系统,用于疑似预防接种异常反应监测与报告。

七、计划生育信息化

1996年年初,省计生委分三年给全省每个乡(镇)计生办下拨5000元用于购买计算机。常德市采取市、县、乡各级财政补助一点的办法将计算机配备到乡镇计生办。同时,市计生委成立干部培训中心和信息中心,为基层培训计算机操作人员。2000年,全市241个乡级单位计生办全部配齐计算机并开始运行。

1997年,省计生委信息中心开发"育龄妇女档卡管理软件",市计生委组织各县(市区)摸底造册、数据录入、数据校核。1999年,完成全市育龄妇女个案信息录入工作,并通过计算机的逻辑校核功能将错误信息进行校正。全市各乡镇通过计算机将出生名册拷贝后逐级上报到市,由市审核后上报到省。

2001年,常德市着手建设市级WIS(育龄妇女管理系统),2003年开通。2004年,常德市在桃源县试点,开展县级版本WIS系统(县级局域网)建设。是年,省人口计生委将"育龄妇女挡卡管理软件"改造升级为"育龄妇女帐卡网络管理软件",实行省、市、县、乡四级计算机联网。2008年,常德市计生系统共有512台计算机与省WIS数据中心连接,其中村级联网计算机87台,全面取消手工统计台账和纸质报表。同时,全市"流动人口信息交换平台""奖励扶助信息平台"建立并与全省全国联网;市县乡三级计生部门建立健全计算机办公系统,市人口计生委有办公计算机63台,实行无纸化信息管理。

2005年,常德市人口计生委建立人口计生网站,宣传人口计生工作,公布人口计生动态、实行信息公开,包括市人口计生委行政审批项目,办事服务项目及政务公开等。

2008年,常德市实施人口计划生育信息化

2009年,湖南省人口计生委将"育龄妇女账卡网络管理软件"再次升级为"湖南省全员人口信息综合管理系统",将过去单纯的育龄妇女信息扩充为以家庭为单位的全员人口信息。

2010年,常德市被评为全省全员人口信息化建设先进单位。

八、文化信息化

2003 年，根据工作需要，原常德市文化局开始陆续采买办公用计算机。2005 年 1 月，原 i 常德市文化局建设开通文化局网站，搭建对外发布的网络平台。2010 年，常德市文化局合并更名为常德市文化广电新闻出版局（以下简称市文广新局），同时，市文化局网站升级为市文广新局网站。

市文广新局网站作为电子政务公开重要的信息平台，经过几次调整改版，取得显著成绩，电子政务信息资源更加丰富，在政务公开、对外宣传、便民服务、提升工作效率等方面发挥重要作用。网站设有 14 个主栏目，43 个子栏目，其中“信息公开”涉及局财政预决算、“三公”经费等项目的政务公开；“通知公告”涉及行政审批公示等职能工作公开；“公共服务”“文化要闻”等涉及民生文化信息公开；“热点专题”“常德文物”等涉及文化遗产保护情况公开。

网站平均每月更新信息 50 条以上，采编人员严格按照信息公开的时效要求，做到新闻信息、公示信息当日接收当日编辑上传，场馆活动预告至少提前三天上传，电影预告按月上传，保证涉及群众切身利益及需要社会广泛知晓的内容更新及时。

市文广新局严格网站信息发布审核程序，确保信息内容不涉及国家秘密和内部敏感信息。牢固树立安全意识，建立健全以网页防篡改、域名防劫持、网站防攻击为主要措施的网站安全防护体系，并加强对网站系统软件、管理软件、应用软件的安全配置管理，完善数据备份措施，确保电子政务工作有效运转。

九、城市管理信息化

2003 年 6 月，常德市政府常务副市长陈文浩、副市长刘剑英分别在《常德市城市管理局关于建设城区城市管理电视监控系统的请示》上签字，同意建设常德市城市管理电视监控系统。常德市城市执法管理局（以下简称市城管局）随后组织专业人员深入研究建设部数字化城市管理系统部颁标准，派出专门班子赴北京市东城区城市管理监督指挥中心学习考察，根据建设部部颁标准高标准起草常德市城市管理电视监控系统建设方案。

2003 年 8 月，市发改委以（常计招〔2003〕356 号）文件批准同意市城市管理监控系统建设项目组织国内招标。嗣后，市城管局委托湖南省招标十处对该项目进行国内公开招标。2005 年 7 月，市城管局与中标单位深圳金晟安智能系统有限公司签署常德市城区城市管理电视监控系统建设合同。

2006 年 5 月，市城管局鉴于数字化城管监控技术已经成熟，将原设计电视监控系统方案升级修改为数字化管理监控系统，随后与深圳金晟安智能系统有限公司签订修改升级建设方案后补充协议。聘请省建设厅、市信息化办、湖南文理学院等单位专家组成项目专家小

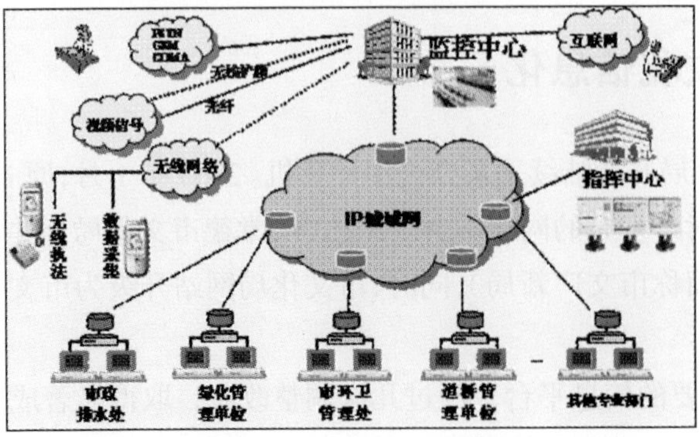

常德市数字化城市综合管理信息系统总体框架拓扑图

组，聘请建设部资深专家担任工程顾问,聘请具有相应资质的监理公司对工程质量实施全程监理。

是年 12 月，市城管局对设计方案和工程建设进行优化设计:预留街面公安监控端口,兼容交警监控画面,实现数字化资源共享;整个工程建设压缩非核心技术,降低装修成本,增加现场监控能力。在江北城区、武陵镇和德山城区设置 8 个固定监控点，对火车站广场、步行城、柳叶湖和城郊接合部等窗口区域和重点部位实行 24 小时监控,同时,增加配置手持式“城管通”数量,依靠无线传输手段,增强执法人员在工作一线现场采集信息和现场处理事件能力。是月,市城管执法局组织完成技术方案设计会审,正式开工建设该项目。

常德市数字化城市综合管理信息系统根据建设部《城市市政综合监管信息系统单元网格划分与编码规则》(CJ/T213）标准、《城市市政综合监管信息系统 管理部件和事件分类、编码及数据要求》(CJ/T214)标准、《城市市政综合监管信息系统 地理编码》(CJ/T215)标准,综合利用 GIS、GPS、RS 等多种技术和各类业务平台,推行万米单元网格和城市部件管理法,实现城市管理工作由粗放型到集约型、精确敏捷型转变。

常德市数字化城市综合管理指挥中心建成数字化监控和指挥平台，分离城市日常管理与监督事权,建立管理信息采集和监督新机制,建立新的日常管理和监督评价机制。整合并发挥多个政府部门管理职能,提高政府施政效率,面向市民提供有效综合服务。落实区政府、街道办事处、居委会、网格区域四个层次的责任。建立系统统一指挥,统筹协调分散在城管、市政、公用、国土、房产、环保、园林、市容、环卫、建筑等专业管理部门的管理资源和执法力量,共同履行城市管理、维护安全等职责,为市民提供快速、优质服务。

常德市数字化城市综合管理信息系统建立 8 个分系统:

一、接处警系统 提供报警受理、处理服务功能,完成指挥调度、语音服务和传真服务、全过程数字语音录音、过程监控、信息查询等功能,根据城管业务应用需要,该部分系统还提供 Internet 接入以及网上受理功能;此外,该系统利用计算机网络通信技术,实现有线语音与无线集群系统有效融合,应用于城管接处警、指挥执法、统一电话调度等。

二、GIS 地理信息系统 提供报警受理定位、处理指挥定位功能,提供基本的地理信息查询,包括道路、园林、各种城管设施等地理信息查询功能。特别是结合网格化管理,GIS 应用为实现及时、精确定位和及时、高效处置提供可靠应用技术支撑。

三、无线数据采集系统(城管通) “城管通”采用无线移动通信技术、无线移动定位技术、嵌入式地理信息发布技术、高可靠性数据压缩和加密技术以及多媒体信息采集技术等业内领先先进技术,形成科学的数据采集和更新机制,为城市管理提供实时高效的多媒体信息采集手段。城市管理信息采集器通过实时无线通信技术政务信息共享平台进行连接,实现各信息数据的实时交换与共享,从而达到信息综合利用,高效信息采集和传输目的。在第一时间为城市管理提供翔实准确的现场资料。

四、无线接入服务系统 在中心设置服务器与移动(或联通)相连接,接收无线采集终端发回的图像、声音或文字信息及定位信息,提供无线采集终端定期更新和任务发布、通知等功能。

五、大屏显示系统 由 8 块 DLP 显示屏组成 2×4 显示大屏幕。画面可进行任意分割,以显示常德市电子地图、上报信息、接处警信息、图像信息等。该屏幕显示系统具有高分辨率、高亮度、高对比度,图像无失真、无错位现象,支持视频信号、计算机信号显示,所有信号均可放大至全屏显示。

六、无线执法系统 利用具有蓝牙功能的无线手机和便携式打印机,使执法人员在现场随时可对违法人员进行处罚单打印,同时将处罚情况及时上报中心备案,以便随时检查执法人员执法情况,防止出现非法执法情况发生。

七、视频会议系统 指挥监控中心会议系统利用现代宽带网络,采用高清晰度的视频编码标准(MPEG2),使用组播方式传送音视频数据流,利用 IP 地址管理视频流充分发挥网络交换能力。同时,系统中高度智能的网络控制单元 NCU 管理全网视频数据流,在视频通信中智能分析用户要求,动态分配需要带宽,将全网视频数据负荷平衡在合理的基数上,为网络维持可靠、高效服务提供保证。

八、指挥调度系统 指挥调度系统包括三大方面:数据处理、辅助决策和综合办公。数据处理是整个虚拟指挥中心系统核心。辅助决策分为领导层(决策层)和管理层辅助决策二个层次。领导层辅助决策主要解决全局性的重大决策项目,管理层辅助决策针对各专业职能管理,提供实时、快速的决策查询或处理。

2009 年 5 月,常德市数字化城市综合监控管理信息系统建成并投入试运行。建成项目:

监督指挥中心:包括监督指挥中心装修、会议广播系统、空调设备、会议桌椅。

监督指挥系统:包括电视墙、操作控制台(15 个席位)、监视器(18 台)、投影仪、控制矩阵、视频分配器、控制码分配器、一机双屏电脑(14 台)、防火墙、路由器、硬盘录像机、服务器(5 台)、接入光缆链路等设施、设备。

室外视频监控系统项目:纳入“平安城市”资源共享的监控器 28 个,全部安装完毕并投入使用,在常德火车站广场建设分监控室。

操作系统和数据库: 包括 WindowsServer、Windows Xp、WEBGIS 引擎平台、Oracle 数据库等。

城管 12319 举报受理系统:包括电话交换机硬件设备和自动应答系统软件。

运行软件:包括开发安装数字城管应用软件、GIS 应用软件和“城管通”系统软件。

常德市城市监督指挥中心

数据采集和整理：完成江北城区 38 平方公里城市建成区部件的数据采集和地图修补测绘，按照国家标准划分万米单元网格 786 个，测绘城市部件 101422 件,并对所有数据进行整理,完成数据库建设。建成以市城管局机房为中心的市城管系统城域网;购置数据采集器“城管通”90 台和巡查自行车 60 辆。

2010 年 8 月 3 日，市电子政务办组织专家对市城管局综合监控管理信息系统工程验收:工程各项试验、检测均达到技术要求规定,系统功能符合国家有关规定。按期完成合同所约定的全部工作量,无遗留质量缺陷。工程合同总额为 9232491.00 元,决算后总金额为5837577.00 元。

第五章 信息化管理

第一节 政府网站管理

一、主网站管理

2000 年 9 月，市信息中心对政府网站主页进行改版，新设置栏目 4 个，运用全新的主页和便捷的连接方式及大型的数据库，常德市政府公众信息网成为全省具有特色的网站。

2001 年年底，市委、市人大、市政协、市纪委等 18 个领导机关和党政部门单位建立自己单位的网站，常德市政府成立常德“电子政务”交换平台。

2002 年，市政府网站建站两年，网站的功能已经明确定位：协助政务公开和便民服务，及时发布政务信息，积极开展网上交互服务。

2003 年 5 月，市信息化办颁布《常德政府网建设管理暂行办法》。办法称常德政府网是指为企业、公众和政府服务的地方性政务信息网络，由“常德政府网”“常德政务专网”“常德市电子政务网控中心” 三个部分组成。市人民政府信息化工作办公室负责常德政府网建设的规划、协调和管理。公安、国安、保密等部门依据各自职责，协助做好常德政府网有关管理工作。常德政府网站建设管理遵循以下原则：统一规划管理，统一网络平台，统一技术标准，统一政务软件，统一安全保密策略，实行分级负责。常德政府门户子网站建设程序：建设单位向市政府信息化工作办公室提交书面申请，同时出具项目建设设计方案〈含安全保密设计方案;〉、项目技术方案等相关文件资料，建设单位按照市政府信息化工作办公室下达的建设项目、总体技术评估意见组织施工，工程竣工后，由市政府信息化工作办公室组织验收，未经验收和验收不合格的，不得投入使用。

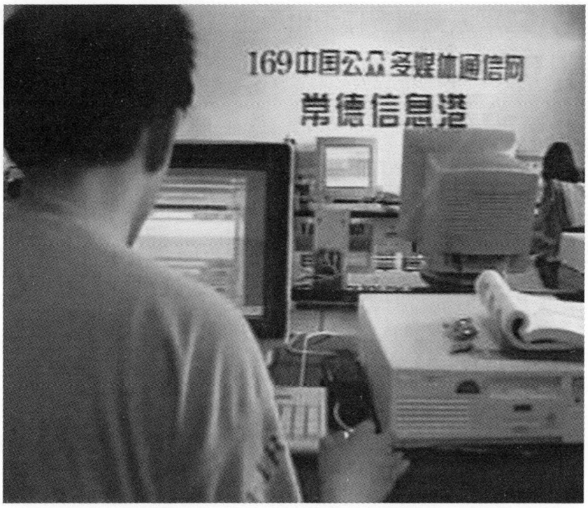

常德电信成立 169 常德信息港

同年 6 月，市信息化办连续发布《关于印发“常德政府网建设项目方案编制大纲”的通知》《关于印发〈常德市电子政务建设项目专家评审活动组织实施办法(试行)〉的通知》,具体细化和落实《常德政府网建设管理暂行办法》。

2004年,常德市政府办公室下发《"中国·常德"政府门户网站建设管理暂行规定》,对"中国·常德"网站的建设、发展和管理进一步规范。规定指出:本规定所称门户网站由主网站和本市行政区域内副处级以上行政事业单位网站(以下简称子网站)组成。具体包括:市委、市政府的工作部门、管理机构、议事协调机构、直属事业单位、部门管理事业单位、派出机构和其他事业单位网站;市人大、市政协、市中级人民法院、市检察院机关和各人民团体机关网站;各区县(市)人民政府网站和部、省属驻常行政事业单位网站;市信息化领导小组统一领导门户网站的建设和管理。市人民政府信息化工作办公室负责具体组织实施,负责门户主网站日常工作。规定中强调:常德政府网必须建立通畅的信息采集维护机制,做好各类静态、动态信息的加载和更新维护工作,全面、准确、及时地开发和发布各类信息资源。按照"谁发布、谁负责"的原则,建立严格的信息发布审核制度,确保网站发布信息的完整、准确、可靠和权威。

2005年,市信息化办制定"中国·常德"政府门户网站审稿制度,"中国·常德"新闻稿件采取严格的三审制度,执行严格三审原则。审查稿件是否违背党和国家基本方针和政策,是否涉及对党和国家领导人、省级领导人的评价和负面报道有无涉及,国家法律,国际、政治、军事、外交、统战、宗教、民族、保密等重大问题,以及涉嫌宣扬淫秽色情、封建迷信、荒诞无稽等内容;是否违反中央和省、市委宣传部相关宣传纪律;审查稿件是否遵循基本写作规范、是否出现常识性错误、是否符合网络要求。

三审原则即责任编辑一审、部门负责人二审、值班领导三审。若值班领导不能决定,应及时请示上级宣传部门。

一审范围:包括"中国·常德"新闻中心的国内、国际、军事、体育、文化、娱乐、健身、湖南、今日常德、政务动态(正面宣传类的稿件)等栏目的转载稿件,《市民留言》来帖涉及咨询、生活类求助、生活类建议、不点名的生活类投诉。

二审范围:"中国·常德"记者原创正面报道、宣传部指令性任务(不涉及市委市政府等副市级以上在职领导活动的)稿件、通讯员稿件;转载的涉及常德的批评和负面新闻内容;《市民留言》中涉及个人和单个企业、县级政府以下部门的批评和负面帖子。

三审范围:一二审外的所有稿件。包括所有"中国·常德"原创(记者和通讯员)批评和负面报道;涉及市委市政府副市级以上在职领导活动的报道;《市民留言》中涉及政策和县乡(镇)级政府部门的批评和负面帖子,及重点单位的新闻。

一审要求:要对与稿件内容有关的情况进行了解,了解稿件的新闻背景,对所有稿件都要认真审读,并加以必要的 编辑处理;稿件的语法、文字性错误;二审要求:结合一审意见,对稿件进行二审,审查稿件是否具备刊登价值,并对拟刊用稿件提出修改意见,修改后对职权内稿件决定签发或不发,职权外稿件送三审,并附二审意见;三审要求:对须三审稿件进行最终审核,决定是否签发。

审稿流程：利用互联网的优势，采用网上审稿程序。网上采用技术手段进行远程审稿。一审编辑将需送审件送二审，并及时通知二审审稿人；二审审稿人在该帖后提出修改意见，并对职权内稿件进行签发，需要三审的稿件，及时通知三审审稿人；三审审稿人认为可以签发的稿件，直接签发；需要修改的，退回二审重新审核，不能签发的直接删除。

审稿人资格：一审人员："中国·常德"新闻中心编辑；二审人员："中国·常德"新闻中心主任；三审人员：单位主要领导。（晚班由三审人员轮流值）

制度规定：凡违反上述操作流程者，视具体情况，由新闻中心提出处理建议，交编委会集体研究决定，进行经济和行政上的处罚。

中国·常德新版首页

同年，市信息化办还设定"中国·常德"政府门户网站采编校岗位设置及职责，设值班领导（由单位主要领导担任）、新闻中心主任、新闻中心编辑（由网站记者兼任）、信息采编员四种岗位。

是年，市信息化办制定"中国·常德"政府门户网站采编校差错奖惩办法。对录入的新闻稿件、信息稿件出现错字、别字、人名、地名、数据等错误一律按照奖惩办法执行；对转载的新闻等信息也做出相应的规定，不得侵犯著作权人依照本法享有的其他权；来源不明的文章一律不准转载，有来源未标明作者的文章原则上不允许转载；违反宪法所确定的基本原则，危害国家安全，泄露国家秘密，煽动颠覆国家政权，破坏国家统一，损害国家的荣誉和利益的不准转载；煽动民族仇恨、民族歧视，破坏民族团结，破坏国家宗教政策，宣扬邪教，宣扬封建迷信，散布谣言，编造和传播假新闻，扰乱社会秩序，破坏社会稳定，散布淫秽、色情、赌博、暴力、恐怖或者教唆犯罪，侮辱或者诽谤他人，侵害他人合法权益，法律、法规禁止一切内容一律不准转载。敏感新闻低调处理，要求以新华社稿件为准；一般负面新闻、案件新闻可发，但要限量，以正面报道为主。

2009 年 4 月，政府网站联合市长热线启动市民留言网上诉求快速处理制度。网站工作人员加强论坛后台的管理与维护，为各地各单位注册格式统一的用户账号，赋予相应的管理权限，并通过电话联系和设立（QQ）工作群的方式对各单位市民留言在线办理工作，同时，强化双人双岗值班制度，及时删屏常德论坛有害信息，确保市民网上诉求快速处理机制的良性运行。推出"我有问题问市长"等市民留言专题，集中征求基层群众的意见和建议。全年常德论坛共屏蔽问题帖 15000 多条，删除垃圾帖 8 万多条，杜绝负面信息的传播。

2010 年，常德政府网实现两网核心层面的资源共享，促进网站的融合发展。实行 24 小时值班管理和严格的权限限制，保证论坛安全。拓展网站在线服务功能。政府网对全市 800 多项行政审批和服务事项进行整理。

二、子网站管理

2004年,常德市信息化办加大市直单位和区县(市)政府政务子网站建设,从网站名称、IP地址、域名分配、首页风格、栏目编排、信息内容、服务项目等方面进行统一规范。

是年4月,常德市政府办公室下发《"中国·常德"政府门户网站建设管理暂行规定》,对各单位子网站建设进行规范管理。

子网站由各单位和各区县(市)政府自行建设、自行维护,接受市信息化办的业务指导和监督,实现八个统一:统一域名,子网站域名是各单位汉语拼音名称或英文名称字头的组合,子网站单位向域名注册机构申请注册中文域名,申请格式必须为单位的全称、简称或网站名称;统一备案,各子网站单位必须携带相关资料到市公安局公共信息网络安全监察科办理网站备案;统一标识,标识放置子网站首页左上角;统一信息发布系统,各子网站使用主网站开发的信息发布系统;统一基本栏目:单位情况(单位全称、详细地址、邮政编码、公开电话、主要职能、领导班子、内设科室),政策法规(各单位规范性文件及相关政策、法规、规章),办事指南(办事项目名称、办事程序、申报材料、办理依据、办理时限、收费标准、承办科室、联系电话),工作动态;统一计数器,各子网站统一使用主网站开发"网站流量分析系统";统一公务邮箱;统一数据平台,各单位子网站共用"网站数据库系统"和"信息检索系统",实现数据和信息共享。

各子网站信息采集、信息编校和信息审核实行信息发布审核制度,按照市信息化办制定的信息审核流程和分配的权限,自行加载、维护本单位上报的信息。严格执行国家有关计算机网络运行安全、保密规定,发布的信息自觉接受有关职能部门的信息保密安全检查。各子网站对主网站"市民留言"中涉及有关单位工作的帖子,应认真研究,并以适当方式给予回应;对网上反映强烈的热点问题,针对相关主题做好宣传解释和沟通引导工作。

各子网站的运行维护准则:虚拟主机网站负责信息的整理、编辑上传和发布;主机托管网站服务器设置及应用由托管单位负责;有自主服务器的本地管理网站安排管理人员,负责本子网站的安全运行。

2005年9月,市信息化办加强对各子网站跟踪管理,完善《市直单位子网站建设管理办法》,确立市直96家单位进入量化目标考核管理,按照已建站点、改版计划、拟建站点三类标准实行考核打分,提高全市各单位子网站建设和管理水平。是年底,常德市农民教育网、党建网、商务局网站等市直单位子网站健全运作机制、加强内部管理,体现各自特色,在全省同类网站中位居前列。

2006年12月,信息化办要求全市各子网站开展自查清理,及时清除网站内不良信息,对网站留言板、论坛、信箱、博客等互动栏目进行检查、清理、关闭。各子网站单位加强对网站的组织领导,指定专人管理相关栏目,组织管理员学习《中华人民共和国计算机信息系统安全保护条例》、《中华人民共和国计算机信息网络国际联网管理暂行规定》《计算机信息网 络国际联网安全保护管理办法》等相关规定，按照谁主管谁负责的原则落实责任制。密切关注网页更新，坚决过滤不良信息，完善网站信息采集、传输和发布管理流程制度，严格审核发布的信息。各子网站不设置博客、论坛、留言板等互动栏目。

2007 年 6 月，市信息化办召开“中国常德”政府门户网站子网站建设管理座谈会。会议明确 2007 年度子网站绩效考核工作。

2009 年，市信息化办调整优化子网站考核指标体系，加强系统的日常自动监测，推动子网站的信息维护工作。加强子网站管理。

2010 年，常德市政府网站子网站达到 196 家，形成庞大的网站群。信息化办开发自动监测程序和子网站满意度测评专题，建立科学考核机制，加强对子网站信息更新情况的日常监测和年度考核考评，促进子网站信息的更新、安全和质量提升。

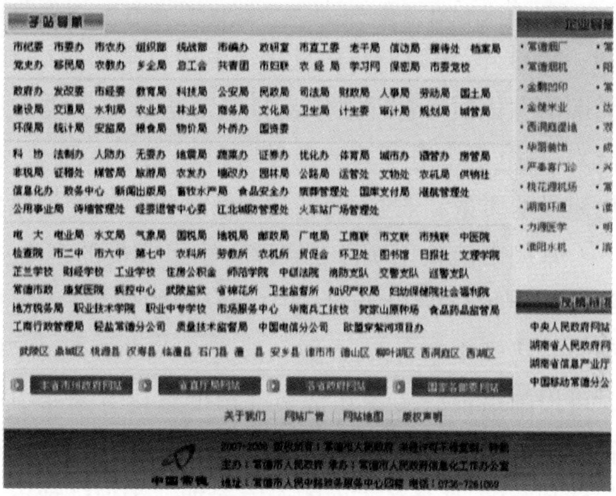

中国·常德网站群子网站名单

第二节　信息市场管理

1997 年 4 月 28 日，市信息中心集中宣传《湖南省经济信息市场管理条例》(以下简称《条例》)，印发宣传资料 1000 多份，制作过街横幅多条，在常德市电视台全文播发《条例》，在《常德日报》刊登宣传《条例》的文章，掀起《条例》宣传热潮。5 月，为规范信息市场管理，市信息中心成立以信息中心为主体、市计委三产办负责同志参加的市信息市场管理办公室。11 月，市信息中心 9 名工作人员参加市法制办组织的执法人员培训班，全部合格并领取行政执法证；12 月，市信息中心举行第一期信息经营单位和个人资格证培训班，发单位资格证 4 个、个人资格证 14 个，拉开常德市信息市场管理序幕。

1998 年，市信息中心加强区县市执法人员培训。5 月，市信息中心对全市信息市场进行调查。全市新办信息经营资格证 5 个。

2000 年至 2001 年，市信息中心拟制出《常德市经济信息市场管理办法》，经由市政府法制办审核、相关部门讨论协调，2000 年 7 月由市政府发文实施；在此基础上，市信息中心与工商、公安、保密、税务、文化等部门协调，规范管理全市信息市场。依法行政，打击非法经营，切实帮助合法经营者排忧解难，促进信息市场的发展。两年间，市信息中心规范化管理信息经营单位，推行经营资格证登记管理制度，累计办理单位和个人资格证书 105 个，参加资格培训人数达 265 人次。

第三节　信息化项目建设管理

一、项目管理制度

2003年,市政府将信息化建设项目全面归口市信息化办管理。7月,市信息化办启动常德市信息化项目管理工作,制定《常德市电子政务建设项目专家评审活动组织实施办法(试行)》,规范全市电子政务建设项目专家评审活动,有效组织信息化项目专家评审,保证信息化建设的质量和效益,促进全市信息化建设的健康发展。

常德市信息化项目专家评审小组成员的产生:1.统一建立全市信息化专家库,并进行内部考评,视专家在评审活动中所发挥的作用,不定期对专家库进行调整;2.每次专家评审活动应专门成立专家组,人数一般为5人或7人,特殊情况可以增加。专家组设组长1人,必要时可设副组长;3.专家组成员在市信息化专家库中产生。确需从专家库以外选择专家时,应补充填写专家推荐表,经审核同意后邀请;4、选择专家时,应充分考虑所评项目涉及的技术领域和范围,选择各方面的专家参加。为保证评审活动的客观性,建设单位、参与方案制订、为方案提供咨询和其他可能影响评审客观性的有关人员应当回避。

10月,市信息化办牵头,市政府采购中心、市计委参与,组织专家对全市信息工程单位申报资质进行集中评审。经省政府信息化办审核,常德市有"湖大远程""常星科教""科星电脑""科星科技""迅通科技""伟华科教""正大智能""新浪潮""亿利达" 等9家企业获得信息工程单位资质认证。

2004年,常德市政府为规范信息化项目工程建设和管理,确保信息化工程专项资金的合理使用,颁布《常德市电子政务工程建设管理暂行办法》,作为常德市信息化项目管理制度蓝本。办法摘要如下:

为加强全市电子政务工程建设的统一规划与管 理, 提高电子政务工程投资的效益,保证电子政务工程建设的质量与安全, 维护电子政务工程的正常运行, 根据国家有关法律法规, 结合常德市实际,制订本办法。市直和中央、省驻常行政事业单位电子政务工程的 规划、立项、评审、政府采购、监理、验收及其相关管理活动,适用本办法。本办法所指的电子政务工程,是指新建、改建、扩建的用于政务信息化和向社会提供公共服务的以信息技术为主要手段的信息网络、信息资源、信息应用等工程,包括纵向网络、网站、内部局域网、数据库、各类应用平台及系统。

市信息化办是全市电子政务工程建设和运行管理的主管部门, 负责全市电子政务工程建设的统筹规划、管理、协调和监督。市公安、国安、保密、财政等部门按照各自职责负责相关的监督和管理工作。

根据全市电子政务建设总体规划,建设单位必须按 市信息化办的统一要求提交项目申请报告和项目建设方案等材料。

电子政务工程项目开工建设前，市信息化办要牵头组织市信息化专家咨询委员会相关专家（如网络安全、信息保密 等）对其技术建设方案进行论证与评估，软件系统应重点评审。每次评审从市信息化专家咨询委员会专家库中随机抽取5~7名专家组成专家组。

市信息化办根据全市电子政务建设的总体要求和 专家咨询委员会的评审意见，向建设单位下达项目审查意见。建设单位必须严格按照市信息化办审查同意的建设方案实 施。因业务改变确需修改的，须报市信息化办批准。

全市电子政务工程承建、监理要严格执行《中华人 民共和国招标投标法》，任何部门和单位不得以任何方式规避招标。与建设有关的设备、软件、材料，应严格按《中华人民共和国政府采购法》执行。涉及信息安全、国家秘密、国计民生和社会稳定的电子政务工程，经市信息化办、市公安局、市保密局和市政府采购管理办公室批准，可以直接发包。涉及空间地理数据资源特许经营的电子政务工程，可由市信 息化办、市政府采购管理办公室进行评标或直接发包。

承建本市电子政务工程的施工单位，须具有信息产 业、公安、国安、保密等主管部门认可的相应资质等级证书。

本市重大电子政务工程建设必须实行工程监理制。从事电子政务工程监理活动的单位要具备信息产业部信息系 统工程监理的相应资质，同一工程的建设和监理要由相互独立的机构分别承担，监理单位要先于建设单位介入，没有确立监理单位的工程，建设单位不得开始建设。

建设单位对电子政务工程初步验收后，必须向市信息化办提出正式验收申请，申请时应提交以下材料：批准建设 文件、可行性研究报告、实施方案、竣工报告、监理报告、系统试运行和初步验收报告、用户受训报告，具有相应资质的第三方测评机构出具的信息安全测评报告和软件测评报告，其他需要提交的材料。

2005年，常德市政府为进一步管理全市电子政务工程的建设，颁发《电子政务工程建设日常管理办法》，对《常德市电子政务工程建设管理暂行办法》进行补充和强化。

建设管理遵循如下原则：1.严格遵守有关法律、法规的原则；2.遵循“统一领导、统一规划、统一标准、分级建设”的原则；3.坚持“经济上节约、功能上适应、技术上适度超前”的原则；4.管理策略与信息化发展相适应的原则。

市直和中央、省驻常行政事业单位电子 政务工程的规划、立项、评审、政府采购、监理、验收及其相关管理活动使用本办法。

市信息化办是全市电子政务工程建设和运行的主管部门，负责全市电子政务工程建设的统筹规划、管理、协调和监督。

项目建设单位在向市信息化办信息技术科进行申报时，须提供项目建设报告、技术方案、设备配置及报价、相关电子文档等有关材料。重大项目必须同时提供可行性研究报告。

计算机系统集成商或电信运营商在参加本市电子政务工程商务投标前，必须携带相关资质证书文件到市信息化办备案。凡不具备承建资格的,一律不得参与商务投标活动。

市信息化办根据项目技术特点和性质,牵头组织市信息化专家咨询委员会专家,对项目技术方案进行科学论证与评估,形成专家评审意见。

市信息办信息技术科根据全市电子政务建设的总体要求和专家评审意见，向项目建设单位下达项目审查意见。

项目建设单位必须严格按照市信息化办审查同意的建设方案实施。因业务改变确需修改的,须报市信息化办批准。

本市电子政务工程承建、监理要严格执行《中华人 民共和国招标投标法》,任何部门和单位不得以任何方式规避招标。与建设有关的设备、软件、材料,应严格按《中华人民共 和国政府采购法》执行。

涉及信息安全、国家秘密、国计民生和社会稳定的电子政务工程,经市信息化办、市公安局、市保密局和市政府采购管理办公室批准,可以直接发包。涉及空间地理数据资源特许经营的电子政务工程,可由市信息化办、市政府采购管理办公室进行评标或直接发包。

承建本市电子政务工程的施工单位,须具有信息产 业、公安、国安、保密等主管部门认可的相应资质等级证书。

建设单位对电子政务工程初步验收后，必须向市信息化办信息技术科提出正式验收申请,申请时应提交以下材 料:批准建设文件、可行性研究报告、实施方案、竣工报告、监理报告、系统试运行和初步验收报告、用户受训报告,具有 相应资质的第三方测评机构出具的信息安全测评报告和软件测 评报告,其他需要提交的材料。

2010 年,信息化办一直沿用《电子政务工程建设日常管理办法》,作为常德市信息化项目工程管理的依据。

二、项目管理流程

2004 年,《常德市电子政务工程建设管理暂行办法》颁布后,市信息化办制定信息化项目管理流程:新上项目,由新上项目单位向常德市信息化办申报项目,项目申报包括项目内容、规模、项目建设开工时间、项目建设期限、使用资金。市信息化办接到项目单位的申报后,组织专人进行实地考察调研,组织预审,在召开专家评审会前,市信息化办应对方案进行预审,只有预审通过后,才能组织专家评审会。预审内容包括:

1.项目构成是否合理。根据国家有关规定,用于购买软件产品和服务的资金不得低于总投资的 30%。

2.是否符合国家和本市信息化政策法规、发展规划和标准。

3.是否与建设单位现有的信息化工程有机结合,建设单位必须提供已有信息化建设情况材料。

4.是否符合建设单位中长期发展规划，建设单位须提供信息化建设专项规划。

5.是否有全面、可行的信息安全解决方案。信息安全的方案设计必须能够满足系统安全运行的需要。

6.是否与现有的信息化工程互联互通、资源共享；根据国家有关规定，应当公开的信息，必须提供共享的途径。

7.是否符合信息化建设项目监理制度的要求。根据信息产业部规定，电子政务建设项目以及其他重大信息化建设项目必须实行监理，方案的经费预算中是否留有用于项目监理的费用。

8.是否符合其他有关信息化建设规定。

预审结束后，市信息化办召开项目评审会，组织专家进行评审。为保证评审活动的公正性，用于评审活动的费用（包括评审费以及会议费用）原则上在政府信息化项目前期费中列支。

信息化办信息技术科根据全市电子政务建设的总体要求和专家评审意见，向项目建设单位下达项目审查意见。

新上项目单位收到信息化办的审查意见后，按照审查意见做好项目施工的前期准备，并对项目进行公开招标。由持有信息产业、公安、国安、保密等主管部门认可的相应资质等级证书的电子政务施工单位中标承建。

2005年常德市电子政务建设项目情况

序号	申报单位	项目名称	申报金额	审查金额	审查时间	资金来源
1	市劳动局	“金保工程”示范城市建设	1900	1100	2005.12.5	中央转移支付、地方配套
2	市医保处	服务器升级及购置	18	17.4	2005.11.11	财政
3	市委办	市委机关网络建设方案	61.7	38	2005.9.8	
4	市建设局	常德市建设局网络建设方案	36	23	2005.8.15	
5	市公积金管理中心	常德市住房公积金管理中心网络建设方案	58	53	2005.8.15	
6	市卫生局	常德市紧急救援指挥中心系统建设方案	116	60	2005.9.3	
7	市政务中心	常德市政务服务中心网络建设方案	63	23	2005.8.23	
8	市公安局	常德市公安局金盾工程（一期）建设方案	198	160	2005.7.4	
9	市公安局	常德市公安局科技强警项目建设方案	200	200	2005.7.4	
10	市交警支队	常德市交警支队交通指挥集成平台系统软件采购预算方案	90.3	75	2005.6.8	
11	市信访局	常德市信访局办公自动化建设方案	15	9	2005.6.8	
12	市非税局	常德市非税收入征收管理系统建设方案	158	100	2005.6.7	
13	市编委	常德市编委办局域网建设	9.1	9.25	2005.5.10	
14	常德日报社	常德日报社网络建设方案	120	100	2005.4.30	自筹
15	市规划局	常德市规划局管理信息系统实施（第一期）方案	91	68	2005.1.24	财政
16	市档案局	常德市档案局档案信息数据库系统建设方案	23	11.8	2005.4.15	
2005年汇总			3157.1	2037.5	节约资金	1119.65

2005年常德市电子政务建设项目表

计算机系统集成商或电信运营商必须携带相关资质证书文件到市信息化办备案，才有资格参加本市电子政务工程商务投标。

涉及信息安全、国家秘密、国计民生和社会稳定的电子政务工程，经市信息化办、市公安局、市保密局和市政府采购管理办公室批准，可以直接发包。涉及空间地理数据资源特许经营的电子政务工程，可由市信息化办、市政府采购管理办公室进行评标或直接发包。

电子政务工程项目竣工后，项目单位向市信息化办申报工程项目竣工验收。申报时必须提供材料：批准建设文件、可行性研究报告、实施方案、竣工报告、监理报告、系统试运行和初步验收报告、用户受训报告，具有相应资质的第三方测评机构出具的信息安全测评报告和软件测评报告等。

市信息化办接到项目单位的工程项目竣工验收报告后，组织专业人员，进行竣工验收。

新上项目单位在接到市信息化办的竣工验收报告通知后，项目可以投入使用，正式运行。

三、项目技术评审验收

2006—2010年,四年时间内,市信息化办安排技术人员到全市各单位实地调研,组织专家进行技术评审,召开会议集体审核每一个建设项目,组织各类技术专家对全市电子政务工程进行验收。四年中,审核电子政务建设项目115个,审减财政资金8330万元,有效的为政府把好了电子政务项目审核关。

第四节 网络与信息安全管理

一、网络安全管理

1999年,常德市公安局成立科技科,统一归口科技建设、计算机管理工作。2007年,科技科与信息通信科合并为科技信通科,2009年,更名科技信息管理办公室。负责对全市公安有线综合通信网、无线综合通信网的运行管理和维护,负责全市信息网络和设备资源的运行维护、管理和服务,保障信息网络、信息系统安全,为各类业务应用提供优质高效、安全可靠的网络传输及系统运行平台。

2005年5月,常德市成立网监支队,主要负责全市网络监控、信息监控、网吧审批管理等工作。开展对全市网络案件的侦办打击;指导并组织实施公共信息网络互联网的安全监察、安全保卫工作;负责互联网上网服务营业场所的审批、管理,监控信息网络违法犯罪动态,提供犯罪案件证据;防范计算机信息泄密、计算机病毒及其他计算机灾害事故的发生。

市网监支队主要职责:一、组织、协调、指导和参与对计算机及互联网违法犯罪案件的侦察、查处工作,收集犯罪证据,对犯罪案件的证据进行技术鉴定;二、负责指导、组织实施公共信息网络和国际互联网的安全管理、监察和保护等工作;三、负责组织、指导和参与对计算机信息泄露、计算机病毒传播及其他计算机灾害事故的防范、处置工作;四、负责计算机信息系统安全专用产品销售的监督管理等工作;五、负责互联网用户的备案工作;六、负责互联网上网服务营业场所(网吧等)的计算机安全保护和管理工作;七、监督、指导和检查重点计算机信息单位的安全保护工作;八、负责计算机安全员的培训和管理工作;九、贯彻实施和研究信息安全对策和技术规范;十、承办上级机关交办的其他事项。

2005年,常德市建立"一机两用"监控系统,安装天融信防火墙和江民KV2005网络版查杀计算机病毒软件。全市人口、出入境、禁毒、车驾管、监管、政治部、刑侦等部门数据库资料都进入信息综合查询系统,实现信息关联和比对。完成违法犯罪人员信息资源库、在逃人员信息资源库、被盗抢汽车信息资源库等八大资源库和违法犯罪人员信息系统、消防安全重点单位信息系统、被盗抢汽车信息系统、邪教及有害气功人员信息管理系统等十六大系统。由市公安局政治部、科技科和警官培训中心组织开展国内民警计算机应用培训。

2006年，常德市公安局网监大队对全市网络实行全天候、全方位的24小时监控。组织、协调、指导和参与对计算机及互联网违法犯罪案件的侦察、查处工作，收集犯罪证据，对犯罪案件的证据进行技术鉴定；指导、组织实施公共信息网络和国际互联网的安全管理、监察和保护等工作；组织、指导和参与对计算机信息泄露、计算机病毒传播及其他计算机灾害事故的防范、处置工作；监督重点计算机信息单位的安全保护；

2007年5月21日，市政府召开第18次常务会议，专题研究常德市科技强警示范城市创建工作，同意市公安局建设城市报警与监控系统。市信息化办也召开专门会议，对市公安局监控系统建设方案进行评审，并通过技术方案。确定在市城区党、政、军要害部门大门口及周边、商业街道、道路卡口、人流密集路段、娱乐场所周边、停车场所及街面案件多发区确定了208个监控点点位。10月，在全面完成系统建设的基础上，市局建立应用、管理等方面的相应配套措施。制定《监控人员岗位培训制度》《监控人员工作制度》《监控人员奖惩制度》《监控人员责任倒查制度》《监控人员绩效考核制度》等规章制度，严格实行奖惩激励措施。

二、信息安全管理

1991年，市信息中心成立计算机安全与保密小组，负责市信息中心的计算机维护、信息发布审核、录入信息复查、网络安全工作。同日，市信息中心提出加强经济信息系统计算机安全与保密，强调有计算机的单位注重计算机的安全与信息保密。计算机安全与保密小组一直延续到2003年年底，担负着常德市信息中心计算机安全与信息保密的工作。

1999年5月，常德市成立计算机2000年问题应急领导小组，主要是防范和化解由于Y2K问题的发生可能带来的重大损失和社会不稳定，将影响和损失降至最低限度，确保全市平稳过渡2000年。8月，常德市政府办公室制订《常德市计算机2000年问题应急方案》，解决全市计算机2000年问题。主要分五大块：应急方案的目标；应急方案实施原则；应急组织体系及职责；应急组织机构运作规程；实施计划。

2003年5月，常德市政府办公室制定下发《常德政府网建设管理暂行办法》。在办法中规定，常德政府网建设管理要遵循统一安全保密策略原则。政务网站和子网站须采取市政府信息化工作办公室统一制定的网络安全、保密策略和措施。信息化办应会同市公安、国安、保密等相关部门制订政府网站、政务网站和子网站的安全保密实施方案及安全保密工作制度，按规定落实有关安全保密措施。办法第三条规定：市人民政府信息化工作办公室负责常德政府网建设的规划、协调和管理。公安、国安、保密等部门依据各自职责，协助做好常德政府网有关管理工作。第五条第一款指出：建设单位应向市政府信息化工作办公室提交书面申请，并同时出具项目建设设计方案（含安全保密设计方案）、项目技术方案等相关文件资料。第七条明确：常德政府网建设项目的施工单位，须具有信息化、公安、国安、保密主管部门认可的相应资质等级证书,并到市政府信 息化工作办公室、市公安局、市国家安全局、市保密局办理资质核 查和备案手续。

12 月,信息化办成立信息技术科,归口管理、组织和协调全市信息网络安全与计算机病毒防范工作。协调和配合公安、保密、安全等部门,研究提出全市信息安全保障体系的总体框架及实施计划,及时处理信息安全方面的重大问题。

2004 年 4 月,常德市政府办公室制定《“中国.常德”政府门户网站建设管理暂行规定》。对网站的信息审核、信箱管理、互动管理、网站安全、信息保密等方面进行规范。《规定》确定门户网站实行信息发布审核制度。主网站和子网站均应严格执行国家有关计算机网络运行安全、保密规定,发布的信息应安全保密、准确无误,并自觉接受有关职能部门的信息保密安全检查。子网站在开通运行之日起三十日内,必须携带有关资料到市公安局公共信息网络安全监察科办理网站备案手续。市信息化办定期对子网站的信息审核、信箱管理、互动管理、运行维护、网站安全、信息保密等方面的工作进行检查。政府网建设项目的施工单位,必须具有信息化、公安、国安、保密主管部门认可的相应资质等级证书,并到市信息化办、市公安局、市国家安全局、市保密局办理资质核查和备案手续。

同年底,常德市成立华中信息安全测评认证中心常德办事处,加强网络安全,化解信息安全风险。

2005 年,常德市成立市政府主要领导参加的网络与信息安全工作协调领导小组,建立信息安全情况通报制度、网络与信息安全应急预案、信息安全等级保护制度、信息公开审查制度。在全市电子政务建设工程项目实施过程中,组织市公安局、安全局、保密局等部门专家认真进行方案的确定,确保全年无信息安全事故的出现。市信息化办会同市保密局、公安局、国安局组织专家审定我市有关部门电子政务建设项目中的保密与信息安全技术方案,要求业主单位严格按照保密和信息安全的有关法律法规规范建设。

常德联通公司首届乡镇办事处现场交流会

同年,市信息化办制定“中国·常德”政府门户网站审稿制度。“中国·常德”新闻稿件采取严格的三审制度:一审,包括“中国·常德”新闻中心的国内、国际、军事、体育、文化、娱乐、健身、湖南、今日常德、政务 动态(正面宣传类的稿件〉等栏目的转载稿件,《市民留言》来 帖涉及咨询、生活类求助、生活类建议、不点名的生活类投诉。二审,“中国·常德”记者原创正面报道、宣传部 指令性任务(不涉及市委市政府等副市级以上在职领导活动)的稿件、通讯员稿件;转载的涉及常德的批评和负面新闻内容;《市民留言》中涉及个人和单个企业、县级政府以下部门的 批评和负面帖子。三审，一二审外的所有稿件。包括所有“中国·常德”原创（记者和通讯员）批评和负面报道；涉及市委市政 府副市级以上在职领导活动的报道；《市民留言》中涉及政策和县乡（镇）级政府部门的批评和负面帖子。涉及重点单位的新闻，全部三审。

是年5月，市信息化办配合省信息产业厅，对市直有关单位的技术骨干进行为期5天的“信息安全工程师技术培训”。来自常德市行政机关和企事业单位的40多名技术骨干参加培训。全体学员进一步了解网络信息安全的核心技术和网络信息安全产品发展的最新状况，通过严格考试，学员获得全国《信息安全工程师职业资格培训证书》。

是年8月，常德市信息化办制定新闻转载的基本规范：1.只能转载中央八大网站和地方省级重点新闻网站新闻以及获得国家出版署正式刊号，批准从事新闻发布的媒体的新闻，不得转载商业网站新闻；2.转载新闻应当尊重版权，注明新闻来源和日期以及原作者；3.不得链接境外（含港澳台）新闻网站，严禁登载境外新闻媒体和互联网站发布的新闻。并且严格规定登载的新闻不能含有的内容：违反宪法所确定的基本原则的、危害国家安全，泄露国家秘密，煽动颠覆国家政权，破坏国家统一、损害国家的荣誉和利益的、煽动民族仇恨、民族歧视，破坏民族团结的、破坏国家宗教政策，宣扬邪教，宣扬封建迷信的、散布谣言，编造和传播假新闻，扰乱社会秩序，破坏社会稳定的，散布淫秽、色情、赌博、暴力、恐怖或者教唆犯罪、幻侮辱或者诽谤他人，侵害他人合法权益的新闻及法律、法规禁止的其他新闻等等，常德政府网一律不准转载。

第五节　电子政务管理

2004年4月7日，市信息化领导小组召开第二次全体会议，专题研究信息化、电子政务的建设与管理工作。会议明确信息化建设的思路，以电子政务为突破口，带动常德市的信息化建设。加快网络建设和办公自动化建设，抓好信息化人才培训，克服电子政务重建设、轻应用的问题。会后出台《常德市电子政务信息工程建设管理办法》。

是年，全市规范电子政务工程建设，解决信息化建设监管和准入的问题：电子政务工程项目开工建设，市信息化办牵头；承建本市电子政务工程的施工单位，须具有信息产业、公安、国安、保密等主管部门认可的相应资质等级证书。电子政务工程项目中标建设单位不得向他人转让中标合同，或者将中标合同肢解

常德市外网平台座谈会

后分别向他人转让。

2005年,市信息化办对市直和中央、省驻常行政事业单位电子政务工程的规划、立项、评审、政府采购、监理、验收各个环节进行严格的审批和管理,审减财政资金近千万元。

2006年3月,常德市明确全市信息化工作重点:继续突出电子政务应用的核心,加强门户网站建设,促进电子政务内网应用,加快推进电子信息产业的健康发展。

2007年5月,常德市颁布《常德市信息化工程建设项目管理实施细则》,对技术方案评审、工程招投标程序,实施过程监理和竣工验收环节进行严格的规范。

9月,市政务公开领导小组办公室开展政府信息目录编制工作,要求全市各单位编制本单位政务公开目录,切实规范政务公开工作。规定各区县市、市直各单位按照"公开是原则,不公开是例外"的要求,根据《政府信息公开条例》规定,主动公开政务信息。

第六节 无线电管理

一、频率管理

1988年2月,为进一步加强无线电管理法规化、科学化,促进无线电事业发展,市无线电管理委员会对全市无线电管理费的问题进行自查。

1996年10月29日至11月1日,常德市无委办参加在湖北省宜昌市南湖宾馆召开的湘鄂赣豫皖五省频率协调会,该次会议由湖北省无线电管理委员会办公室主办,湘鄂赣豫皖和五省相邻的地、市、州无委办公室等85名同志出席会议。会议交流了无线电管理的经验和无线电频率干扰的情况,一致认为,对新设无线电(台)的发射功率、天线高度和边界场强要严格控制,计算预测可能对相邻地区产生干扰。会议还对地处黄金水道的无省防汛无线电专用频率干扰协调问题,达成共识,拟出了具体办法。

1998年一季度,市无线电管理处开始对辖区内使用的无线电频率进行清理,印发了《关于开展全市无线电台站频率清理工作的通知》。

2001年7月,为满足社会对数字集群通信的需求,促进数字集群通信系统的健康发展,有效提高频谱利用率,信息产业部印发《关于800MHz集群频率使用管理有关事宜的通知》(信部〔2001〕518号),对800800MHz集群频率使用管理进行了规定。8月,印发《关于发布26GHZ频段FDD方式本地多点分配业务(LMDS)频率规划(试行)的通知》,将24.45~270GHz出频段的部分频率作为FDD方式本地多点分配业务(LMDS)使用频率(试行)。为适应蓝牙、室内无线局域网、数字无绳电话和无线自动识别等无线通信技术的发展,满足无线电通信业务的需求,信息产业部印发《关于短距离微功率无线电设备 使用2400MHz频段有关问题的通知》(信部无〔2001〕653号),将2400~2483.5MHZ频段作为短距离微功率无线通信设备使用。11月，为防止公众对讲机对广播电视、导航、移动通信及射电天文等相关无线电业务产生有害干扰，确保各种无线电业务有序开展，信息产业部印发《关于公众对讲机管理有关问题的通知》(信部无〔2001〕869号)，对发射功率不大于0.5瓦，工作于指定频率的无线对讲机的设置、使用、研制，进口、销售进行了明确规定。

二、站台管理

1988年，市邮电局建立无线寻呼中心台，12月，省农村电话局在常德澧县建立多路接力通信电路。尔后，全市的无线电台站随着经济的发展而逐渐增加，新设置的无线电台站对频率的需求也不断增多。为了应对日益增多的无线电台站规范管理，1988年，湖南省无线电管理委员会印发《湖南省设置使用无线电台站审批程序的暂行规定》，对设置使用无线电台站审批进行规范。

1989年5月，为维护良好的电磁秩序和电波环境，使无线电设备更好地为"两个文明"建设服务，常德市无线电管理委员会印发《关于加强无线电设备频率管理的通告》，对无线电设备、频率管理进一步强化。

1990年3月，市无线电管理委员会办公室对全市无线电台站进行核查。经核查，全市无线电台站设备总数为2356台。据统计，无线电设备在公众通信、气象预报、人工降雨、电力调度、防洪抢险、护林防火、水陆运输、交通管理、维护治安、工商管理、税务稽查、烟草专卖、金融等部门使用，增加经济效益1.3亿元。

1990年6月，省无线电管理委员会转发国家无委《关于导游解说无线电设备管理的 暂行规定》《关于电视伴音无线转发器管理的暂行规定》等多个文件。

1991年4月，为加强无线电发射设备生产、销售市场的管理，市无线电管理委货会办公室对全市设置的各类无线电台站，包括通信、广播、电视、导航、雷达、观测I测、遥控、卫星等进行全面检查，并对无线电设备研制、生产、销售、购置、进口、维修市场建立全市站台档案数据库。

1992年2月，省防汛通信中心在太阳山至常德市建立120路微波通信电路。4月，常德市第一个中文寻呼台——常德市政达寻呼台开通，标志着常德市寻呼业由数字寻呼迈进中文寻呼。5月，经省无委办批准，常德—安乡—澧县30路和8路数字微波电路获准建立。

1992年7月，常德无委办加大对短波电台的管理力度，对全市无线电通信执照进行清理登记、整顿，并统一换发电台执照。

1993年，常德市第一台模拟移动电话机开通使用。

1993年3月，市无线电管理委员会批准澧县纺织厂建设一个澧纺电视转播台，接收亚洲一号卫星信号，全天转播中央台第四套节目，采用无人值机设备。

1993年6月，常德市开展针对无线寻呼台和大功率无绳电话机的集中清理整顿行动。

1993年6月,为严肃法纪,切实加强全市无线寻呼系统的管理,根据全省的统一部署,市无线电管理委员会办公室在全市范围内开展了无线寻呼台核实摸底工作,并加强100瓦以下(含)无线寻呼台的审批、管理。

1993年9月,常德师范专科学校申请,市无线电管理委员会批准该校建立外语专业无线发射台一个,调频频率发射核定功率10瓦。建成后,每天定时播送外语录音磁带,听众利用专用耳机进行收听,效果很好。

1994年11月,常德市无线电管理委员会批复,同意常德民用机场设立无线电通信指挥台及各导航台站。

1995年12月,经省无委批准,省邮电管理局在全省新建第一期169个900MHz公众数字蜂窝移动电话(GSM)基站,其中常德市新建13个。同月,省无委办同意省邮电管理局新建第五期900MHz模拟公众移动通信网基站194个,其中常德市建设基站22个。次年,常德市开通GSM数字移动电话。

1995年5月,常德市开展取缔私设电台专项整治活动。在专项整治活动中,常德市无线电管理机构共开展集中执法行动8次,取缔非法无线电台站数10个。

1996年,市无委办对全市无线电台站执照进行统一换发。经清查,全市共有各类无线电台站8157座,其中固定台2507座,移动台4650座。无线电台的急剧增加,给市民生产生活带来了便利。鉴于违规设台、不经审批随意改变发射机天线位置和高度、不按规定程序组网设台等情况,市无委加大高山、高层建筑无线电台站的管理。当年9月,常德无委办发布《关于加强高山和城市高层建筑无线电台站管理》的通知,对城区高层建筑和太阳山上架设天线的审批和管理做出了具体规定,规范"三高"地点建台的秩序。

1998年,为进一步遏制在高山、高塔、高楼"三高"地点设置寻呼发射台的势头,常德市无线电管理处对辖区内的无线寻呼发射设备进行清查、规范。下半年,为了巩固工作成果,8月,对无线电台站设置、频率使用和设备进口管理情况,开展专项检查。的集语音、数据、前、办公等于一細综合移动业务,移动通信发生了翻天覆地的变化,为常德经济飞速发展,为百姓生活方便发挥了重要作用。

1999年10月,常德市利用3个月时间,集中对辖区内设置的无线寻呼发射设备进行逐台检测,对不合规设备进行处置。

2000年,市无线电管理处对辖区内的航空导航、水上通信台站进行重新登记,对无线寻呼发射设备进行检测。核销市电业局等125个单位的无线电台站,收回指配的频率。

2002年,市无线电管理处耗时一月对全市无线电台站资料进行清理和录入,并一一核对。

2002年3月,太阳山多普勒气象雷达开通。作为覆盖半径超过230公里的先进天气雷达,常德太阳山的这座多普勒雷达投入使用,将和长沙站点的雷达共同覆盖整个湘中以北的防洪地区,加上同步建设的一批自动气象站和银河计算机群机系统,湖南经营多年的防洪天气预警系统在当年就直接发挥作用。该雷达运行以来,成功地监测到了冰雹、龙卷风、雷雨大风、短时暴雨等灾害性天气，在防灾减灾、服务地方经济建设中做出了重大贡献。

2003 年 3 月，市无线电管理处着手对全市业余电台进行清理和重新登记，先后召集业余电台爱好者开会，集中学习个人业余无线电台管理暂行办法和国家有关加强业余无线电台站管理工作有关问题的通知。下半年，动员全市无线电业余爱好者携带相关资料到管理处集中办理手续，并接受设备检测。

2003 年 3 月，常德市开放小灵通号码。常德市是湖南省最先在整个城区及各区县城关镇全面开通“小灵通”的城市。5 月，根据国家、省有关开展保护民用航空无线电专用频率专项整顿活动的通知精神，市无线电管理处严密组织，认真实施，在次年 6 月前全面完成辖区内无线电台站的清理核查。

2007 年 10 月，常德市人民政府办公室印发关于开展无线电台站数据清理登记工作的通知(常政办明电〔2007〕122 号)，对全市无线电台站数据进行清理登记。2009 年 5 月，常德电信率先开通 3G 网络，常德从此步入 3G 新时代。

2010 年下半年，市无线电管理处和市电子政务办自主开发《常德市无线电(台)管理系统》。系统涵盖无线电台站申请表、技术资料表录入和查询台站地址、使用设备图片等资料，该系统的启用，大大提升无线电台站科学化管理的水平。

2010 年 8 月，为规范出租汽车车载电台的使用，市无线电管理处下发《关于清理整顿出租汽车无线电车载系统的通知》，对全市出租汽车无线电车载电台进行全面清理整顿，对 200 多车载电台资料进行了重新登记；限期要求对没有登记和备案的车载电台补办相关手续；对规定时间内没有办理相关手续而又继续使用的违规车载电台，依法进行了取缔，杜绝了违规使用无线电车载电台情况的发生。

三、无线电监测

1986 年，常德地区的无线电管理机构成立之初，无线电监测设备缺乏，几乎一无所有。

1988 年 1 月，为改变各市州无线电管理委员会监测设备单一且不配套，无法适应无线电管理工作发展的实际情况，省无委办要求常德市落实经费，自行配备干扰场强测量仪、自动平衡记录仪、甚高频微伏表、便携式测向仪、监测车、超短波段发射机或干扰机、监听接收机、综合测试仪等无线电监测设备。当年，市无线管理委员会办公室自筹经费采购了部分设备。

1988 年下半年，常德市制定了第一个中短期的无线电管理发展规划，其中包括逐步 增添无线电管理技术基础设施和监测、检测仪器。

1990 年，在上级拨款 2 万元的基础上，单位自筹资金添置了监测接收机。1991 年添 置了综合测试仪，1992 年添置了频谱仪。

1999 年 5 月，省无委办下拨资金，经市政府批准，在市农业银行楼顶修建了 1 个固 定无线电监测站。年底，常德市地方第一座无线电固定监测站建成投入运行。2001 年 7 月，又在市劳动局楼顶修建了1个固定无线电监测站。2012年4月,按照省无委办"十二五"无线电管理技术设施二期建设规划和《VHFUHF无线电监测设施建设规范和技术要求(试行)》的要求,常德市无线电管理处正式启动第三个固定监测站项目的建设。次年3月,该固定监测站已经完成建设,正式投入使用。

2012年11月,全省无线电管理技术演练期间,市无线电管理处主任张志刚受到省无委会主任、省委常委、副省长陈肇雄的接见

2000年,省无委办为常德市配备第一台无线电监测车。

2000年后,为了加强常德市无线电监测力量,省无委办加大了对全省无线电管理技术基础设施建设的力度,省无委办分别于2011年12月、2012年2月给常德市无线电管 理处配备了3套移动、搬移式信号监测系统,1套无线电干扰系统,配置了一批无线电高 档监测、检测设备仪器,为常德市无线电管理工作提供了技术保证。根据国家、省办"十 一五""十二五"规划,近几年,常德市自身也加大了无线电管理基础设施方面的投入。投资170多万元,改善了办公环境,办公场地从原来的160平方米增加到现在的700多平 方米;投资68万元自行购置了综合测试仪、EP200等一批便携式监测检测设备;加大了 对各类设备仪器、网络的更新维修维护力度,还对监测天线铁塔、铁架、接地网、电 池组、机房等进行维护了维修更换。

经过多年累积,常德市无线电管理处现拥有无线电管理控制中心1个、多功能会议中心1个、全天候无线电固定监测站3座、中心控制机房 个、无线电移动监测站2个、可 搬移式无线电监测设备1套,无线电管制系统2套、综测仪2台、频谱仪1台、便携式接 收机10台、测试接收机2台、场强仪2台、警示仪2套。常德市无线电管理处已建成了 全市唯一具备资质的无线电设备检测实验室,固定资产近2000万元,已形成了与国家、省无委办联网覆盖整个城区的无线电监测网络。

四、无线电安全保障

20世纪80年代后期,常德电视台和常德人民广播电台相继成立。为了确保全市广播电视信号的正常播出,常德市无线电管理处定期联合有关部门对全市无线广播电视发射设备进行安全检查,深入发射机房和高山转播台对设备的运行情况进行现场督查。在节假日期间,市无线电管理处制定广播电视安全播出应急预案,全面落实安全责任制,加强与公安、国安等部门沟通合作,严密防范和打击不法分子恶意插播地面无线广播电视等破坏活动,查处设置使用卫星电视干扰器违法行为。

1988 年 5 月，为了认真做好防汛期间无线电通信保障工作，常德市无线电管理委员会办公室会同有关部门深入防汛第一线，对设台单位的无线电通信设备、网络、人员、规章制度落实情况进行了全面检查，保障了防汛期间，无线电台站的正常运行。6 月，市无线电管理委员会办公室积极配合支持南京地理与湖泊研究所 FGR-1411 船用定位雷达和国产 SDH-13 型回声侧声仪及野外考察车、船来洞庭湖开展湖盆测量工作。该课题是“三峡工程对长江中下游湖泊及低洼地环境影响与对策研究”的组成部分。

1991 年起，常德市桃花源成功地举办数届桃花源游园会和桃花节。2009 年，一年一度的常德桃花节正式升级为“首届中国·常德桃花源旅游节”。节日期间，常德市无线电管理处应邀参与节日活动的无线电保障工作，确保节日期间无线电通信的安全畅通。

无线电管理技术竞赛活动

1996 年 6 月，常德市无线电管理处对用于防汛抗洪无线通信的各类电台和设施进行全面检查，对防汛抗洪无线电频率进行了清理，监测，保障了特殊行业无线通信的安全。8 月，省第八届运动会在常德隆重举行。全省 14 个地、州、市和省直各行业体协、驻省部队及部分大中型厂矿、企事业单位参加了此次比赛。常德市无线电管理委员会办公室对大赛组委会专用频率进行保护性监测，加大对相关频率的干扰查处力度，圆满完成运动会的无线电安全保障任务。

1998 年，秋汛期间，市无线电管理处提供大量的便携式无线电通信设备，供防汛点之间进行通信联络，保障了当年防汛任务的胜利完成。

1999 年 9 月中旬，第八届亚洲皮划艇锦标赛暨第二届亚洲青年皮划艇锦标赛在常德隆重举行。中外 40 多家新闻单位的 205 名记者参与亚划赛新闻报道，湖南卫视和香港凤凰卫视转播了开幕式盛况。在开闭幕式及比赛活动中，市无线电管理处充分履行职责，对大赛组委会和实况无线转播使用的专用频率进行保护性监测，加大对相关频率的干扰查处力度，圆满完成亚划赛的无线电保障工作。

2006 年 10 月，市人防办顺利进行防空警报信号测试。警报试鸣信号覆盖五区总面积为 300 平方公里，全市 182 台防空警报器将一齐鸣响。常德市 1969 年第一次试鸣防空警报，之后曾有间断，从 1999 年至今，每年 10 月 29 日都进行防空警报试鸣。

2007 年 9 月，湖南省第四届农民运动会在常德市体育中心举行，开幕式包括领导、新闻媒体、参赛人员、现场观众在 2 万人以上，周边移动通信基站无法将话务完全吸收，为满足农运会的通信需求，确保主会场无线调度有序，经市移动、联通公司申请，市无线电管理委员会办公室启用了应急通信车,圆满完成了农运会期间无线通话需求。

2008 年 10 月,为确保航空专用频率的安全,严格落实机场导航台周边电磁环境净空区的管理规定,市无线电管理处与桃花源机场联合举行了无线电通信应急预演,对发生紧急情况下无线电频率进行实地监测和干扰排除,及时了解机场频率使用情况,保障了航空专用频率的安全。

2010 年,市无线电管理机构全年共出动人员 150 人次,车辆 17 台次,便携式仪器 50 余套,圆满完成当年的无线电安全保障任务。其中有代表性的有保障“两会”、春节、第二届“中国常德·桃花源旅游节”开幕式、常德桃花源机场扩建工程等无线电安全。特别是在保障桃花源机场无线电安全和机场改扩建工程建设中,4 月以来,常德市管理处未雨绸缪,多次积极与广播电视、机场、安全生产等相关部门取得联系,建立了联合保障机制,明确了各自的工作职责和任务。市无线电管理处除采取日常监测外,还不定期派行政执法人员和技术人员到机场周边进行实地调研,对无线电电磁环境进行保障性监测,全力保护航空专用频率不受干扰,确保航空安全。

第二篇《

电子信息产业

第一章　行业门类

第一节　电子元器件

2009年，常德半导体电子有限公司在巩固扩大玻封高速开关二极管1N4148生产销售业务的基础上，投资1.2亿元研究开发聚合物光波导式红外触摸屏，引进和发展数字视听、计算机等消费电子整机产品所需的片式元件生产以及新型半导体分立器件、传感器及敏感元器件等项目。

电子元器件是20世纪60年代研制成功第一代集成电路。它的诞生和发展推动铜芯技术和计算机的进步，使科学研究的各个领域以及工业社会的结构发生历史性变革。

体积越小，集成度越高，响应时间越短，计算处理的速度就越快，传送频率就越高，传送的信息量就越大，这就是电子元器件的特性。

代表企业：

湖南嘉业达电子有限公司，主要生产经营频率电子元器件、晶体振荡器、雾化换能器等。

第二节　消费类电子

2008年，常德市利用德山电子产业园，坚持整机制造带动产业快速提升的发展原则，加快推动产业基地配套建设。依托现有的消费类电子产品，引进上下游企业，重点发展手机摄像头、PC摄像头、高拍仪、备课王、点读机，不断扩大生产线，延伸产业链条。加快发展手机终端、移动数字电视、数字电视EOC等产品，引进和发展笔记本电脑、上网本等整机生产以及与整机配套的磁盘存储阵列、主机板、打印机、扫描仪等外部设备及关键零部件生产线。

2009年，深圳良田科技公司投资1亿元建设消费电子产品生产项目，启动示范带动效用，引进上下游企业，建成摄像头、高拍仪、备课王、上网本、点读机等产品的系列生产线，健全消费电子产品线，建立完善的产业链，打造出省内知名的消费电子生产基地。

同年，湖南融源数码公司投资1亿元建设数字视频项目，生产手机终端、移动电视、数字电视EOC等产品，成为湖南知名的数码通信产业基地。

第三节 电线电缆制造

2008—2009年,常德市把握光纤通信发展规律,关注美国、韩国以及国内的武汉光谷、深圳等光纤通信企业发展动态,承接国内外光纤通信产业转移,引进光纤预制棒生产线,从G.652、G.655、G.656等用于高速率、长距离传输的光纤预制棒产品起步,发展长距离传输用光纤预制棒和FTTH光纤预制棒。积聚力量,向预制棒套管制造、设计延伸。跟踪衔接国内外光纤企业如长飞、富通、康宁公司,引进G.652光纤预制棒、FTTH光纤预制棒生产项目,形成年产光纤预制棒500吨的生产能力。

电线电缆是以传输电(磁)能、信息和实现电磁能转换的线材产品,由一根或多根绝缘线芯,以及它们各自可能具有的包覆层组成,总保护层及外护层,电缆亦可有附加的没有绝缘的导体。用以传输电(磁)能,信息和实现电磁能转换的线材产品。

代表企业:

湖南佳达电线电缆有限公司。公司主要产品有低压电缆、交联电缆、硅烷交联电缆、阻燃耐火电缆、架空电缆、控制电缆和绝缘电线等多系列千余种规格。

第四节 电子新材料

常德市发展电子新材料主要是在动力电池、LED照明等方面。

电子材料是在电子技术和微电子技术中使用的材料,包括介电材料、半导体材料、压电与铁电材料、导电金属及其合金材料、磁性材料、光电子材料、电磁波屏蔽材料以及其他相关材料。它涉及电子技术、物理化学、固体物理学和工艺基础等多学科知识。可分为金属电子材料,电子陶瓷,高分子电子、玻璃电介质、云母、气体绝缘介质材料,电感器、绝缘材料、磁性材料、电子五金件、电工陶瓷材料、屏蔽材料、压电晶体材料、电子精细化工材料、电子轻建纺材料、电子锡焊料材料、PCB制作材料、其他电子材料。2009年,常德市依据德山电子产业园的优势,按照“赶超跨越、承接转移、突出重点、区域协调”的发展战略,发展壮大动力电池产业,加快发展LED照明和消费电子产业,培育平板显示、光纤通信和软件与信息服务三大潜在增长点产业,形成工业走廊内电子信息产业集群。

2009年,常德力元新材料有限责任公司发展壮大泡沫镍产品,建设铅布铅酸电池、高能锂离子电池、镍氢电池等生产线,推进动力包的产业化。

同年,常德毅力能源公司完成投资1.8亿元锂离子电池项目建设,扩张产能,以圆柱锂离子电池为核心,发展笔记本电脑电池、便携式数码产品电池以及电动产品专用高倍放电电池的生产规模。

第二章　产业发展

第一节　发展速度

1986 年，常德市组建常德地区电子技术应用研究所，1988 年更名为常德市电子技术研究所，从事电子信息技术的开发和推广，在全市工业企业中推广应用技术、自动化控制系统、计算机软硬件等新产品新技术。1989 年 7 月，常德市成立第一家民营电子类科研所。1995 年，由电子工业部 54 所、华中理工大学、常德有限通信（集团）等单位联合参与开发的大中型局用数字程控机"EIM—601 局用程控交换机"研制成功，该机以平台化、开放性，适应 21 世纪的高速发展。1994 年，常德市变压器厂研制成功"SFS28—20000/110 有载调压电路变压器"，当年 5 月，通过机械部和电力部的鉴定，被机械部列为第十六批节能机电产品推广项目。1998 年，常德华南光电仪器厂生产各类摄像机 1 万多台，广泛用于银行、宾馆、商场工业化自动生产线等各种电视监控系统；1998 年，计算机远程控制系统、液晶一体机可视电话、机顶盒式可视电话在湖南广电仪器厂研制完成。

2005 年 4 月，市政府为规范管理信息化，将原市机电建材行业管理办公室承担的信息产业职能划归信息化办管理。市信息化办增加信息产业管理职能，成立信息产业科，负责研究、综合协调全市信息产业的发展和组织实施。

2009 年，常德市创造信息产业发展的服务软环境，着力提升产业地位。市委、市政府明确电子信息产业列为全市十二大产业集群之一。成立市电子信息产业工作领导小组和市电子信息产业专家顾问团，出台《常德市电子信息产业发展规划》（2010—2020 年），确立消费类电子、LED 照明、新型平板显示、软件与信息服务等四大产业集群发展方向和百亿产业发展目标。

同年，常德市设立电子信息产业发展专项资金，每年 500 万元，从促进工业发展专项资金和科技三项经费中列支。同时开发区与各区县也设立部分配套资金，主要为常德市电子信息六大产业集群的发展提供专项资金支持、招商引资活动奖励、人才引进培养经费补助、公共信息服务平台建设的扶持，并通过贷款贴息、标准厂房租金补贴、税收返还、出口补贴、奖励基金等方式，加大对电子信息产业重大项目建设、技术改造和产业化等支持力度。

是年，常德市政府组织常德（深圳）信息产业专题招商活动，签约项目 8 个、投资额 23 亿元；组织承办常德电子信息产业招商推介会，签约项目 7 个、投资额 8.88 亿元；参加湘台 IT 企业交流洽谈会、中国电科集团到湘产业技术对接活动，邀请韩国 TES 公司、日本 APEX 公司、台湾全创科技、马来西亚支力投资集团、神州数码等多家客商到常德考察，达成多项合作意向。全年依托项目建设，争取上级专项扶持资金 310 万元，其中三升光电项目扶持资金 200 万元，利用信息技术改造提升传统产业扶持资金 110 万，全年新签约项目投资总额 35 亿元。

第二节　发展规模

2009 年 6 月 5 日，常德市政府建设德山电子信息产业园，作为常德电子信息产业的核心基地；在安乡、澧县建设特色明显的电子信息产业专业园，全市构建“一线三点”、各具特色、相互衔接、相互依托的电子信息产业空间格局。德山电子信息产业园面积 5 平方公里，当年一期储备土地 66.6 公顷，其中，20 公顷完成“七通一平”；一期建成标准厂房及配套设施 17 万平方米，其中，省专项资金扶持 500 万元建设 1. 5 万平方米。当年新签约项目投资总额 35 亿元。省市共建的 1.5 万平方米标准厂房竣工，湖南良田科技公司租赁该园区，建设消费类电子信息产业基地。

同年，常德市签约项目 8 个、投资额达 16 亿元；是年底新建、在建项目 9 个，投资额达 19.1 亿元。

2010 年，全市电子信息产业共签约投资千万以上项目 14 个，投资总额 13.36 亿元，新开工项目 6 个，投资总额 5.67 亿元。

第三节　发展效益

2006 年，常德市信息产业主营业务收入年均增长 36.4%，2008 年规模以上电子信息设备制造企业达到 39 家，实现主营业务收入 14.8 亿元，增长 27%。

2008 年年初，常德市电子信息产业实现营业收入 14 亿元，同比增长 30.84%；信息产业主营业务收入年均增长 36.4%，规模以上电子信息设备制造企业达到 39 家；实现税收 3700 万元，同比增 37.04%；实现利润 2900 万元，同比增长 2000 万元。全市电子信息产业形成电子元器件、电子材料、消费类电子产品三个产业集群。

德山经济开发区电子信息产业园

2010 年 10 月，全市电子信息产业实现销售收入 17. 57 亿元，同比增长 75.50%，旗舰企业力元新材实现主营业务收入 1.27 亿元,同比增长 57.44。全年电子信息产业销售收入首次突破 20 亿元。主营业务收入 20.29 亿元,同比增长 61.1%;旗舰企业华南光电实现主营业务收入 3.82 亿元,同比增长 3.4%;力元新材实现主营业务收入 1.63 亿元,同比增长 50.9%;年底,全年电子信息产业实现主营业务收入 28.19 亿元,同比增长 43.4%。

附:企业选介

湖南华南光电(集团)有限责任公司

湖南华南光电(集团)有限责任公司(国营第 5618 厂)隶属国家机械工业委员会。2000 年,公司于通过了科技部与中国科学院组织的"双高"认定,为国家级高新技术企业。2001 年被湖南省有关部门认定为"省级技术中心"、"软件企业",并通过了 ISO 9001-2008 质量体系、ISO 14001 环境与职业健康安全管理体系认证,是湖南省 78 家重点企业和 26 家重点高新技术企业之一。2009 年集团公司跻身世界企业 500 强、2010 年列第 275 位,中国制造企业 8 强。集团旗下拥有长安、天威、嘉陵、建设等 50 多家企业和研发机构。

华南光电始建于 1970 年 5 月,在接收原南京大学中南分校("654"工程)的基础上,经 40 年的创业与发展,成为以生产和研制光、机、电相结合的高科技产品为主的国家大型二类骨干企业。2004 年 11 月,控股湖南华南光电科技股份公司。当年,公司研制和生产的产品有 CCTV 监控系统等高科技产品。公司生产的产品,先后荣获国家科技进步特等奖和科技进步一等奖。1991 年公司被授予国家二级企业,1990 年被授予国家一级计量单位, 2009 年公司位列湖南省电子信息制造业二十强第九位。2010 年 5 月续评为全国高新技术企业。

公司主要承揽计算机信息系统集成、建筑智能化工程(弱电系统、安防监控系统工程等)项目设计和施工;专业生产和销售数字硬盘录像机、CMOS 高清摄像机及 CCTV 安防配套器材;提供智慧城市、金融等行业智能解决方案。

公司先后取得住建部"建筑智能化工程设计与施工一级资质"、国家工信部"信息系统集成及服务二级资质"、湖南省"安全防范系统设计、施工单位一级证书"等资格证书,拥有多项软件产品著作权,是中国银行总行、中国农业银行总行、中国民生银行总行认定的安防设备采购及工程安装定点企业。成功实施了珠海横琴岛横琴新区环岛电子围网系统、常德市平安城市建设、海南环线高速公路建设等大型系统集成项目的建设与施工。为"智慧城市"建设,促进社会和谐发展提供强有力的技术支撑。

常德力元新材料有限责任公司

常德力元新材料有限责任公司位于湖南省常德市德山经济科技开发区,是一家由长沙力元新材料股份有限公司投资控股以泡沫镍、三维冲孔镀镍钢带等新型能源材料的开发、生产、销售为主的高新技术企业,其主导产品高强度超强结合力型泡沫镍项目已被列入国家计委高科技产业化示范项目和国家科技部"863"重大攻关项目。

2003年3月,公司在常德市工商行政管理局注册登记,开始筹建,占地102亩,总投资额1.3亿元,当年完成200万平方米泡沫镍工程和1000吨/年产三维冲孔镀镍钢带工程建设。

2005年,公司投资12000万元完成年生产200万立方米动力型泡沫镍生产线的扩建工程,年产值达40000万元;投资960万元完成年生产1000吨准三维冲孔镀镍钢带生产线的扩建工程,年产值达5000万元。

公司主导产品:

1.PVD法生产的高强度超强结合力型泡沫镍:作为镍氢电池的新型储能材料,被广泛应用于移动通信设备、电动工具、电动汽车电池制造。

2.准三维冲孔镀镍钢带:采用复合镀层工艺和特殊热处理工艺研制和开发的一种高强度、高性能二次镍电池负极骨架材料。

作为镍氢、镍镉动力电池极板材料全国最大的生产厂家,公司拥有当时最先进的泡沫镍生产技术和工艺,拥有自主知识产权和发明专利的连续化三维冲孔镀镍钢带生产线,公司致力于该领域产品的研究开发与制造,为电池行业和新能源行业生产性能更强、更优的基材。

湖南三升光电有限公司

湖南三升光电有限公司是常德市人民政府2007年6月重点招商引资的高科技企业。公司主要从事LED半导体发光材料及LED器件应用的研发和生产。产品主要涵盖LED芯片的封装,LED显示屏、LED背光源、LED工程照明、汽车照明、景观照明等。拥有一批在光电物理、半导体器件与制备、纳米物理、光电显示原理、结构学、热学及高速数字图像处理等多个学科领域中的高科技技术人才,科研力量雄厚。

公司现拥有LED相关专利二十多项,属国内LED显示屏行业内最早同时通过ISO 9001(2000)国际质量体系认证和ISO 14000(1996)国际环境体系认证的企业。公司的LED显示屏产品先后通过国家部级新产品鉴定,被授予"名牌产品"称号,相继获得"重合同守信用企业""用户满意企业"称号,并荣登"企业客户诚信榜",通过了CE、ROHS等国际认证。

公司的LED产品遍布世界五大洲,累计完成各类LED系统工程3000多项,是2008年北京奥运会主会场国家体育场(即"鸟巢")和国家游泳馆(即"水立方")显示屏工程的承担者。公司产品出口三十多个国家和地区,日本、韩国、法国、西班牙、俄罗斯、哥伦比亚、委内瑞拉、南非等都是公司重要的国际市场区域。公司的LED显示屏、LED照明产品已广泛应用于体育场馆、城市广场、机场车站、数字交通、金融证券、道路隧道工程照明、停车场、居家、城市景观等场合,产生巨大的社会效益和可观的经济效益。

湖南华富高科有限公司

（原名湖南良田高科发展有限公司）

湖南华富高科有限公司于2009年7月8日正式成立，是2009年常德市重点扶持的消费类电子生产企业，也是湖南省信息产业厅重点支持的建设项目。公司生产基地位于常德市德山电子信息产业园一号楼，厂房面积达15000平方米，是一家模具设计开发、注塑成型、USB线材配套、整机组装、销售与研发为一体的现代化高新技术企业；拥有数十台数控机床、火花机、贴片机、回流焊等高性能自动化设备，并且拥有独立的研发实验室以及品质检测室。产品涉及光电、办公设备、教育等各个领域，主要生产电脑摄像头、读书笔、高拍仪、无线耳机、蓝牙音响等各类消费类电子产品；产品通过SGS ISO 9001（2008）国际质量体系认证、美国FCC认证、欧盟CE认证、ROHS认证、REACH认证、PAH认证、韩国MIC认证以及中国的3C认证，并且获得国内外客户的一致好评。

公司有员工400多人，主要以深圳南山科技园产品研发中心，湖南常德生产、销售中心为发展格局，公司通过对广州、北京、杭州、深圳、成都、南京、西安、长沙等地的深度开发，销售取得显著的成效，销售网络辐射全国，远销至欧洲、北美、南美、中东、东南亚等60多个国家和地区。

打造创意、快乐消费电子新生活，为中国经济腾飞做出贡献是该企业肩负的历史使命，他们表示将一如既往地延续“华富高科”的优良传统，不断创造辉煌。

湖南嘉业达电子有限公司

湖南嘉业达电子有限公司，原名深圳嘉业达电子有限公司，创建于1996年，2004年经常德市政府招商引资到湖南，与常德艳洲水电实业有限公司、深圳市兴嘉科技有限公司、嘉业达（香港）公司、湖南金键米业股份有限公司组建而成，是一家专业从事电子材料及器件生产经营的中外合资企业。公司注册资本3300万元，资产总额5800万元，占地面积16419平方米，有员工280人，其中各类专业技术人员70人。主要生产经营频率电子元器件、晶体振荡器、雾化换能器等，其生产、销售能力位居全国同行前列，产品广泛应用于广播、通信、电脑、家用电器、MP3、手机、汽车电子、工业自动化等领域，其中部分产品销往国外。

公司立足于老产品的科技创新和新产品的开发与研究，采取产学研相结合的模式，2005年与韩国三星电子陶瓷有限公司合作开发片式滤波器，该产品被湖南省科技厅认定为“高新技术产品”。2006年，片式压电陶瓷滤波器通过湖南省科技厅成果鉴定，各项指标达到日本村田同类产品水平，整体技术国内领先，属国内首创。2008年，该产品参加湖南省第三届科技博览会并获大会科技创新金奖。2008年年底，完成“银电极改锡电极在压电陶瓷中的应用”项目，通过国家知识产权局授权发明专利，专利号为ZL200610031852.2。“超声雾化换能器”项目,获得实用新型专利,专利号为ZL201020148610.3。2009年,企业被认定为国家级“高新技术企业”。

公司采取先进的现代管理模式,以“锐意超越、领先行业、为顾客创造价值”为质量方针,以“遵守法规、预防污染、持续改进、确保员工健康安全”为环境和职业健康安全方针,创建“环境友好型、资源节约型”的现代文明企业。

湖南大北互互感器有限公司

湖南大北互互感器有限公司是常德市政府招商引进的高新科技企业,是专业生产互感器的制造型企业。于2009年7月2日正式落户德山(国家级)经济技术开发区,主要投资方为全国互感器三强“大连北方互感器集团”。公司位于常德德山乾明南路,占地面积120亩,职工200人,其中工程技术人员72,高级工程技术人员8人。

公司建立先进的环氧树脂绝缘中压互感器生产线,配置先进的屏蔽试验室、环氧树脂材料及成型件理化试验室,拥有先进的真空浇注设备、压力凝胶设备、数控加工中心及国内外先进的试验、检测装置和仪器、仪表300多台(套)。

大北互互感器

公司主要生产销售500千伏及以下高、中、低压电流、电压互感器及相关电力产品,拥有户外干式组合互感器、户内干式三相组合式电流互感器、户外干式全封闭抗铁磁谐振三相电压互感器等24项国家专利产品,且均已获得国家颁发的生产许可证,并顺利通过了ISO 9001:2000质量管理体系认证。公司已形成以中压为主,几大系列高、中、低压互感器均完备的产品体系,能够充分满足国内外厂家的需求。

石门县协力电子有限公司

石门县协力电子有限公司是由深圳转移到内地的新型电子加工企业,公司成立于2008年11月。公司位于石门经济开发区天供居委会十一组。

协力电子(公司简称)具有CD、VCD、DVD激光头机芯、DVD整机的开发、设计、生产、销售的全套核心技术及生产工艺流程,在石门县境内主要是生产CD、VCD、DVD激光机芯,产品出口欧美、亚非等地,自投产以来基本正常,该产品是光电产品,属高新科技,国内能完全具备独立生产的企业屈指可数，湖南省尚属空白，全国范围内仅 7 家，发展前景非常可观。

公司总投资 1200 万元，次年销售额超过 4000 万元。

常德市佳达电线电缆有限公司

湖南佳达电线电缆有限公司始建于 1998 年，地处于洞庭湖鱼米之乡的古城常德桥南工业园，是湘西北一家专业生产电线电缆的大型企业。

公司有员工 150 余名，各类高级专业技术人员 20 多名，占地面积 3 万平方米，其中建筑面积 2 万平方米。注册资本 2400 万元，总资产 6174 万元，具备年生产量各类电线电缆 50 余万公里的生产能力。产品严格按照国家标准生产，公司坚持“以人为本，科技兴厂，诚信经营，质量第一”的经营管理理念。不但拥有先进的生产设备和质量检测装置，而且建立了完善的质量保证体系。先后获得国家质量监督检验检疫总局颁发的全国工业产品生产许可证证书、中质协质量认证中心颁发的 ISO 9001 质量体系认证证书、中国国家强制性产品 CCC 认证证书、产品合格证书、计量证书和产品质量信得过单位等荣誉称号。

公司主要产品有低压电缆、交联电缆、硅烷交联电缆、阻燃耐火电缆、架空电缆、控制电缆和绝缘电线等多系列千余种规格。

湖南佳达电线电缆有限公司依托科学的管理手段，稳定可靠的产品质量，热情周到的服务，诚实规范的产业信用，本着“用户至上，信誉第一”的原则竭诚为广大客户服务。

湖南贝特莱尔光电科技有限公司

湖南贝特莱尔光电科技有限公司系投资 2 亿元人民币在湖南省常德经济技术开发区电子信息产业园设立的具有研发、制造、销售、工程施工等全方位功能的高新科技企业，公司注册资金 5008 万元。2008 年成立的厦门贝特莱尔光电技术有限公司是其关联企业。

公司主要从事 LED 照明产品、光伏发电、可再生能源利用和新光源产品的研发、设计、制造和销售；承接各种 LED 照明工程的设计、施工和相关的技术咨询服务。公司主要产品有广域调焦 LED 路灯系列、太阳能路灯（庭院灯）系列产品；大功率广域高效 LED 平板路灯系列及 LED 隧道灯、LED 庭院灯、LED 景观灯、LED 射灯、LED 草坪灯、室内用 LED 日光灯、筒灯、射灯及 LED 快速变焦手电筒等系列照明产品。

公司已通过 ISO 9001：2008 质量管理体系认证，ISO 14000 环境管理体系认证，已进入湖南省 LED 道路照明标准起草与制定单位。公司产品通过 CQC 和 CCC 安全认证。公司生产的 LED 路灯及快速变焦手电筒获得国际、国内多项专利。LED 手电筒曾获得第 61 届德国纽伦堡国际发明专利社会组金奖。LED 照明产品广泛用于城市、乡村道路、隧道照明及工厂车间、商场、家庭等室内照明和公园、城市景观照明和景观装饰。产品具有造型美观、安全环保、简洁方便和使用寿命长等特点,节能率达70%;LED变焦手电筒在野外作业、家庭、警务、抢险救援等各种环境中得到广泛使用。

深圳市金晟安智能系统有限公司

深圳市金晟安智能系统有限公司是一家集研发、制造、销售智能管理系统产品于一体的高科技企业,公司在湖南省常德市建有生产基地,资产1.5亿元。

公司自成立以来,始终不渝从事智能管理系统的研发与制造,是我国最先提出数字城市开发、应用的单位之一。公司的主导产品——IC卡收发卡机和绿色通道检测设备,其研发能力与技术水平在行业内具有极大优势,其软件、硬件皆具有自主知识产权,先后获得19项国家发明专利和实用新型专利、5项国家版权局授予的计算机软件著作权,在IC卡收发卡机行业处于领军地位。公司还提供车道控制机、字符叠加器、自动栏杆机、便携式收费机等产品,承接"平安城市"、"数字城管"和"大型区域弱电系统"工程,具备广东省公安厅颁发的安防工程一级资质证书,是《公路收费非接触式IC卡收发卡机》行业标准起草单位之一。

在企业发展过程中,公司始终把"和谐、活力、创新、发展"作为企业的经营理念,秉承"创新、务实、合作、拼搏"的企业精神,坚持以质量求生存,以信誉谋发展。艰苦奋斗,不懈努力,以非凡的气度和崭新的风貌,谱写企业发展的新篇章。

胜美达(常德)有限公司

胜美达集团设计和制造的根本是电感技术和工艺的电子元件和模块。产品包括线圈相关的组件和模块,用于汽车的传感器和执行器的电源和信号用磁产品,以及其他相关产品,灵活的柔性连接器和小批量的电子制造服务等。

主要产品:

功率电感器,也被称为线圈或电抗器,是一种两端子的被动元件,以磁场形式储存能量。

一体化电源模块,胜美达提供两个系列的低电压非隔离式电源模块,用作负载点(POL)电源转换器。这两个系列的电源模块应用范围广泛,涵盖通信和工业产品、服务器、消费电子产品、测试设备和分布式电源系统等。

电源变压器是一种两个(或更多)线圈共享一个共同的磁场的电子元件。变压器是用来把能量从一个线圈(称为主)转移到另一线圈(称为二次)。

胜美达提供一系列模块,包括氙气灯点火器、逆变器的扼流圈模块、模块组件、组件载体、电源转换、组件和模块。

信号磁性元件是用于处理或传递小功率信号。EMC组件可避免电子设备受传导电磁的干扰。胜美达设计并生产各种应用的传感器和制动器。

第三篇《

通信服务业

第一章　基础建设

第一节　房　　屋

1989年，市邮电局自有房屋建筑面积143511平方米，其中通信生产用房55229平方米。

1993年，市邮电局房屋建筑面积316551平方米，其中电信生产用房116065平方米。

1999年，常德市电信移动分离，电信租用的营业网点47处。房屋建面积19.55万平方米。

第二节　线路、设备

一、长途通信线路和设备

1.电报通信主要网络和设备

1988年，市邮电局、安乡、津市、汉寿、桃源进入全国自动转报网。1989年，石门、澧县、临澧电报电路进入全国自动转报网。各县(市)的去报、来报均不再通过市局转发，全市电报传递实现自动转报。同年，新增10部电报汉字终端译码机，结束全市电报人工译电的历史，电报译电进入电子自动化时代。是时，常德邮电通信水平较为落后，电报通信处于发展鼎盛时期，其网络和设备较为完备、发达。是年末，全市计有载报机8部、插报机11部，载报、插报机设备总容量148路，其中实占71路；电传打字机合计63部，其中，全电子20部，机械式43部；业务报路合计41路，其中，有线22路(其中，自动转报电路9路)，无线19路；出租报路有5路，出租用户电报电路13路。

1992年，全市业务报路42路,新增常德至南站有线报路1路，减少无线报路1路，总数中，电传电路21路，电传直达报路有常德—长沙2条、常德—益阳、常德至各县市，各区县市电传报路直达长沙；汉寿—蒋家嘴，桃源—陬市有2条县(内)电传电路；常德直达无线报路有常德—长沙、常德—澧县、津市、临澧、安乡、桃源、汉寿、石门；常德至鼎城区电报由2条人工话传电路传递，石门—县气象站、县水文站有2条话传电路。是时，市邮电局适应客户需求，还向客户提供电报出租电路13条。全市插报机增至15部；载报机、插报机设备总容量112路，电传打字机56部，其中全电子电传机41部，55型机械式电传机15部，电传打字由机械进入全电子时代;真迹传真机增至6部,短波发信机21部,其中,1千瓦以下的单边带9部,15瓦的18部,输出功率620瓦,短波收信机总数1部。

2000年以后,电报设备和网络已从电信报表上消失。

2.长途电话通信主要网络和设备

1989年,全市长途交换机总容量1402门(路),其中,程控式自动交换机72路,共电和磁石交换机容量占总容量的94.86%;长途对端设备容量231路;载波端机设备总容量1492路,长途业务话路485条,其中有线架空明线281条,无线204条。电路总数中自动63条,半自动148条,其中点对点120条;出租话路37路。

1991年,常德邮电筹建大通路数字微波系统。10月,常德至大庸34兆数字微波系统开通,长途电路最大容量480路。1992年8—9月,常德至长沙数字微波系统建成投产,湘西北数字微波干线140兆微波系统相继开通,长途电路最大容量1920路。年末,全市业务话路增至977路,其中,有线370路,无线微波607路;总数中架空明线368路,载波357路;二级省内话路中,出租话路有35条,省内自动有606路,半自动有126路,点对点半自动为115路。常德市区长途电话省际可直达汉口、公安等9个地区;省内可直达长沙、益阳等22个地区;市内可直达本市10个区县市。各县(市)省际直达电路可达全市各区县市,县与县互通。除业务话路外,全市出租话路36路:常德—长沙机要专线、长沙公安专线;常德—津市、澧县、石门、临澧、桃源、安乡、汉寿机要专线、公安专线;常德—长沙武警专线;常德—涔澹公安专线;常德军分区—省军区专线;市气象台—省气象专线;市检察院—省检察院。各县(市)的出租话路除津市涔澹至常德公安专线外,津市、安乡、汉寿、临澧、澧县、石门、桃源7个县均设有至常德机要专线。

1993年12月,常德市邮电五大信息化通信开通会议

1993年6月,常德至全市各县(市)34兆微波系统建成投入运行,市至各县(市)长途电路最大容量480路。是年底,全市微波线路总长达201公里,其中,数字微波线路181公里,境内建成国家206系统微波网(2400路),湘西北微波网和市内三个微波通信网。全市2331条长途电话电路中,有线170路,无线2161路(其中,数字微波2015路);总数中,自动2096路,半自动52路。全市长途交换容量4170路端(门),其中,长途程控自动交换容量3652路端,共电和磁石交换机容量占总容量比重降至25.37%;长途对端设备容量160门,载波端机总容量60路以下的612路、以上的12420路,长话电路为1988年4.8倍,长途通信能力实现五年翻两番。1994年,常德长途通信引入长途光纤数字终端复用设备1920路(实占120

路),1995 年,建成 2 万线的长途程控交换局。

1996 年,常德邮电加快长途通信数字化、信息化网络建设,实施"518"通信工程,全市电信长途通信网络规模不断扩大,现代化程度日益提高。1998 年,常德邮电全市电信载波终端设备容量 74 路,长途程控自动交换机容量增至 20280 路端,长途数字终端复用设备容量增至 30240 路,长途光纤数字终端复用设备容量增至 25920 路,长途微波数字终端复用设备容量达 4320 路,长途至本地公众电话交换机数字中继电路 4124 路。

2000 年,常德电信公司化,移动通信终端个人化程度快速提高,固话长途业务分流加剧,常德电信优化和调整长途通信能力建设,放缓长途程控交换建设速度,加快数字长途传输建设,引入长途波分系统和软交换系统,完善数字微波网络。2004 年,市电信分公司新增长途数字通信 2.5GSDH 传输点 19 个,622M37 个,155M143 个。是年末,全市电信建成长途通信长途 2Mbps 传输端口 501 个,长途 155Mbps 传输端口 19 个,长途 25Gops(十亿次运算/秒,下同)传输端口 1 个,长途 2.5Gbps(交换带宽,下同)波分系统端口 20 个。2007 年,市电信分公司关闭湘西北数字微波电路常德—和尚包等 3 个段,常德市—县本地网微波电路的常德—92 站等 6 个段的微波台站和电路。

2008 年,常德电信成为全业务经营商,市电信分公司国内(省内)长途电话交换机容量 22878 路端,其中,省内长途交换机长长容量 12140 路端,长市容量 10738 路端。2010 年年末,全市电信国内(省内)长途电话交换机容量 22816 路端,其中,长长容量 11811 路端,长市容量 11005 路端;省内软交换中继容量(E1)508 个,省内软交换信令链路数(64K)32 条。接入网光缆长度 14447 皮长公里,光缆纤芯长度 202770 芯公里,其中,农村长度 8323 皮长公里,纤芯长度 85849 芯公里。本地客户专用接入传输网被长途数字出租电路占用带宽 161 等效 2M 公里,本地客户专用接入传输网被本地数字出租电路占用带宽 2559 等效 2M 公里。

二、本地网通信线路和设备

1989 年,常德本地网电话通信手段落后、能力低下,8 个区、县(市)的市内电话有一半为人工磁石交换,市话交换机总容量 27046 门,邮电局 16116 门,其中,纵横制自动 11440 门,占 70.98%,磁石 4676 门,占 29.02%;用户交换机容量 10930 门,占总容量的 38.41%,其中,自动 7330 门,占 7.06%。传输以电缆为主。1990 年,全市市话杆路 476 公里,电缆 464 皮长公里,长市中继线 800 对。农话通信多网并存,地方国营、乡(镇)村经营和各种联营,没纳入市话公网。全市农话交换机总容量 21875 门,自动 400 门,占 2.85 %,占邮电交换机容量的 5 %;传输以明线为主,电缆为辅。全市 12802 公里农话杆路,邮电经营 2854 公里,占 22.29%;其中,水泥杆路 9451 公里,邮电局经营 2493 公里,占 26.37%;明线线条总长度 17692 对公里,邮电局经营 5790 对公里,占 32.72%,农话电缆 315 皮长公里,占明线和电缆总长的 17.50%,邮电局经营 199 皮长公里。

1990 年 12 月—1991 年 4 月,石门、临澧、汉寿 3 县电信综合大楼相继投入运行,分别完成自动电话改制工程,开通自动电话;1992 年 11 月,安乡自动电话割接成功,标志着全市市话通信实现市话自动化。是年底,全市市话自动交换机总容量 37868 门,多种制式并存,程控 11728 门,纵横制、步进制 14840 门和 9300 门,其他 2000 门。用户交换机 12680 门,其中自动 10476 门;市话话机 36094 部中接入邮电局交换机 26126 部;市话光缆净增 10 皮长公里;市话自动交换点 9 处,其中程控 4 处。市局 2 万多门电话,中心局 2000 门纵横制电话扩容,从立项到割接开通仅 64 天。是年,农话现代化建设拉开序幕。改造大部分邮电局和部分邮电支局、所的生产环境,相继改制改型 31 个农话交换点,部分乡镇实现自动拨号。1989 年,澧县垱市农话改制工程投产,具备长、市、农合一功能,成为全省第一个进入全国自动网的乡镇。1992 年,全市通电话乡(镇)总数 258 个,行政村有 3911 个,其中,用户可直拨市话的乡(镇)45 个,行政村 137 个;乡(镇)、行政村总数中,有 245 个乡(镇)和 4096 个行政村未纳入市话网。244 个已装农话交换机的乡(镇)中,有 41 个为自动,67 个为载话端机(含环路),89 个与县(市)有直达电路。全市农村电话交换点合计 311 处,其中邮电局经营 80 处,乡(镇)经营 179 处,各种联营和其他经营 52 处。全市农话交换机总容量 17355 门,邮电经营 16254 门,乡(镇)村经营 10530 门,各种联营及其他 3090 门。总数中自动 12384 门;全市 18754 部农话话机,接入局用交换有 8173 部,其中,自动 6561 部;农话杆路总长 12783 公里,邮电经营 2896 公里,占 22.65%,乡(镇)村经营 7459 公里,各种联营及其他 2332 公里。水泥杆路 9841 公里中,邮电局 2668 公里,乡(镇)村 4843 公里,各种联营及其他 2330 公里;18246 公里明线线路中,邮电有 6002 公里,占 32.89%,乡(镇)村 8710 公里,各种联营及其他 3534 公里;417 皮长公里电缆中,邮电 267 公里,占 64.13%,乡(镇)村 101 皮长公里,各种联营及其他 48 皮长公里。

1991 年 6 月 30 日,市邮电局正式割接开通 7000 门数字程控电话,拉开全市程控电话建设的序幕。是年底,省计委下文批准津市 6000 门、桃源县 4000 门程控电话工程立项。1992 年 4 月,常德市实施万门程控电话二期工程,德山开通 2048 门数字程控交换机,淘汰使用 40 年的磁石电话,一步跨入数字程控时代,同时,该分局开通光缆电路 480 路,成为全市第一条光缆通信。1992 年 7 月,省管局推出“165 工程”:“八五”期末,常德市主线用户达 13.21 万户,主线电话普及率达 2.56 部/百人。同年,省计委分别批复石门 6000 门、澧县 6000 门、临澧 5000 门、汉寿 5000 门、安乡 6000 门等 5 县程控电话工程立项,4—9 月,石门、临澧、汉寿、澧县,安乡等县分别与北京国际交换系统有限公司签订 EWSD 法国设备程控交换机主机供货

1993 年 12 月,常德市邮电五大现代化通信网开通

合同。1993 年 9 月 28 日，石门县程控电话顺利割接开通，成为全市第一个开通程控电话的县。10—12 月，津市、桃源、澧县、临澧、汉寿、安乡等 6 个县(市)程控电话相继开通，全市实现市话交换程控化。

1993 年，市邮电局自拆、自运、自己安装北京 7000 门旧设备，20 多天完成需 60 天完成的工作量。是年底，全市市话交换机容量 85428 门，是 1988 年的 6.3 倍，实现 5 年翻两番。其中：程控 62288 门，占市话交换机总容量的 75%，纵横 13240 门、步进 9900 门，已装 81428 门中，实占 52083 门；用户交换机容量 12775 门中，自动 10512 门；63227 部话机中，接入局用交换机 51789 部，接入用户交换机 11488 部。市话主线普及率达 8.5 部 / 百人。

1993 年，全市对 24 个乡镇电话进行程控电话改制及光缆架设，新增农话程控交换设备 1.6 万门，光缆 207 公里。全市 303 处乡镇电话交换点，国营农话交换 93 处，其中，自动拨号 54 处，占国营农话交换点 58.06%，占交换点总数 18%。在改制改型的交换点中，实现程控交换 34 处。1993 年 9 月，桃源县陬市支局 2048 门程控电话割接开通，成为全省容量最大的程控支局。同年 10 月，临澧县修梅镇太平村 760 门数字程控电话割接开通，工程用时 9 个月，建成一幢 1800 平方米的 5 层电话大楼，架设光缆传输 7 公里，全村 300 多户农家，户户装上程控电话，成为全省第一个农村村级程控电话村。

1995 年，全市推出邮电通信“518 通信工程”：“九五”期间，全市新增电话交换容量 50 万门，投资 40 个亿元，建成以常德信息高速公路传输交换平台为主体的 18 个通信网络。是年 12 月，拉开全市“518 通信工程”建设大幕。是年 6 月 25 日零时，常德市 C3 本地电话网建成，电话号码从 6 位升为 7 位。常德市区和鼎城区原 6 位电话号码前加“7”，其他各县在原号码前加相应数字。全市启用“0736”统一的长途区号。市邮电局把该年确定为“常德农话通信发展年”。是年，全市完成农话交换点改制扩容 98 处，其中，改制 49 处，扩容 37 处，新建 12 处，新增农话程控交换机容量 4.34 万线，总容量达 7.64 万线，实现全市农话交换程控化。新增农话光缆 872 公里，总长度为 1426 公里。安乡县 263 个行政村全部安装程控电话，成为全市第一个村村通程控的县。1996 年，全市邮电改进电话基础网，市区 43 家小交换机，除 8 家宾馆和 2 个专网外，撤除 40 家。1998 年 6 月，常德市本地网正式并网运行。同年，各县(市)乡镇电话纳入公众网，其网络和设备由市邮电局代管。

1998 年 12 月，全市电信部门加速“518”通信工程推进步伐，市邮电局与北京国际交换系统有限公司(BISC)签署订单合同，订购程控交换设备 25 万端口，成为全市通信建设史上签定的最大一笔订单。

2002 年，市电信分公司筹建 450 兆的小灵通。2003 年 3 月，市电信分公司和各县市分公司小灵通网络在城区开通，并正式对外放号，是年末，全市电信小灵通容量 11 万门。市分公司按“大容量、少局所、多模块”的交换网组网模式优化网络结构，加快模块点建设。2004 年，全市电信已建成交换点 705 个、模块点 686 个，局用交换端局 26 个；对 1044 个小灵通基站进行扩容，容量增至 17 万门，占全市电信交换机期末总容量(119 万门)的 14.28%；全市电信通信主干电缆总长43836皮长公里，本地中继光缆长度5770皮长公里，本地管道孔长度631公里。

2006年3月，市电信分公司推行企业转型，加快网络转型，完成对固话基础网进行智能化改造升级。7月，新建智能网用户数据库SHLR 2套，用户容量为147.2万户/套，北分局新建汇接局2529个2M，中心局新建汇接局2530个2M，先后开放固网彩铃、一号通、预付费、移机不改号等业务。

2008年年末，全市电信本地交换设备总容量，包括局用交换设备、有线和无线接入设备，电信本地交换设备总容量为1516205门，其中，本地交换设备有线容量(局用+有线)1201044门，其中，本地局用交换机容量965348门，本地有线接入网设备235696门；PHS无线侧接入容量244487线，PHS(小灵通)核心网接入容量30万线，PHS基站个数3045个，信道14382个；ETS450无线侧接入容量70674线。

2010年年末，全市电信本地交换设备容量包括局用+有线+无线减至966949门，较2008年减少549256门。总数中本地交换设备有线容量(局用+有线)652148门，减少548896门；其中，本地局用交换机容量628490门，较2008年减少336858门，减少34.89%；本地有线接入网设备容量23658门。本地交换设备中继容量(E1)15521个；本地独立汇接局中继容量(E1)2529个；本地用户交换机容量3425门；本地IAD设备端口数9635个；主干电缆总长43488皮长公里，线对长度3162329对公里，线对数252180对；配线电缆总长18920.皮长公里，线对长度975415对公里；PHS无线侧接入容量24.41万线，ETS450无线侧接入容量70674线；无线核心网容量34万线；PHS基站个数3039个。

1995年，全市邮电收支差额实现507万元，其中，中央邮电1239万元，地方国营(农村电话)-723万元；1999年全市电信实现收支差额-582万元。其中，中央电信558万元，地方国营-1140万元。2007年，完成桃源县58个未通电话的自然村通上电话，落实完成省政府的实事工程。2008年，市电信分公司新增20个自然村通电话。2009年9月，市电信分公司新增15个自然村通电话、145个行政村通宽带，新建75个农村综合信息服务点。

三、无线寻呼通信线路和设备

1988年7月，常德市建成无线寻呼台、开通无线寻呼通信，寻呼覆盖半径40多公里，寻呼发射机2台，成为继长沙之后第一个地州市。

1991年8月，津市局引进并开通无线寻呼系统，开全省县(市)无线寻呼先河。年底，澧县局无线寻呼台建成投产，全市无线寻呼台站达3个，无线寻呼发射机4部。1992年3月，桃源、石门、临澧、汉寿四县相继建成无线寻呼台，开办寻呼业务。1993年年底，安乡县、鼎城区局建成无线寻呼差转台，全市县以上无线寻呼网络建成。

是时，寻呼系统呼叫寻人主要通过126人工实现，工作量大、效率低，1993年年初，市邮电局工程师娄志刚、刘绍章利用半年时间，成功研制出自动寻呼系统，并投入运行，实现无线寻呼由人工向自动化的转变。同年7月，常德市区引进并开通汉字寻呼系统，寻呼由数字传递实现汉字传递。是年末，市邮电局及各县市无线寻呼实现全省漫游联网，全市邮电无线寻呼发射机计有12部，中端机1部，无线寻呼操作终端机30部。1995年，全市邮电无线寻呼系统容量达50万户，无线寻呼基站合计11个，其中，中央国有9个，地方国有2个，寻呼覆盖面达95%。

1996年，全市寻呼业务发展陷入困境，网络和设备出现停滞和减少，容量减少。容量仅25.66万户，无线寻呼基站13个。1998年6月，寻呼剥离，常德邮电将无线寻呼网络和设备全部划拨给湖南电信常德寻呼公司。

四、移动通信线路和设备

1991年—1999年，常德移动通信网络和设备从无到有、由小到大，从模拟到数字，从GSM到2G，网络逐步走向成熟。

1992年3月，常德市启动移动电话建设。建设分两步，第一步先上常德市，第二步上各县(市)，各安排8个信道。7月，常德市邮电局引进瑞典爱立信公司生产的900兆赫模拟蜂窝移动电话交换机设备，8月18日安装调试成功，成为全省继长沙之后第一个开通移动电话的地州市。工程总投资450万元，首期开通8个信道，最大用户容量120户。

1993年，常德市建立移动电话交换站扩容8个信道。各县(市)局引进移动通信设备，加快建设速度。9月8日桃源县开通移动电话，而后澧县、临澧、石门、津市、汉寿、安乡等6县相继在年内开通并实现全省移动电话联网，各县(市)移动通信容量均为8个信道。是年末，全市建立移动电话交换站一个，基站7个，移动通信信道72个。

1994年，全市模拟蜂窝移动通信交换机容量达50000路，信道增至166个。基站增至19个，其中，中央国有16个，地方国有3个；信道增至384个，其中，中央国有360个，地方国有24个。1995年6月25日，常德市本地网电话升位7位，移动电话同时升位，在原移动号码3位后插“0”。同年，市电信局引进并开通数字蜂窝移动通信，建成基站11个，常德移动通信由模拟进入数字通信时代，形成模拟与数字并存网络格局，年末，全市模拟基站增加到26个、信道增至788个。

1998年年底，全市电信计有900兆模拟蜂窝移动通信交换机容量65000个，基站32个、信道913个；数字蜂窝移动通信基站86个，载频总数2096个。1999年，常德电信将全市移动通信网络和设备全部划给常德市移动通信分公司。

2008年，中国电信收购中国联通CDMA移动通信网承接运营移动业务。5月，市电信分公司成立业务、网络、资产和综合4个专业组，负责联通CDMA业务收购工作，9—11月，市电信分公司接收中国联通常德分公司移交C网的有关档案。10月1日常德联通C网资产正式交割常德电信，包括网络和客户。常德联通移交给常德电信的网络包括C网的网络和设备，计移交C网基站206

个。　　同年 11 月,市电信分公司落实省公司电信基础设施共建共享的文件精神,成立共建共享领导小组,市电信分公司调配资源,开通 36 个基站。

2009 年,为提升 C 网基站覆盖效果,市电信分公司建成 1X 基站 306 个、EV-DO 基站 105 个,建设速度全省第一,期末 1X 基站达 511 个。开通 3G 业务,率先实现县级以上城市和主要乡镇的全面覆盖,乡镇 1X 覆盖率达到 100%,市区 EV-DO 覆盖率达到 87%。

五、数字和宽带通信网络和设备

1993 年 12 月,常德市建成并开通县以上大通路数字传输网、地市以上数据分组交换网和地市以上可视电话会议网,数字传输网新增光缆 42 公里。

1995 年,市邮电局实施全市 518”工程,全年 DDN 扩容 463 个端口,数字数据网节点机端口 464 个,语音信箱总容量 60 个。1996 年,市局投资 2300 余万元,将图像工程建设揉入全年户线工程设计,加快多媒体通信建设。9 月,常德市邮电局开通“路路通”服务平台,建成全市多媒体通信网、计算机互联网、计算机综合信息网等现代化邮电通信管理网,新增数据通信端口 1339 个。年末,全市分组交换节点机端口累计 474 个,分组交换 PAD 端口 108 个,数字数据网节点机端口 464 个,语音信箱总容量增至 120 个。1998 年 8 月,市局投资 450 万元建成常德市党政信息网并投入运行。

1999 年,全市分组交换节点机端口增至 598 个、中继电路带宽省内 1.73Mbps、本地网内 2.32Mbps;数字数据网节点机口增至 1831 个、中继电路带宽省内 28 Mbps、本地网 58 Mbps;IP 网端口总数达 45000 个、IP 网拨号服务器端口 2520 个;引进开通 ATM 电路技术,新增ATM 端口 40 个,帧中继端口 96 个,宽带业务网端口 136 个、宽带业务网中继电路带宽省内 932 Mbps、本地网 479 Mbps。

花岩溪铁塔

2004 年,市电信分公司接入网立项 732 个,投资 7964 万元;传输网立项 2 个,投资 432 万元;企业信息系统投资 7 个,投资 252 万元;IP 网立项 2 个,投资 272 万元;新增 ADSL 端口 2.2 万线、以太网端口 5082 端口、网线入户 3870 户、2M 电路 9 3 条,年末,全市电信基础数据业务用户端口增至 1102 个,分组交换用户端 57 个,帧中继 /ATM155Mbps 长途电路 4 个;互联网骨干网中继带宽

2.5G，互联网城域网中继带宽 10.5G。

2006 年，市电信分公司以“商务领航”为突破口，助力政府和企业信息化建设和推广应用。在市民政、财政、烟草、工商等 8 家单位，利用“极速通”实现市县互联，通过基础电路实现住房公积金的联网，通过初期综合布线使旺旺集团实现联网。完成企业 5 个全球眼 24 个监控点的项目和 2 个综合信息化解决方案。

2003 年，常德市以“百镇千村”宽带接入工程为突破口，开通全市 240 个乡镇的宽带。2004 年年末，全市宽带覆盖 282 个乡镇、1900 多个村。

2006 年，常德市启动“平安城市”创建，市电信分公司投资总额 2280 万元，完成武陵区 200 个点的建设任务。2008 年，市电信分公司承建“常德市城市治安电子防控系统平安常德二期工程监控点的建设，建成市城区治安电子防控系统监控点 589 个，有效地覆盖市城区大街小巷和重点防控地段。至年底，市电信分公司新增 874 个监控点。2009 年，常德市电子防控系统开通运行。

同年 8 月，市委组织部、市电信分公司联合发文，农村党员远程教育由村延伸到户，在农村大力推广电子阅览室。市电信分公司在全市开展争创“信息化新农村示范乡镇”和“信息化新农村示范村”创建活动。至 2010 年，4 年间，常德电信先后投入巨额资金建成农村信息服务示范点 255 个，全市农村 4 个乡镇 、656 个行政村通宽带。

2007 年 3 月，市电信分公司成立行业信息化专项工作小组及支撑工作团队，围绕常德“十一五”规划和信息化发展战略，制定行业信息化的推广和解决方案并督导实施。确立常德行业信息化“10 大工程”建设的工作目标：政务领域的电子政务工程、平安工程、数字城市工程；经济领域的企业信息化工程、商务信息化工程、农村信息化工程；文化领域的文化信息化工程、教育信息化工程；劳动和社会保障信息化工程、医疗卫生信息化工程，并细分为 24 个行业市场，包括公安、质检、水利、工商、税务、电力、社保、海关、宾馆旅游、数字城管、农业科技、信息社区、采掘制造、交通、烟草、石化、物流、商贸连锁、银行、保险、证券、科教、医疗卫生、新闻出版等。

是年，市电信分公司借助政府大力推广、健全“电子政务”的契机，建设推广“商务领航”行业应用项目。

2009 年 3 月，市电信分公司向市委、市政府专题汇报，承接“湖南省十大信息化工程”，成为全市电子政务、平安常德、数字城管、房地产税收一体化等信息化建设的主力军。2010 年 1 月，常德市人民政府与中国电信湖南分公司在信息化领域展开战略性的深度合作，签署推进“湖南省十大信息化工程”建设战略合作协议”，各区县市人民政府与常德电信分公司签订推进“湖南省十大信息化工程”建设战略合作协议。

是年，全市电信实施宽带城市全面提速、农村提高覆盖面及覆盖适度超前的建设策略，县分公司 BRAS（宽带远程接入服务器）出口带宽由 2G 提升为 5G；市区和县城区 DSLAM 用户由 2M 提升为 3M；乡镇 2M 上行的 DSLAM 设备全部改造或替换。是年，完成城市 54 个点宽带提速、农村 93 个点宽带前移，增加宽带端口能力 6 万线，城市宽带 4M 覆盖率从 73%提高到 98%，农村宽带覆盖率由上年的 80%提高到 85%。

六、联通 GSM 无线网络和设备

1999 年,常德联通开始建设 GSM(Global System for Mobile Communication)网络。常德联通 GSM BSS(Base Station Subsystem 基站子系统)设备为 Motorola 厂家生产,包括 BSC(Base Station Controller 基站控制器)、RXCDR (Remote Transcoder 远程解码器) 以及 BTS (Base Transceiver System 基站)。

常德联通 GSM 网由交换网络、无线网络及传输网络等构成。其中无线网络由码型变换/速率适配器(TRAU),基站控制器(BSC),基站收发信台(BTS),无线操作和维护中心设备(OMC-R)等组成。

1.GSM 无线网络设备

(1)无线网络(GSM)结构

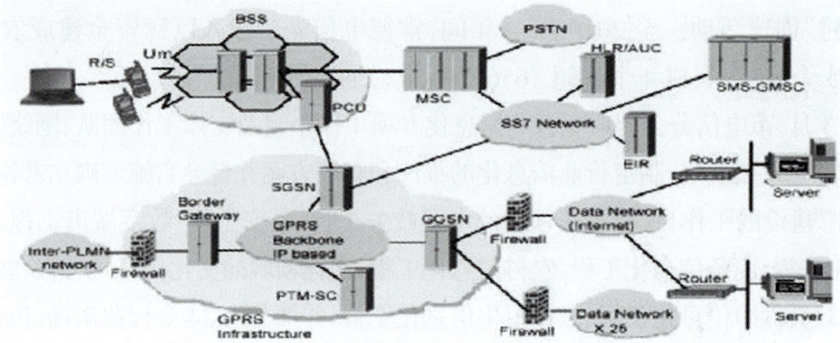

GSM 系统结构

(2)无线网络接口

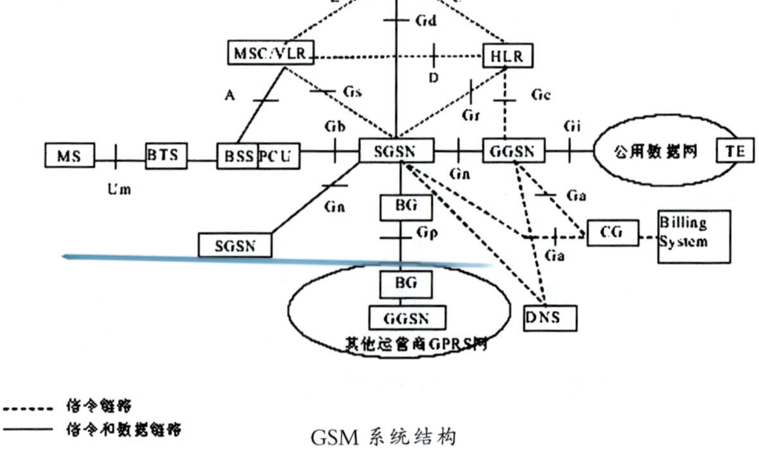

GSM 系统结构

①Um 接口(空口接口)

Um 接口(空中接口)定义为移动台与基站收发信台(BTS)之间的通信接口,用于移动台与 GSM 系统的固定部分之间的互通,其物理链接通过无线链路实现。

②Abis 接口

Abis 接口定义为基站子系统的两个功能实体基站控制器(BSC)和基站收发信台(BTS)之间的通信接口,用于 BTS(不与 BSC 并置)与 BSC 之间的远端互连方式,物理链接通过采用标准的 2.048Mb/s 或 64kbit/s PCM 数字传输链路来实现。

③A 接口

A 接口定义为网路子系统(NSS)与基站子系统(BSS)之间的通信接口,从系统的功能实体来说,就是移动业务交换中心(MSC)与基站控制器(BSC)之间的互连接口,其物理链接通过采用标准的 2.048Mb/s PCM 数字传输链路来实现。

④Gb 接口

Gb 接口定义为基站子系统(BSS)与服务 GPRS 支持节点(SGSN)之间的通信接口,用于交换信令信息和用户数据。其物理层可以采用 T1、E1 等多种物理接口。

(3)主要基站设备类型

①宏蜂窝基站

宏蜂窝基站是解决覆盖的最主要的技术手段,它为移动通信网络提供一个全面的、基本的网络覆盖,同时也是解决容量需求的主要手段。从基站类型划分,一般包括三扇区基站、两扇区基站、单扇区基站以及全向基站等几种类型。

工程主要考虑进一步完善现有的 GSM900 网络,增强市区、县城、近郊的深度覆盖。除遵循总体建设原则外,基站设置应考虑的原则:

②一体化基站

一些经济欠发达但有话务需求的地区如果用宏蜂窝覆盖的话,不仅建设工期长,而且投资大,建设成本高,因此一体化基站是一个很好的解决方案;一些租赁机房困难,而话务增长潜力不大的区域,采用一体化基站在满足同等网络需求的前提下,更容易实施。

③宏蜂窝基站的扇区分裂

宏蜂窝基站扇区分裂的实现方式是将某一扇区的射频信号按照设定的功率分配比例分配到不同的天线上,达到不同的覆盖或容量分配目的。这种方式可以应用到周围环境差异较大的情况或基站附近有特殊需求的情况,它能够有效提高宏蜂窝基站的利用率。

1)无线直放站

无线直放站是无线网络覆盖的有效补充技术手段,它无需传输电路、应用灵活、实施简便。但无线直放站的应用会引起反向干扰、带来的噪声提高等负面影响。因此建议无线直放站主要应用在偏远地区或室内小范围区域的覆盖补充。无线直放站一般可以分为无线移频直放站和无线同频直放站。

2)光纤直放站

光纤直放站是将基站的耦合信号通过光纤传送到远端,通过光电转换,再放大发射。它的优点是避免了射频直放站可能引起的无线干扰、导频污染等情况,但需要占用光缆纤芯;如新敷设光缆,则材料费用、施工费用会增加,实施相对困难一些。因此在光芯有一定余量的情况下,可以采用光纤直放站作为城区室内覆盖、郊区覆盖解决的技术手段。

3)塔放

塔顶放大器是放大上行链路信号,改善基站接收系统信噪比,提高接收灵敏度,增大上行信号覆盖距离;放大下行链路信号功率,增大下行信号覆盖距离。从而实现上下行信号覆盖范围同时增大,达到覆盖延伸和网络优化的效果。

④室内分布系统

室内分布系统是结合微蜂窝、直放站等信号源设备,通过有源或无源系统将无线信号分配到建筑物的各个楼层,以达到建筑物内部的全面覆盖。它是解决大型、特大型建筑物室内覆盖的必要技术手段。

2.WCDMA 网设备

(1)无线网络(UTRAN)的结构

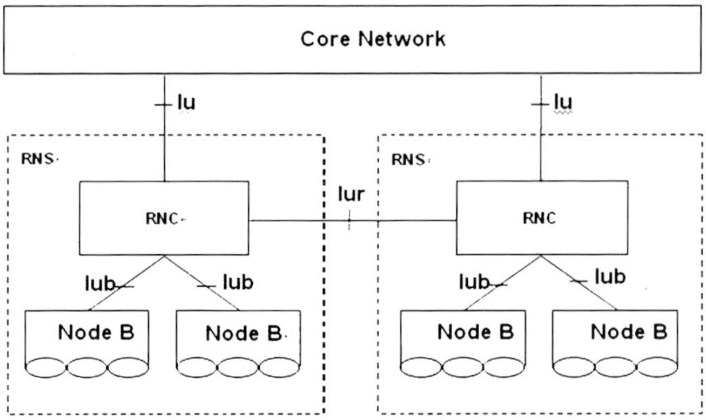

图 5 WCDMA 无线网络(UTRAN)结构图

无线网络包含一个或几个无线网络子系统 RNS,一个 RNS 由一个无线网络控制器 RNC 和多个基站 Node B 组成。RNC 与核心网(CN)之间的接口是 Iu 接口,Node B 和 RNC 通过Iub 接口连接, 在 UTRAN 内部无线网络控制器 RNC 之间通过 Iur 互联,Iur 可以通过 RNC 之间的直接物理连接或通过传输网连接。RNC 用来分配和控制与之相连或相关的 Node B 的无线资源,Node B 则完成 Iub 接口和 Uu 接口之间的数据流的转换同时也参与一部分无线资源管理。2001 年,全市分组交换节点机端口增至 598 个、中继电路带宽省内 1.73MBPS、本地网内 2.32Mbps;数字数据网节点机口增至 1831 个、中继电路带宽省内 28 Mbps、本地网 58 Mbps;

IP 网端口总数达 45000 个、IP 网拨号服务器端口 2520 个；为弥补 DDN 客户需求的不足，市邮电局引进并开通 ATM 电路技术，新增 ATM 端口 40 个，帧中继端口 96 个，宽带业务网端口 136 个、宽带业务网中继电路带宽省内 932 Mbps、本地网 479 Mbps。

数据网机房 CE 设备

第二章　通信业务

第一节　电报业务

1988年,常德全地区电报业务年交换量(包括来报、去报、转报)达320多万份(含慈利),全区电报去报突破百万大关,达102万份(含慈利)。

1989年,国家治理整顿,银根紧缩,常德相继撤销200多个公司,市邮电局专业部门抽出4人深入到82个承包户和部分单位,招揽业务。保持电报业务年去报量在80万~90万份,1992年达96.71万份。

1993年,常德建成5大现代化通信网,通信自动化和科技化程度的提高、现代通信手段相继落户常德,给传统的电报业务带来强烈的冲击,全市邮电电报业务急剧下降,国内公众电报去报下降到69.27万份。1995年全年电报去报降至40.04万份,1999年全市国内公众电报仅9.57万份。2000年后,使用电报业务的人越来越少,市电信局取消报房,在营业厅设临时报房,仅传递常德的气象电报,2004年,全市电报收入由2000年的58.52万元,下降到13.17万元,2005年,发展100年的常德电报业务基本消失。

第二节　主线电话业务

一、市话和农话

1989年,常德全市主线电话业务累计仅1.2万户,其中,主线市话8400余户,主线农话4000余户。全市市(县)城区人口60.8万人,市话普及率3.14部/百人,城市住宅户17.37万户,每百人拥有住宅电话仅0.74部,全市基层单位8974个,剔除小交换机用户,平均每个单位安装电话只1.3部。5月,市邮电局发展市话用户154户。

1991年,全市主线用户期末户达19992户,较1989年净增近8000户,其中,主线市话14301户,主线农话5691户;市话总数中,住宅电话3612户,为1989年的13倍。

1992年7月,市邮电局推出全市"1321"工程,即到1995年年末,全市电话主线达到13.21万户,普及率达2.56%。是年,全市受理市话信息6600多号,开工作单7200多张,净增市话计费用户2249户,其中住宅1275户,占净增总数的56.69%。1993年,全市邮电推出代缴话费邮储业务、电话租赁装机,开发公话市场,半年发展公用电话1200多部。1994年5

月，主线市话年查勘用户由 1 万增加到 3 万多户。市邮电局成立全省首家磁卡收藏协会，以启动和发展电话磁卡市场，成立 10 天，磁卡信托部销售各种面值磁卡 6 万多元。

1995 年，市邮电局实施“常德农村通信发展年”战略，涌现明星支局 9 个，其中，双百万明星支局 8 个，最高的突破 600 万元；全市 9 个县（市）区（含武陵区）共创建电话乡镇 5 个、电话村 49 个。12 月，临澧太平村、津市白衣乡，汉寿坡头、岩汪湖和安乡黄山头镇等 5 个乡镇列入湖南省经贸委和省邮电管理局全省达标第一批电话乡镇表彰，全省 220 个电话村常德占 49 个。是年末，全市主线用户净增 5.46 万户，其中，主线市话 3.77 万户，期末户达12.5 万户；主线农话净增 1.69 万户，期末户达 39802 户，提前 7 个月完成“1321”工程。

1996 年—1998 年，全市邮电主线业务持续保持高速发展态势，年均递增 4.6 万多户，其中，主线市话 2.63 万户，主线农话 2 万户。

1998 年 12 月，津市市局被省经贸委和省邮电管理局授予全省第一个电话(县)市。

1999 年 10 月—2000 年 6 月 30 日，市电信局 9 个月净增主线用户 20 万户，超前几十年总和 3.5 万多户。2000 年 2 月，湖南电信在常德召开“百万电话大行动”现场会，10 月，省经济贸易委员会、省公司联合授予常德市全省第一个“电话市”的荣誉称号，授予桃源县、石门县、鼎城区“电话县（市）”称号。是年，全市电信累计主线放号 85814 户，完成目标的 252%，全省排名第 1 位，期末达 340839 户，其中，住宅电话 290040 户。

2003 年，随着常德移动、联通、铁通、网通的成立和进入，常德通信市场形成多元竞争格局，相继推出“小灵通”“本地通”“四通卡”“芙蓉卡”“大灵通”。

同年 3 月，市电信局在全市城区推出“小灵通”业务。9 月 20 日，全市小灵通用户突破 4 万户。10 月，全省电信在常德召开“小灵通”业务发展与经验交流现场会。2004 年—2006 年，市电信局以小灵通为突破口，相继推出“银灵通”“单位担保通”“带机入网”“买一送二”“学子通”“娱乐租机”，推出超级无绳（一号双机）、ETS450（无线农话）等新业务。2004 年 5 月，全市小灵通突破 10 万户，主线期末户达 104 万户。2006 年小灵通突破 20 万户，2007 年主线期末户突破 120 万户大关，达 127.21 万户。其中，普通电话用 100.82 万户，小灵通用户22.07 万户，ETS450 用户 19093 户，公用电话 43189 部。2007 年是全市电信主线业务发展的顶峰。

2006 年 5 月，市电信分公司推出“三同三增”，帮助支局抓收入、抓发展，会同县级分公司支前人员下到支局搞“三同三增”。全市完成套餐签约 12.30 万户，增加现费收入 5650 万元。2007 年年末，全市固定电话在网用户累计 1077332 户，其中普通电话用户 891988 户，小灵通用户 150592 户。2008 年 4 月，市电信分公司拆除欠费停机超过 8 个月的普通电话用户 76837 户、无线农话用户 256 户，欠费 35 元以上、欠费时间超过 8 个月的预付费小灵通用户 23122 户。2009 年，全市电信在网主线固定电话用户 918151 户，其中，普通电话用户 778617 户，小灵通用户 108216 户，呈下降趋势。

二、长途电话

1988 年,常德长途电话以人工长话为主,半自动为辅。除常德市邮电局外,全市 8 个县市的长途电话均为人工接转。1989 年,市邮电局引进开通长途全自动设备,长途电话由人工、半自动进入全自动。是时,常德市邮电局把长全电话、“173”立接电话为发展重点,长话部门抓质量,改善服务,减少业务流失,努力提高长话接通率,全年完成长话业务量 76.06 万张。全市长途去话增至 201.75 万张,其中国内 201.59 万张、国际 248 张、中国港澳 1332 张。

1991 年,常德市万门程控电话开通,全市长途电话业务发展年均以 50%以上的速度递增。1993 年,市邮电局长话有效接通率月均达 91.84%,全年完成人工长话去话 25.38 万张。1994 年,全市长途直拨有权用户增到 86095 户,长途电话去话累计达 1690.96 万张,其中,国内长途电话去话 1686. 55 万张,国际电话 13298 张,中国港澳台电话 30751 张。1996 年,全市长话去话达 3463.61 万次,其中:国内长途电话去话 3458.14 万次,国际电话 18046 次,港澳台电话 36655 次。1998 年邮电分营,年末,全市电信长途电话去话减至 3047.07 万次,较 1996 年减少 416.54 万次,主要为国内长途减少,减至 3038.66 万次。1999 年,常德移动脱离,国家调低电信资费,常德市投入 70 个亿实施灾后重建,时值中华人民共和国 50 周年庆典,澳门回归及亚洲皮划艇赛 3 大盛事,常德电信长途点业务显著回升。年末,全市电信长途去话达3614.04 万次,其中,国内长途 3603.57 万次,国际长途 35624 次,港澳台电话 69118 次。

1998 年 10 月常德市电信局挂牌成立

1999 年,常德联通、常德网通及常德铁通向公众开放长途电话业务,常德长途通信业务出现多家竞争局面。常德电信先后推出 PHS 和 IP 电话,长话通话方式由单一的固定电话发展为传统固话长话、小灵通和 IP 网络电话。2005 年,全市电信长途有权用户合计 88.82 万户,其中,国际及港澳台 37882 户,国内 850306 户,其中住宅 27730 户,政企 2845 户,小灵通 7298 户;国内长途通话合计 12508.47 万次,通话总时长 25486.70 万分钟。

2008 年,市电信局经营 C 网,全市电信长话业务随着移动通信的发展和小灵通的萎缩而出现下滑趋势。2009 年,全市电信国内长途通话总次数 5759.61 万次。2010 年,全市国内长途通话计费时长 18060.89 万分钟,较上年减少 24.72%;国际长途通话总计费时长 84777 分钟,较上年减少 38.18%;港澳台长途通话计费总长 131021 分钟,较上年减少 17.69%。

第三节　移动通信业务

一、电信

1992年8月18日，市邮电局开通900兆赫移动电话，向公众推出移动电话业务，成为全省继长沙之后首个办理移动通信业务的地市。是时，移动电话入网费3000元，裸机价格2.7万元，双向收费，每分钟0.50元，“大哥大”被誉为身份的象征。在市邮电局举办的移动电话吉祥号码拍卖会上，常德市第一部大哥大903901被常德市德海公司以25万元的价格拍走。是年，全市移动电话净增116户，户月通信费676元。1994年，全市移动电话用户净增2848户，期末户达3409户，均名列全省第三；1995年4月，市邮电局清理大哥大黑户20台。11月，补收大哥大费用5.4万元。1996年，全市实行统一的销售标准，规定优惠限价。全年净增移动电话10666户，期末户数仅次于长沙，业务收入实现8144万元，成为常德邮电业务收入的一大支柱。1998年，全市移动电话用户净增27546户。1999年1月，市邮电局开办“常德通”模拟移动电话业务，全市移动期末户达70742户。其中，数字移动电话用户达35004户。

2008年10月1日，市电信分公司正式接管常德联通分公司C网，经营移动业务。联通公司11月14日停止办理C网业务。市电信分公司抓住机遇，大力发展C网集团用户，2个万位号段作为备选，通过189号码预放号。年底，市电信分公司签订《综合信息服务合作协议》208家，覆盖C网意向用户4160户。C网集团目标客户单位增加到1100家。12月，全市发展移动用户5385户，实现收入850万元。

2009年10月，市电信分公司在全市甄选出82家客户单位，拓展警务E通、工商E通、环保E通、烟草E通、司法E通、物流E通、保险E通、计生E通8个行业应用客户50家，用户3264户；综合办公客户26家，用户1455户；电子政务手机延伸应用、无线POS客户4家，用户100户。在全市农村市场开展移动业务。全市共发展固话乡情网9285个，发展乡情网手机7957户。2009年9月，市电信分公司和建行常德市分行合作，在全市范围内推行建行龙卡信用卡用户刷卡购买天翼手机和天翼无线宽带上网，持卡用户免息分24或12个月还信用卡款，客户根据套餐标准预存入网自由话费。年底，市电信分公司在全市天翼通信城、合作厅、专营店等社会渠道组织移动营销竞赛。全市社会渠道网

2002年，省电信公司总经理文会国视察常德电信社会代办点

点买断标准化熟卡16768张,激活用户13507户。

2009年3月,市电信分公司降低用户入网门槛,出台手机入网补贴政策。政策分单产品和融合套餐补贴。8月,市电信分公司实施新增客户自购终端入网承诺消费和在网时长,预存话费等补贴政策。10月,市电信分公司实施天翼套餐,涉及原商旅套餐、畅聊套餐、大众套餐及手机上网6种共27款套餐。

2009年,全市新增移动电话用户189688户,期末户达210404户,市场份额提升到6.31%。总数中,活跃用户190154户,移动拆机用户54828户,系统注销用户20180户,主动离网用户34648户。移动电话欠费停机用户63347户,占欠费总数的48.66%。

是年,常德电信在全市推出3G,以3G为契机,扩大市场规模。4月,市电信分公司组织3G手机促销活动,全市电信销售3G手机4081部,行业应用净增客户1553户。6月,市电信分公司与常德方正证券开展业务合作。同年9—12月,市电信分公司加快融合套餐的发展和3G终端的销售工作。

2010年,全市电信移动电话网上用户净增113407户,期末户达323811户。其中,单产品用户75730户,融合业务用户173019户。

二、移动

1.移动语音业务

1996年6月28日,常德"139全球通"数字移动电话顺利实现全省、全国联网。通信能力的扩充给移动电话业务发展提供可靠保障。

2.移动数据业务

(1)短信

1997年开展短信业务以来,因为短信操作简单、资费便宜、表达新颖、灵活方便,受到广大客户喜爱,业务一直快速增长。2001年开始,常德移动分公司加大短信平台建设和短信业务的推广力度,有效地促进全市点对点短信业务的快速发展。

(2)移动梦网

"Monternet(Mobile+Internet)移动梦网"是中国移动通信集团公司推出的移动数据应用服务的全国统一品牌,它通过为各SP(服务提供商)提供"公平、开放、多赢"的商业运行环境,为广大移动客户架设与互联网之间的桥梁,从而实现手机到互联网、互联网到手机的双向沟通功能,为用户提供及时、丰富、多元化和个性化的信息服务,使移动用户的手机从一部通信工具变成一个功能强大、综合性的信息终端,其服务涵盖通信、信息、娱乐、商务和位置、广告等特殊业务。

(3)彩信

MMS彩信是短信息服务的进一步发展,彩信除了可以传送文字信息外,还可以传送包括图像、声音、文本、动画各种形式的多媒体信息。它以 WAP 无线应用协议为载体，通过中国移动的 GSM/GPRS 网络，可以轻松实现即时的手机到手机、手机到互联网、互联网到手机的信息传送。2002 年 10 月 1 日，常德移动分公司对全球通签约用户开通彩信业务。

（4）MO 机上网

1999 年 5 月 17 日，市移动分公司对全球通签约用户开放手机上网业务。2005 年 4 月28 日，湖南移动 WAP 网关建成上线。

（5）梦网邮箱

2000 年 12 月，湖南移动建立梦网电子邮件系统，成为全国第一个率先向市场推出了以手机号码命名的电子邮件业务，业务名称为移动电邮，业务完全免费。

2003 年，作为全国第一个经营邮件业务的移动运营商正式向市场推出收费邮箱业务。业务名称变更为梦网邮箱。产品有 2M（免费）、10M（3 元／月）、25M（6 元／月）、50M（10/ 月）、100M（18 元／月）。

（6）手机支付

2003 年 5 月，市移动分公司开通手机支付业务，面向签约客户开放。

（7）移动 IP 电话

移动 IP 电话业务是指使用中国移动通信 IP 系统拨打国内长途固定电话和国际电话，从而享受到 IP 电话所带来的经济实惠。17950/17951 是中国移动通信 IP 网络接入号。

（8）百宝箱

百宝箱业务是中国移动向客户提供的可无线下载的应用程序及其服务的统称。客户用手机上网，从百宝箱业务门户（mbox.monternet.com，也可以通过梦网门户 wap.mo nternet.com 登陆百宝箱频道）上下载应用程序到手机后，就可通过运行这些程序获得类似于 PC 机上的游戏、娱乐、商务、生活等各种应用体验。这些应用既有单机方式使用的，如各类单机游戏、动漫画、小小说等；有联网方式使用的，如联网游戏、聊天交友、证券炒股、信息查询、城市指南、导航服务、收发邮件等。百宝箱业务于 2005 年 5 月在常德开放。

（9）手机定位

2005 年 9 月，市移动分公司开通手机定位业务，截至 2008 年，因定位他人业务涉及法律风险，除亲情通业务在设计推广外，其余逐步由集团统一归口管理。定位设备，如车务通等则由集团客户部作行业应用向集团客户推广。定位个人，如导航和手机地图，则由数据部作为开发业务试验。

（10）随 e 行

2002 年“5·17 电信日”市移动分公司推出随 e 行业务，随 e 行是中国移动面向商务人士、集团客户推出的，基于笔记本电脑、PDA 等终端，通过 GPRS 或 WLAN 无线接入互联网／企业网，获取信息、娱乐或移动办公业务的业务总称。

(11)企信通

企信通(移动集团短信通)业务是湖南移动针对集团客户提高办公效率、提升对外服务水平而开发的集团短信业务。企业或机关团体等集团客户可以通过电脑上网使用企信通业务,向拥有移动手机的员工或客户传送通知和信息。

3.语音增值业务

(1)主叫号码显示

主叫号码显示是指当手机有来电时,手机屏幕上自动显示来电号码的服务,客户可以通过显示的号码确定来电者的身份,并可以通过手机的记录查找已接听过的和未接听的来电。主叫号码显示业务自1997年开放以来,深受客户欢迎。

(2)呼叫转移

呼叫转移业务是指当客户不能接听电话时,可把来电转移到客户预先设定的语音信箱、移动秘书、全球呼、另一移动电话、固定电话或BP机上,让机主不受打扰的同时也不丢失任何来电。

(3)全球呼

全球呼业务是以GSM手机接收短信的方式实现对固定电话客户、移动电话客户的服务,具有方便、快捷、自动漫游和(来电)信息不丢失等特点,它包括短信寻呼与呼转短信二项业务功能。常德移动分公司于2002年1月开放该业务,2002年3月,建设新的全球呼业务平台。

常德移动铁塔

(4)彩铃

2004年4月,常德移动建设彩铃业务平台。彩铃业务开通后,受到客户的广泛欢迎。为加快业务发展,全省将彩铃业务营销渠道纳入产品开发体系,先后开通12530语音平台、12530短信、www彩铃网站、12580、彩铃SP网站等10多种彩铃业务受理渠道,开发集团彩铃、彩铃盒、大礼包、按键复制、彩铃DIY等彩铃新功能。

(5)12580移动秘书

2007年之前,移动秘书分为基本业务、包月服务和增值业务三大部分。12580移动秘书利用人工服务的简便、轻松、体贴,满足移动客户个性化、多方位的需求，为客户提供代接电话、机主留言等基础服务和信息类、交易类等增值服务，发展到包括生活信息查询、商旅、出行服务和媒体资讯服务三个子业务，让客户拥有全天候和全方位的秘书服务。

（6）语音信箱

语音信箱业务是类似于录音电话的一项服务，当客户未能及时接听来电时，可将来电转移到语音信箱中，让来电者留下“原声原味”的口信。

（7）语音短信

125858“语音短信”是一项类似于短信通信方式的语音增值业务，它通过主叫移动客户（不含神州行）拨打125858平台后录制30秒语音留言，在输入被叫中国移动客户（不含本省神州行）手机号码后，系统自动呼叫被叫号码，被叫接通后即可听到主叫语音留言，从而实现主叫客户发送语音留言给被叫客户的一项通信服务。

（8）语音杂志

12590语音杂志业务是中国移动通信为客户提供的语音信息服务。用户只需用手机拨打语音接入号码，就可轻松获得关于音乐、游戏、资讯、娱乐、休闲等多方面的语音服务。语音杂志业务所具有的可移动性和交互性为用户提供了海阔天空的自由。

（9）移动沙龙

12586移动沙龙业务是中国移动通信提供的一个供喜好聊天的朋友们相互交流的园地。通过用手机拨打12586XX号码，由多家各具特色的内容提供商为用户服务，将聊天真正做到随时、随地、随心，丰富人们的沟通手段。

三、联通

1.CDMA移动通信业务

（1）CDMA简介

2002年，中国联通CDMA数字移动通信网正式开通放号。我国的移动通信业从此又增加了一个新网络，广大通信消费者又多了一种新选择。

（2）CDMA体现出的优势

①CDMA信号使用整个频段，几乎是普通窄带调制效率的7倍，从综合情况衡量，对于相同的带宽，CDMA系统的容量要比模拟系统大10倍，比GSM系统容量要大4~5倍。CDMA基站覆盖是“单覆盖—双覆盖—单覆盖”，手机从一个基站覆盖范围漫游到另一个基站覆盖范围时，系统将信号自动切换到相邻的较为空闲的基站上，而且是在确认信号已经到达相邻基站覆盖区时，才与原基站断开。这些技术使CDMA既容量大，接通率高，又不易掉话。

②CDMA采用先进的数字话音编码技术，相当于使用多个接收机同时接收和合成不同方向来的声音信号。既可以使声音逼真，又可以保证在通话背景噪声较大的情况下，获得较

好的通话质量。

③保密性强。CDMA 码址是伪随机码,共有 4.4 万种可能的排列。

④电磁辐射小,有“绿色手机”的称谓。CDMA 系统采用随机接入机制和快速的功率控制、软切换、语音激活等先进技术,以及 CDMA 技术规范(IS-95)对手机最大发射功率进行限制,使得 CDMA 手机在实际通信过程中发射功率很小,电磁波辐射很低。

⑤节电。CDMA 采用功率控制和可变速率声码器技术,通话功率低,可以控制在零点几毫瓦范围,正常工作功率小,能源消耗也小,手机电池使用的时间自然也就长。

2.GS 移动通信业务

常德联通分公司机房

2004 年,全球有超过 10 亿人使用 GSM 电话,GSM 电话占到全球移动电话市场份额的 70%。1998 年至 2000 年之间 GSM 用户大幅增长,导致的主要原因是移动运营商推出预付费电话服务。GSM 是 Global System For Mobile Communications 的缩写,由欧洲电信标准组织ETSI 制订的一个数字移动通信标准,GSM 是全球移动通信系统(Global System for Mobile communications)的简称。它的空中接口采用时分多址技术。自 20 世纪 90 年代中期投入商用以来,被全球超过 100 个国家采用。GSM 标准的设备占据当前全球蜂窝移动通信设备市场 80%以上。GSM 是应用最为广泛的移动电话标准。

3.G&C 世界风业务

“世界风”将针对用户的不同属性在全国推出具有针对性的业务套餐。这种套餐的最大特点在于,用户只要根据每月话费额度选择相应套餐之后,就能享受到“市话、长途、漫游一个价”的资费,其资费最高不超过 4 角,最低只有 2 角 5 分。

“世界风”业务是中国联通为满足用户多样化的通信需求独家推出的一项全新移动通信服务,它能够让您仅用一部双模手机就可在 GSM、CDMA 两种移动网之间自由切换,享受两网特色优质服务。其优势主要表现在以下三个方面:

①增值服务更精彩:使用“世界风”业务后,都能使用 CDMA 1X 丰富多彩的无线数据业务。

②全球漫游更畅通:目前在世界上,韩国、北美等国家的移动通信网络主要是 CDMA 网络,欧洲国家多是 GSM 网络,GSM 和 CDMA 两大移动通信阵营无法相互自动漫游,确实给人们出国旅行带来了诸多不便。“世界风”最大的特点是支持在 GSM 和 CDMA 两网间自由切换。它即能在使用 GSM 网络的国家和地区漫游,也能在使用 CDMA 网络的国家和地区漫游,真正实现一机在手畅游全球。

③网络覆盖更完善:国内任何一张移动通信网络都难以做到 100%覆盖完善,但是通过两网保障、自由切换,这样就可以使出现盲区、盲点的可能性大为减少,移动通信就更加有保障。

第四节　无线通信业务

1988 年 7 月,市邮电局开通无线寻呼业务,是继省会长沙之后第一个开办寻呼业务的地州市,建成当年寻呼用户发展 173 户,累计获利 12.6 万元,半年收回投资。

1989 年 6 月,市邮电局抓住常德市电视台通过寻呼寻人抗洪救灾的时机,调整经营策略,推出下浮购机价,集团性购机优惠减免服务费,改善服务,激活市场。武陵区一单位一次性就购机 10 台。同时,市邮电局把寻呼作为全局的三大业务之一,纳入企业行政目标管理体系,实行全员发展,设立寻呼发展奖,员工走向社会全员招揽,形成发展的良好氛围。

1991 年 8 月,津市邮电局在全省县级局中率先开办无线寻呼业务,9 月,澧县相继开通。是年末,全市有 3 个局开办无线寻呼业务。当年,全市邮电净增无线寻呼用户 646 户,寻呼期末户累计 1225 户,完成寻呼收入 47.34 万元,用户使用传呼频次达 64.8 万次,较上年净增 42 万多次。1992 年 3 月,省邮电管理局在津市局召开全省无线寻呼业务现场会。同月,为迎接 92 中国湖南常德桃花源游园会的召开,桃源县局引进开通无线寻呼系统,推出寻呼业务。8 月,石门、临澧、汉寿开办无线寻呼业务。至此,全市邮电无线寻呼用户净增 4498 户期末户 5648 户。

1993 年,安乡县、鼎城和西洞庭相继建成寻呼站和差转台。全市各县市均向公众开办无线寻呼业务。同年 7 月,市邮电局开通汉字寻呼系统。8 月,市邮电局自己研制的自动寻呼系统投入运行,寻呼由数字传输向汉字传输的转变,由人工向自动寻呼的转变。全市净增寻呼用户 10471 户,期末户达 16119 户。是年,常德电业局积极筹备并开通汉字寻呼系统,成为常德第一个社会寻呼台,在寻呼市场上与邮电展开竞争。

2000 年 10 月,湖南省经贸委、湖南省电信公司授予常德市全省第一个电话市称号

1996 年 5 月,根据澧县局改变 BP 机收费方式的探索,全市邮电系统改变 BP 机服务方式,实行主叫付费,即:取消由持机人缴纳服务费的固定方式,实行由主叫按次缴纳收取,每呼叫一次在市话费用基础上加收 0.30 元。收费方式的改变,使 BP 机收费难的问题得以解决,全市 7000 多部 BP 由“死”机变为“活”机,市邮电局固定改计次当月,寻呼次数 10 万次,直接创收 30 万元。同年,全市新建寻呼七频点发射系统。是年,全市完成 BP 机放号 35382 户,完成年计划的 194.41%,位居全省榜首,期末户 103488 户,全省排位第三。

1999 年,国家对电信体制改革,常德电信将寻呼业务剥离给湖南电信常德寻呼公司,全市划拨电信无线寻呼用户 189855 户,不久,全部无偿划归常德联通公司。

是年,省电信实业公司推出新蓉园寻呼。2001 年,全市统计报表上电信新蓉园寻呼用户仍有 16.5 万户。2002 年后,市电信分公司的统计报表取消新蓉园寻呼用户。

第五节 互联网业务

1.互联网接入业务

(1)窄带接入

2002 年,市移动分公司随湖南移动开放互联网拨号接入业务,该业务作为一种传统的窄带数据业务,通过拨号方式向用户提供 Internet 服务。

(2)专线接入

专线用户上网业务指用户通过租用专线,接入中国移动互联网湖南省网、实现政府上网、企业上网。

(3)宽带接入

宽带接入业务是通过各种宽带接入技术,为用户提供接入移动互联网的 Internet 服务。2007 年随着行业管理的加强,湖南移动完全退出宽带接入业务市场。

2.互联网增值业务

2006 年 3 月,常德宽带增值业务平台开发完成,一期共接入四家互联网内容服务提供商,分别提供互联网影视类流媒体服务、互联网棋牌类游戏业务(可将手机和互联网相结合)、互联网竞技类游戏业务及互联网音乐类业务。

2003 年 10 月 1 日,中国联通公司互联网拨号业务接入号码由 165 升位至 16500。

第六节 增值与转型业务

一、电话增值业务

电话增值业务包括程控新功能、168 电话语音信息服务、电话、小灵通、手机的来电显示、短信等。

1991 年,常德程控电话开通后,三方通话、闹钟服务、免打搅服务等程控的新功能均向社会开放。10 月,市邮电局向公众提供有偿服务的音乐、曲艺电话业务。1993 年 10 月,市邮电局开通 168 电话语音信息服务系统,为公众提供信息查询服务,拉开常德邮电增值业务发展序幕,次年全市大部分局开通 168 语音信息台。1994 年,市邮电局采集录制有价值的信息 570 多条,130 多小时信息量,散发宣传资料 3 万份,提高 168 知名度。1996 年 9 月,市邮电局建成“路路通”服务平台，推出 114 查号，126 人工寻呼，公众电话秘书服务，160 信息服务等业务。1998 年3 月，市邮电局开通“121”气象查询系统业务。是年末，全市 160 信息服务 18.08 万次，累计 178.27分钟；168 声讯拨打 142.96 万次，合计 380.54 万分钟。

2003 年，市电信分公司先后推出电话聊天、与电台、电视台互动节目及农村科普、医疗专家热线等业务，实现声讯业务平台收入 412 万元。2005 年，市电信分公司将增值业务定位于收入增长的“助燃点”，以灵通短信等业务为重点，加大拓展力度。根据不同季节的市场消费特点，分步骤推出重点促销方案和新业务：一季度重点推出来电显示与农家乐、生活百事通组合的“信息帮手”套餐业务及灵通短信业务，全市净增来电显示用户 4.1 万户，整体收入规模达110 万元。4—8 月，市电信分公司在全市开展小灵通七彩铃音增值业务促销，发展七彩铃音用户 6.2 万户，实现业务收入 60 多万元，月收入规模达 20 多万元。是年实现中、高考信息查询收入 102 万元。截至 2005 年,全市固话来电显示用户 106948 户，较上年增加 9251 户，来电显示业务渗透率 58.55%，较上年增加 2.51 个百分点；PHS 短信业务用户 47419 户，较上年增加 490 户；七彩铃音用户 24182 户。PHS 用户短信量 3640.83 万条。电话信息服务拨打次数22.06 万次，较上年增加 18.74 万次，其中信息类服务拨打 87515 次，电话电子商务类服务拨打次数 11.90 万次，省内联网节目信息拨打 20.90 万次，较上年增加 17.58 万次。

2006 年 9 月，市电信分公司相继推出超级无绳、固网彩铃、电话收音机等业务，3 个月发展固网彩铃 7000 户，月收入达 3.5 万元。其中常德卷烟厂 1600 部电话全部开通商务彩铃，每月新增收入 8000 元。2007 年 1—3 月,市电信分公司推出电话收音机业务，通过电话收听本地平台的湖南卫广、常德经广电台、鼎广电台、儿童节目、农村信息化节目和信息发布，固定电话每月 5 元封顶，3 元包月，60 元包 2 年。2 季度起，全市开展集团彩铃试用和企业版超级信使使用推广。截至 2008 年，全市电信固话来电显示用户 62.22 万户，其中普通电话用户 46.67 万户，小灵通用户 14.52 万户；超级无绳电话用户 48245 户，小灵通实用短信业务用户 55279 户，成功发送短信量 5835.93 万条；七彩铃音用户 200567 户，其中，普通固话 14.53 户，小灵通 55214 户；全市电话信息服务节目数量 129 个，电话信息包月用户数 2900 户，信息服务年拨打 209.76 万次，拨打时长 1138.05 万分钟。

2009 年，常德电信电话增值业务随通信手段的变化、业务的升降而起伏。2010 年,来电显示用户达 72.77 万户，移动用户剧增，普通电话和小灵通用户锐减。超级无绳用户 19555 户、七彩铃音用户 47.36 万户、小灵通短信用户 12445 户；成功发送短信 4428.83 万条，电话信息服务拨打时长 714.53 万分钟，其中，实用信息查询类 198.49 万分钟，省内联网节目拨打 412.01 万分钟，综合娱乐类服务 298.06 万分钟，本地节目拨打时长 282.68 万分钟。

二、互联网增值业务

互联网增值业务以常德丽声影院、金花、网上跑符子、足球射门、商业名片、星空家园等网络产品开发出来的业务为主。

1997 年,市邮电局成立信息业务连锁店,共同开发建成 169 常德信息港,推出丽声影院业务,提供网上点播服务。2000 年,市移动分公司推出移动 IP 电话、WAP 手机上网、中英文短消息、手机银行、GPS 车载移动电话等多种移动增值业务。

2010 年 4 月,常德市电信分公司在常德顶冠天逸大酒店举办商务领航行业应用推介会

2001 年,常德信息港"丽声影院""丽声世界"访问量每天一万次以上。2003 年,市电信分公司网页制作、服务器托管等数据增值业务实现收入 60 万元。2004 年,市电信分公司对常德信息港的"丽声影院"进行品牌包装和技术改造。4—8 月,市分公司发展声讯、互联星空的增值业务,用户分类按协议标准、包年、包月、按次收费;丽声音乐包月、包年、按用户点播、按格式收费。新装宽带用户赠送丽声影院免费账号,丽声影院期末用户突破 1 万户。2006 年 5—7 月,市电信分公司开展丽声影院、天气预报短信、声讯平台、网络游戏平台增值业务营销,取得较好的效果。

2008 年,市电信分公司与湖南墨成和数码科技有限公司合作,成功开发畅游网络棋牌游戏平台。

三、转型业务

1999 年,市移动分公司开发出一系列移动电话新业务功能,继主叫号码显示之后推出中文短消息服务、呼叫等待、呼叫转移、三方通话、语音信箱等新业务。

2000 年,市移动分公司推出移动 IP 电话、WAP 手机上网、中英文短消息、手机银行、GPS 车载移动电话等多种移动增值业务。

2001 年,市移动分公司年末短信普及率突破 30%。移动 IP 普及率达 21%。

2002 年,市移动分公司新业务先后推出 IP 充值卡、GPRS、全球呼。

2005 年,市电信分公司应对行业市场,出台 3 套行业应用解决方案,确定 25 家重点客户单位和重点项目,民政、财政、烟草、工商等 8 家单位通过"极速通"实现市县互联,通过基础电路实现住房公积金联网。

2006 年 5 月,市电信分公司推出号码百事通转型业务,通过电话、互联网、IPTV 等服务通道为用户提供本地综合生活信息咨询服务,为企业及商家提供商品信息发布平台。产品包括行业首查类、查询转接类、信息发布类、通信助理类及其他拓展类,涵盖衣食住行等 54 个行业，451 个小类。首期推行行业首查、特点报号、查询转接等 7 类产品，当期签定家政、餐饮、汽车维修等 10 家行业首查单位，卫生防疫等 4 家信息发布单位，公积金等 4 家坐席出租（费用催缴）单位，工行等 3 家节日慰问单位。2008 年，全市电信号码百事通政企客户合计 5737 户，其中，行业首查类 475 户，查询转接类 4487 户，信息发布类 25 户，通信助理类 759 户；订票、订房、订餐呼叫次数 47195 次，有效数 6412 次。黄页业务政企客户数 6347 户，发行电话黄页 3 万份。2010 年，常德市行业首查类业务政企客户 6773 户，查询转接类业务政企客户7727 户；百事通加盟客户 4579 户，商旅服务类业务政企客户 344 户，订机票、订房、订餐44299 张（次）。同年 8 月，市电信分公司举办企业信息化解决方案推介会，全市落实 8 家单位，包含常德烟草公司、常纺机等 5 个全球眼项目、1 个综合信息化解决方案、1 个信息发布项目。同年，市电信分公司推出商业名片、IDC 等产品推广方案，一次性发展商业名片用户507 户，IDC 主机托管 5 台，实现业务收入 15 万元。

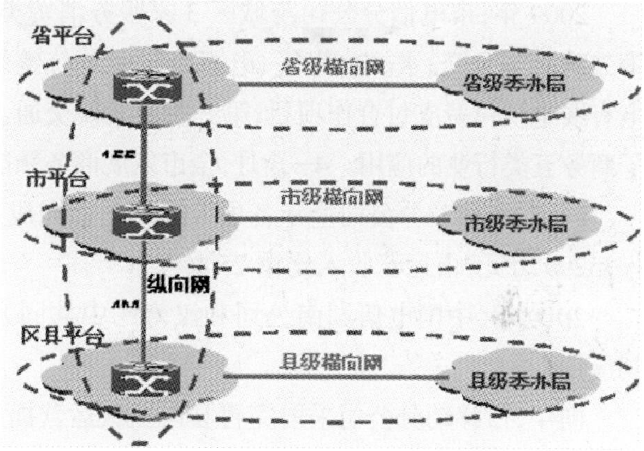

常德市电子政务横向网、纵向网示意图

2007 年，市电信分公司着力推进“电子政务、平安常德、电子商务、信息校园、数字医院、数字城管”。

2007 年，市电信分公司借助政府大力推广“电子政务”的契机，加大商务领航重点行业应用项目推广，相继开展“区县电子政务” 和“商务领航”。市电信分公司引导政府消费观念，争取政府领导和各级部门支持，从应用层切入，提供从网络建设到政务应用的解决方案。是年，全市实现“商务领航”17 个重大项目的商机转化，新增收入 905 万元，签约电子政务应用框架协议、市房地产税收一体化管理系统、平安常德、数字城管等，发展全球眼 313 个；签约完美联盟酒店 113 家。 2008 年 5 月，安乡县电信分公司承担县政府视频会议系统的安装建设，应用省电信公司新视通平台组建视频会议系统，建成安乡视频会议中心，将视频会议终端延伸到安昌、安保等 4 个重点防洪大院，用于现场工作布置和应急指挥工作。2009 年，市电信分公司完成城区电子政务横向网建设，建成市委电子政务办公 OA 系统，投入应用。完成全市 150 家市直单位接入“电子政务工程”系统。信息技术与通信技术融合产品 ICT 业务在各行业全面开花，IDC 主机托管业务取得进展， 用户托管服务器台数 28 台，2010 年增至 104 台。

是年，市公安局加快“平安城市”的建设，第一、第二期建设完成 423 个监控点建设。同年，市电信分公司成功签约教育城域网系统集成项目。

2007 年 8—10 月，市移动分公司联合电脑公司为城区及周边地区 200 多家网吧的6000

多台电脑安装飞信PC客户端,共发展飞信用户3700多户。

2008年,完成汉寿、澧县两个区县教育局数字校园业务,开通44所学校数字校园平台业务。6—10月,市电信分公司建设监控点达589个。年底,市电信分公司针对网吧、休闲娱乐场所、物业小区、高危生产行业、商贸连锁行业普及全球眼。年末,全市电信监控业务拥有全球眼用户66户。

2009年,市电信分公司与城区3家服务消费类商家签约,与一家二维码应用商家签约;第二阶段与公交、水、电、煤气、电视等行业单位签约,新增电子商务加盟商家36家,完成广电有线电视付费支付合作项目;第三阶段实现交通、公共事业、娱乐事业、校园、商品零售等电子商务五类行业的应用。4—6月,全市发展商务领航套餐2139户,其中全业务套餐1379户。

同年,市移动分公司全年各项KPI均超额完成省定目标值,全年完成数据及信息业务收入35299万元,占运营收入比重25.8%。

2010年,中国电信湖南公司和汉寿一中共同开发完成平安校园产品,并在汉寿一中成功应用。

同年,市移动分公司采取完善县市三级运营提升管理能力、拓展电子渠道开展精细化运营、加强稽核确保业务发展有效、运用深运平台重点发展创收型、战略型和重点数据业务等措施,确保我市数据及信息业务均衡、务实发展。全年累计完成数据及信息业务收入3.79亿元,完成年目标的103.76%。

四、卡式业务

1.电话SIM卡

1996年,常德市随湖南移动公司开通运行GSM移动通信网络。这是一种既灵活又安全的方式,通过SIM卡对客户身份进行鉴别,并对通话时的语音信息进行加密。

2007年市邮电局、市移动公司“兄弟杯”竞赛

2.手机充值卡

2000年6月,常德移动推出全国统一的智能网预付费业务,发行“神州行充值卡”。该卡是神州行预付费客户的唯一交费方式。“神州行充值卡”有50元、100元、300元、500元四种面值,每种面值对应一定的有效期,客户随时随地拨打业务接入码13800138000即可办理充值、查询、挂失等业务,每次通话结束后立即扣减账户话费。

2001 年 8 月，市移动分公司开发省内缴费卡业务，发行 50 元、100 元、200 元、300 元四种面值“缴费卡”，省内移动客户拨打业务接入码 13800731505 即可实现 24 小时自助缴费。

2005 年，手机充值卡盛行。常德的充值卡销售网点遍布城乡，深入社区。2008 年，手机充值卡成为移动电话用户最便捷的缴费方式之一。

3、IP 卡

2001 年 5 月，湖南移动发行移动 IP 记帐卡。此卡是一种密码充值卡，兼有 17950 移动IP 电话和 INETERNET 上网业务两种功能。

第七节　数据与宽带业务

1996 年，市邮电局利用数据网先后与常德中国银行、建设银行组建同城通兑系统和全区票据清算系统，共发展端口 241 个。多媒体业务发展用户 1700 户。1998 年，市邮电局投资兴建的全市党政信息网投入运行，专线用户达 1015 对。10 月，湖南大学多媒体教育学院网上大学在常德建成，11 月 6 日开学，首批招收本科班学生一百余名。1997 年 6 月，石门县局与石门二中联合创办的湖南大学现代远程教育学院石门教学站成立，首届招生 30 人。1999 年初，全市公交会议提出全市所有企业上网推介产品，寻求合作伙伴，市邮电局按市政府要求对上网企业给予优惠，积极培育利用电话、电脑提供社会服务的行业，开发电子商务、电话股票交易等新业务。是年末，全市分组交换用户 112 户，数字数据（DDN）用户 695 户，计算机互联网（CHINANET）用户 1184 户，本地网电信电路出租 2M，数字电路 181 对。

2000 年，市电信分公司在全市开展以 IP 上网用户和电话主线为主要内容的“30 万工程”。抓住“企业上网年”的有力契机，抓好政府上网、企业上网、学校上网、家庭上网 4 个上网工程，全市各区、县（市）均开通政府网站，市电信分公司在市区五强溪基地、电力局、常德烟厂等 10 多处建成大型宽带城域网，发展宽带用户 800 多户。年末，全市 IP 上网用户净增 8.08 万户，期末户达 9.70 万户。包月制用户新增 1153 户，远程教学学员 646 人，政府上网单位 81个，“一线通”用户 1153 户，IP 非注册用户 63294 户，电子商务用户 159330 户，宽带上网用户800 多户。市电信分公司与银行证券公司联合推行电子商务业务，在全市实施网上证券、网上银行。2001 年，采取现场营销、现场受理、现场安装和边建设、边发展、边优化方式，全年宽带用户净增 1.6 万户，期末户达 2.86 万户，基础数据用户新增 193 个，出租数据电路 108 个 2M；2004 年，市电信分公司利用“百镇千村”宽带接入工程机遇，净增宽带用户 2.65 万户，实现宽带业务收入 4607 万元。年末，全市电信互联网窄带接入用户 8.05 万户，宽带用户 6.37 万户。2005年 1—7 月，市电信分公司推出 6 套校园“宽带无限”营销政策，拓展校园市场；清理、整顿宽带黑户 168 起，联合市公安局重点打击 4 起，解除私接 56 起，营销成功 34 起。共发展宽带用户18150 户，实现增量用户收入 1060.20 万元。年末，全市电信宽带用户累计 93863 户，较上年净增 30177 户，ADSL 用户达 50617 户，电信接入网吧 860 个；电信基础数据业务用户按2M折算总数980.68个,DDN业务用户端口按64K折算总数1874个,帧中继业务用户端口按128K折算总数1006个,ATM业务用户端口按2M折算总数858个,分组交换业务用户端口按9.6K折算总数266个。用户ARPU宽带54.17元/户·月,DSL用户55.64元/户·月,LAN用户52.44元/户。

2006年8月,市委组织部、市电信分公司联合发文,农村党员远程教育由村延伸到户,在农村大力推广电子阅览室。市电信分公司在全市开展"信息化新农村示范乡镇"和"信息化新农村示范村"创建活动,建设农村信息网站,引导农民体验信息化的好处。农民可以通过互联网来发布信息,村委会在网站上进行政务公开。

2007年4月,市电信分公司从政企、公客、校园、农村及网吧市场等5大市场全线出击。对政企市场进行拉网式营销,主推10M光纤接入和宽带提速升级;对城市公众、流动客户市场,实施宽带产品重构,主推宽带产品主流套餐。对商业门面开展宽带普及行动,拓展"酒店完美联盟",对茶楼、歌厅、西餐厅、娱乐城等休闲娱乐场所推广宽带接入;学校市场,做好宽带10M光纤接入。在农村中小学拓展电教室上网,与北京四中网校合作,开展"读北京四中网校,送电信宽带"促销;农村市场,争取政府支持,推广农村电子阅览室普及活动,全面恢复农村远程教育的宽带点;网吧市场,实行24小时障碍查修服务和按10M和100M实行不同的资费标准的宽带提质提价工程。7月,市电信分公司对工商部门提供的黑网吧进行清理、核实、关停。"决战2007"宽带业务拓展中,市电信分公司在全市开展"3000万好礼连环送,星空极速大奖周周拿"的抽奖活动。市电信分公司引入带宽、限时、服务和应用等元素,改变统一带宽、单一价格的接入模式,将带宽区格为512K到4M不等,价格调整为68元/月到128元/月不等,实行带宽差异化、价格差异化、应用差异化、服务差异化。宽带产品重构后,通过资源配置、优化产品、加大宣传、强化执行,全市电信实现品牌客户的规模扩张和收入增长,业务发展较上年同期提高15.8%,宽带收入同比增长36.01%。全年发展"我的e家"客户23983户,拉动新装宽带10060户,全省排名靠前。是年,市电信分公司引入WI-FI无线宽带技术,率先安装在常德花之林茶楼,网络连接速率可达到54Mbps,开常德无线宽带上网之先河。是年底,市电信分公司建成开通高等职业技术学院、常德文理学院、凯悦大酒店等20多个无线宽带网络。2008年,全市各县市全面推出,首期投资建设超过500个网络节点,涵盖学校、酒店、展馆、商务楼、休闲中心,高档住宅小区等。常德城区实现全面的无线宽带网络覆盖。

常德市电信分公司下南门营业厅

2008年6月,市电信分公司全面完成包括"万纤"工程、"光进铜退"及接入点扩容工程、

WLAN 热点建设一二期、农村 DSLAM 下移点的年度宽带能力建设，并从服务、质量、营销资源方面予以保障。配置 40 万元“万纤工程”定制路由器，制作 1.6 万份宽带礼包赠送新增户。优化我的 E 家品牌体系，推出光网互联、高带宽业务，发展高带宽用户 57 户、光网互联用户 540 户。全年通过品牌经营、专项营销活动、专项资源配置和全员劳动竞赛，发展我的 e 家 e6 客户 3821 户，e8—1 客户 43138 户，e8-11 客户 2471 户，光网互联 874 户、高带宽用户 69 户。品牌发展拉动新装宽带 867 户。

2009 年 3 月，市电信分公司实施宽带跨越工程，包括服务跨越、网络跨越、应用跨越和营销跨越 4 个跨越。

2010 年，高带宽应用成为提升宽带价值的重要驱动力，光纤宽带带来互联网业务的广泛应用，为宽带市场的高速增长注入新的活力。

第八节　新业务

1999 年至 2010 年，市移动分公司创新电信业务新功能，发展一系列新业务：

1999 年，开发出继主叫号码显示之后推出中文短消息服务、呼叫等待、呼叫转移、三方通话、语音信箱等新业务。

2000 年，推出移动 IP 电话、WAP 手机上网、中英文短消息、手机银行、GPS 车载移动电话等移动增值业务。

2001 年年末，常德移动短信普及率突破 30%，短信月收入由年初的 6 万元增长到年末的20 多万元。移动 IP 普及率达 21%。

2002 年，市移动分公司推出 IP 充值卡、GPRS、全球呼等业务。

2003 年，市移动分公司组织全市范围内新业务“随 e 行”有奖问答、“GPRS”、“彩信”路演、“动感之旅”的路演；推行“企信通”“IP 直通车”“随 e 行”“手机支付”等数据业务。

2006 年，市移动分公司推出“新入网客户用彩铃送话费”“短信月月发”“两彩—MO”“客户送彩铃”，按季抓入网用户新业务普及率的提升和新业务行业应用。

2007 年 8—10 月，市移动分公司联合电脑公司为城区及周边地区 200 多家网吧的6000 多台电脑安装飞信 PC 客户端，发展飞信用户 3700 多户。11 月联合 A8 音乐集团在湖南文理学院举办以“我的音乐地盘”为主题的歌友会。

2009 年，市移动分公司拓展校园、网吧直销等新业务销售渠道，全年各项 KPI 超额完成省定目标值，全年完成数据及信息业务收入 35299 万元。

2010 年，市移动分公司围绕“快乐 100”开展品牌营销，采取完善县市三级运营提升管理能力、拓展电子渠道开展精细化运营、加强稽核确保业务发展有效、运用深运平台重点发展创收型、战略型和重点数据业务等措施，确保全市数据、信息业务创新发展。

第九节　数据与固定通信业务

联通数据面向社会提供基本数据业务、IP电话/传真、IP全部服务内容、电子商务、中继电路、会议电视/远程教学/远程医疗及多种增值业务。

1.193长途业务

中国联通长途网拨号便捷、通话清晰、资费优惠,并将建成一个核心网络分组化、业务控制分离化、接入技术多样化的综合业务网络。面向所有企业、个人及家庭有国内国际长途通信业务需求的用户,提供服务形式:一、向用户提供注册国内长途、国际长途直拨业务;二、向用户提供193长途电话卡;三、提供专线接入。业务分几类:193长途电话卡,此卡是一种预付费卡,面值分别为50元、100元、300元和500元,可转账充值,用户可至各地联通营业厅或所有联通指定代理销售点购买193长途电话卡。193长途注册电话业务:用户电话经登记注册即可通过联通长途电话网拨打国内、国际长途电话;国际、国内长途专线接入业务,通过专线汇接向专用网用户和集团用户提供国际、国内长途接入业务。

2.IP数据业务

2005年,电信运营商IP电话通话时长达到453.4亿分钟;2006度电信运营商IP电话通话时长达到779.6亿分钟;2007年IP电话通话量达到2.01亿分钟。 语音IP业务, 利用联通IP网与国际互联网及其他电信网相连接,向用户提供国际、国内长途电话服务。

IP电话取代传统的IDD电话,成为现在人们生活、工作中不可缺少的一种通信工具。常德联通数据网面向社会提供基本数据业务、IP电话/传真、IP全部服务内容、电子商务、中继电路、会议电视/远程教学/远程医疗以及多种增值业务。联通数据网提供IP电话,在因特网上采用数字压缩和包交换技术传输语音。

3.“全能通”付费卡业务

全能通具有高品质、低资费、多功能的特点,面向用户使用,表现形式为储值卡。使用方式灵活,操作异常简便,随心使用。电脑、手机、固话上均可使用,无需换卡换号,无月租,无使用期限,即充即用,无时段、无漫游限制,统一超低资费,计费准确。是常德联通推出的一项新业务。

4.16500互联网业务

2003年10月1日,中国联通公司互联网拨号业务接入号码由165升位至16500。16500是中国联通公司互联网拨号业务接入号码,

5.宝视通业务

宝视通业务中国联通宽带视讯业务网基于中国联通ATM综合业务的承载平台, 是全国统一的、真正面向商业应用的运营网络,采用先进的IP技术,结合H.323技术体制。其业务功能包括:

①通过宝视通可视电话,拨打可视电话,可以听到对方的声音,看到对方及其周围的环境。

②拨打IP电话,资费按照17910IP电话的资费标准收取通话费,方便又节省。适用于政府、行政单位、大中型企事业单位、医疗卫生系统、教育、培训系统、企业、个人。

第三章　客户服务

第一节　营业网点

一、自办网点

1989年，常德地区邮电局更名为常德市邮电局时，邮电局所250处。

1999年，电信移动分营，市移动分公司以及县、区（市）营业部门执行“以代办为主、自办为辅”的营销原则，加大市移动分公司和县、区（市）营业处自营厅的建设力度。是年，常德移动分公司建立代理、代办点，形成以专业厅为骨干，以代理代办点为延伸的营销网络体系。建设办公大楼主楼一楼武陵大道营业厅，进一步扩大营业网点范围。10月，常德联通分公司开办1家自营厅和7家代办网点；12月，常德联通形成“凡有移动电话信号覆盖的地方，都有移动业务代办点”。

2000年，国信寻呼公司与中国联通合并，新建下南门自营厅，将各区县国信寻呼营业点改造成常德联通自营厅，增加8个自营厅，接管9家国信寻呼社会网点。

2001年，市移动分公司拓展农村代办代渠道，开展“百强代办网点”评选活动，形成一套行之有效的农村市场开发模式；同年，市联通分公司在全市范围内建设自营厅9家，社会网点40家；2002年，建自营渠道9家，社会网点80家。

2006年11月，市移动分公司实现“一乡一店，一村一人”的渠道建设目标。市移动分公司自建营厅21家、自营厅外包14家、自建他营厅195家、指定专营店14家、乡镇营业部26家、他建他营厅827家、二级渠道3260家，合计4357家；同年，市联通分公司在德山建点，共10家自营厅；是年底，全市发展社会渠道390家。

2007年，市电信分公司建设电信网点35个；2009年，装修改造网点110个点，建成农村支局小家189个，完成345个综合信息服务站的标识等基本设施配置。

2008年，市电信分公司在全市新增移动自建他营店107家，手机连锁超市6家、24小时自助厅16个。同年，汉寿、西湖分公司，在人流量较多地段购买场所作为自营业厅；常德联通全市新建合作联通自营厅16家、专营店42家、代办点10家。市联通分公司实现有网络覆盖就有渠道布局的战略。以一级渠道建设为基础，二级渠道建设为补充，形成立体化、多元化的“网格式”渠道格局。启动“渠道风暴”建设竞赛。要求各区县分公司的渠道建设与网络建设齐头并进，“交叉、同步”进行，达到渠道合理布局、高效建设、均衡发展的目的。

是年，市联通分公司重点开展二级渠道建设工作，制定《二级渠道维系与新建执行方案》,新建二级渠道 831 家,完成率为 104.8%,二级渠道累计数量 1548 家,完成率为 105.9%。

年末,市电信分公司在全市组织开展优质服务专项整治,内容包括装修移服务有电话、宽带障碍修复及时率、电话、宽带重复障碍申告率、普通客户装移机履约准时率;10000 号/114 服务有客户接通率、应答及时率、客户服务满意率等。全市新建联通合作厅 16 家、专营店 45 家、代办点(交纳押金的)10 家。

2009 年 3 月,市电信分公司利用通信市场繁华地段的自有房产建设天翼手机卖场。以专区、专柜形式分品牌经营手机、上网卡、电脑+上网卡+宽带,受理新装业务和缴费,面向社会招标引进经销商、品牌手机代理商经营。当年,市电信分公司在规定时限完成省分公司下达的 6 个天翼通信城装修改造任务,改造场地 1820 平方米。

2010 年年底,市联通分公司新建及保佑合计专营店 1532 家,便民点 1189 家,村级联络员2653 人。市联通分公司全年新建合作厅 42 家、专营店 232 家,完成省分一级渠道全年任务的 228%,全年的一级渠道建设完成情况基本达到 2009 年前建设的总和,60%以上的乡镇实行一镇两店或一镇多店。年底,全市新建及保佑联通专营店 1532 家,便民点 1189 家,村级联络员 2653 人。

同年,市移动分公司装修改造 58 个农村区域中心,正式投入运营。管控现有自控厅,新建 55 个自控厅、100 个指定专营店。

二、代办网点

1989 年,全市邮电代办所合计 70 个。1992 年,全市邮电代办所随着乡镇行政区划的调整,市邮电局将自办改为代办,邮电代办网点增加,年末代办所达 63 处。

1996 年,市邮电局成立代办管理科,各区县市局按照省、市局部署,设立代办股,配备专职代办管理人员,从市局到县局到支局形成较完整的代办管理体系。上半年,全市新建代办点 674 处,完成代办收入 1633 万元。是年末,全市邮电代办网点增至 1800 个。

1999 年,全市电信委托代办点增至 199 个,电信缴费点扩大到 698 个。

2001 年,市电信分公司拓展农村代办代渠道,开展“百强代办网点”。

2003 年, 城市电信代办已发展 3 个一级经销店、22 个指定专营店、12 个社区全业务受理的客户服务部、40 多个代办点。2004 年,全市电信城市代办点已发展 273 个。

2006 年 11 月,市移动分公司基本实现移动代办网点“一乡一店,一村一人”。

2008 年,市电信分公司加大社会渠道建设、管理,对社会代办渠道按月销业务给予补贴。

2009 年,市电信分公司开发“便利服务网点”和推广多渠道便利缴费,提供电子售卡及缴费、空中充值和全业务充值付费、营业厅自助缴费、网厅、掌厅缴费等服务。城区宾馆、高校、邮政驿站建电子售卡或全业务充值卡;网吧、政企单位、社区门房、居委会、生活小区、集

1992 年 8 月 18 日，常德市移动电话开通，当日市邮电局举办开通庆典和特殊吉祥通信号码拍卖会，常德市大哥大第一号 903901 被常德德海公司以 25 万元高价拍走

团签约单位、公话代办点、邮政报刊亭、烟酒直销店、城乡结合区大中型市场等建空中充值或全业务充值卡。农村每个农村模块点建立 1 个以上的空中充值网点。2010 年，全市新建天翼通讯城 6 家，合作厅 8 家，专营店 112 家，代理店 102 家，便利型服务网点 560 家，24 小时营业厅自助缴费厅 9 个，新增室外终端数 11 台，新增室内终端数 12 台。

2010 年，全市新建天翼通讯城 6 家，合作厅 8 家，专营店 112 家，代理店 102 家，便利型服务网点 560 家，24 小时营业厅自助缴费厅 9 个，新增室外终端数 11 台，新增室内终端数12 台。常德电信分公司自建营厅 21 家、自营厅外包 14 家、自建他营厅 195 家、指定专营店14 家、乡镇营业部 26 家、他建他营厅 827 家、二级渠道 3260 家。

第二节　客户渠道与服务

1989 年，市邮电局客户服务由局风建设部门管理，客户服务作为局风建设的重点指标，省邮电主管部门和地方双重检查、考核，且阶段性进行局风建设。市邮电局内部实行内部检查监督和社会监督员制度。1992 年，局风建设由阶段性转为经常性，但仍设专人管理，重点放在装移电话、障碍查修和服务态度方面，纳入目标管理，逐月考核，受理和调查处理用户反映的市话装机难、维修难等热点问题。

1994 年 5 月起，市邮电局统一由督察科受理和调查处理用户反映的市话装机难、维修难等热点问题，并向社会公布投诉电话，实行专人受理、专簿登记、及时下达“整改通知书”，收到显著效果。同年，安乡局机务员采用高级语言编程，在全市县(市)局中，率先实现障碍处理自动化。6 月，澧县局成功解决澧县局长途电话计费难的问题。同年，市邮电局开展科技兴局，组织攻关，攻克 921 纵横制质量的难题，重新启用 6000 门纵横制交换机进大网，电话接通率提高 15%。

1995 年，市邮电局成立客户服务管理科，配齐 5 名管理人员。各县按市局的要求均设立客户服务股，配备专人，明确职责，并出台一系列客户服务管理、考核办法，形成全市邮电客户服务管理体系。当年，市邮电局客户服务工作获邮电部企协组织评价综合得分全省第二名。同年一季度，网管集中监控中心成立。经过监视监控、整改，C4、C5 局的通信质量得到提高。是年底，全市来话、去话接通率分别达 41.34%和 41.05%，较集中监控前提高 4.14 和 7.15

个百分点;电路可用率达 99.3%,超过全省网管考核指标,网路质量由全省第 13 上升至第 3 位;电信传输交换维护人员由改革前的 56 人,精减到 35 人。

1996 年,全市长途电话来话、去话接通率分别达 51.6%和 46.98%,比上年提高 6.87 和 6.24个百分点,在全省综合考核排名位居第 3,市邮电局市话障碍发生率和修复及时率分别达到2.7%和 97.8%。

1999 年,邮电分营、移动脱离。市电信局客户服务转变观念,树立“用户至上、用心服务”的客户服务理念,秉承“以市场为导向、以客户为中心、以效益为目标”的宗旨,强化客户服务。同年,市移动分公司开通 1860/1861 和“移动 2000 综合业务管理系统”,具有业务查询、用户投诉、话费自动查询、欠费自动停机、语音自动催缴等多项功能。市联通分公司2G 开展时代客户享受的服务,客户通过“10010”客服服务专线,享受客服经理信息查询、接通客户经理电话、用户信息查询、用户特色服务、业务办理、积分兑换等服务。24 小时享有“一对一”大客户经理服务:客户咨询、投诉受理、新业务推广、授权优先业务办理等,同时根据用户话费的消费结构,为用户推荐适合的资费套餐、增值业务等;在进行业务变更、存缴话费、投诉受理等业务时,可以通过营业厅绿色通道享受到优先服务;根据用户申请,享受免费寄送账单与详单或免费寄送账单并 EMAIL 详单的服务;据个人申请,结合动态信用度管理,在一定时间内内,根据客户的消费情况进行信用提升;通过拨打客服电话或联系客户经理,提供预约营业厅业务办理快速通道。

2000 年,市电信分公司对企业内部组织架构进行调整,30 个职能管理部门精简为 5 部2 室 1 会,企业客户服务更贴近市场和客户。

同年,市电信局购置 30 多辆皮卡小型汽车,按中国电信 CI 标志进行装饰,推出“装查快车”,使常德市区电话、宽带的安装、维修由自行车、摩托实现汽车自动化,装查速度得到极大提高。市移动分公司根据“让利得利得市场”的经营策略,加强代办代销工作力度,成立代办代销业务管理中心,各县(市)分公司也相继成立相关机构,由于措施得力,移动业务代办网点迅速发展起来,使公司原有的单一营销模式实现向社会营销模式的转变。2000 年年底,代办户所发展的用户已占全公司发展的用户的五成以上。5 月 15 日,移动银行联网缴费系统投入试运行,市农业银行正式开办代收移动话费业务。

同年 12 月,市电信分公司全面推行客户服务的“首问负责制”。主要范围涵盖全市电信实体渠道、直销渠道、装维部门和服务部门,营业员、客户经理和装维经理及客户服务人员。制定《客户服务现场管理奖罚标准》,实行机关部室挂钩县(市)局服务质量连带责任制度。全年考核职能部室 18 次,明察暗访 8 次。

是年,市联通分公司开启 3G 时代客户 10018 VIP 优先、专属服务。在营业厅 VIP 服务专区/ 专席 / 专柜,提供优先办理业务服务;客户等待时间不超过 10 分钟;通过 10018 VIP 服务专线提供的专属服务,向 VIP 客户提供业务咨询、办理、投诉等业务。同时提供客户经理专属服务、移动业务授信服务、移动业务免费补卡服务、免打扰服务、亲情服务、通信理财、存(缴)

费提醒服务、机场/火车站绿色通道服务、3G特色服务、预约办理服务、委托代办、维系服务、健康服务、汽车服务;4G时代享受的服务,除3G时代服务延申外,增加微博、微信在线服务。

2002年1月,市电信分公司配合“营维合一”维护制度改革试点,自主开发营维支撑系统,建立三级考核体系,市、县整体推进。

同年,市移动分公司制定《2001年度全市移动通信客户服务质量竞赛考核办法》,形成一整套较完整的服务标准指标体系。加强1860服务热线建设,保持较高的1860接通率。加强大客户的日常管理工作,成立全球通俱乐部,制定俱乐部章程,制作发放俱乐部VIP卡和会员证,逐步建立与完善大客户、集团客户资料档案,推行大客户经理负责。对大客户开展诸如发送祝福短信、紧急停开机、免费复制SIM卡、免费维修、VIP延伸服务等一系列亲情化、个性化的营销服务;制定代办渠道“稳定、规范、升级”的工作方针:一是为加强代办市场管理,掌握销售市场的主动权,开通与工行的联网收费业务。二是合理规划、分级管理,重点培育新型专业化、服务性更强的代办网点,带动社会代办整体质量的提高。三是强强联手,优势互补,扩大企业合作范围,重点加强与邮政的战略合作,同时还与邮政开展“兄弟杯”竞赛活动。四是加强代办的佣金管理,要求总额控制、专款专用。建立以客户满意为中心的考核体系,实施客户满意工程,通过聘请第三方人员进行明察暗访,组织客户回访、满意度调查、各单位交叉拨测等方法,全面公正考核各单位服务工作。引入客户评价制度。4月,开通短信话费查询(催缴)业务。在大客户服务方面,一是分类对10%的个人大客户进行资料摸底和建档;二是对全球通俱乐部会员推出赠送手机、保险、话费等优惠,免费为其更换STK卡,为金、银卡客户推出免费赠订报纸杂志和推行“1+N”亲情号码业务等差异化、个性化服务;三是在全市范围正式推出集团单位VPMN业务。

2006年5月17日促销活动

2003年,市移动分公司开展“温馨热线”服务质量竞赛活动。加大培训力度,严格“星级服务员”评定和“末位淘汰”制度。同年,市电信分公司实行流程重组时期,设置前后端组织型的内部架构,建立以客户响应为中心的前后端联动的客户服务机制。客响中心为前端各业务单位和后台各支撑单位的唯一接口,协调和全程管控前后端的客户服务。

2004年,市移动分公司扩大代办网点、代理渠道,使营销与服务继续向广大农村延伸。通过承诺“话费误差,双倍返还”、推出“电子免填单”“诚信文本”,缩短了客户受理业务的时间。通过“客户满意率公示”、实行“两单一票”改革,创新服务模式。通过客户服务“阳光行动”,建立了一套完整的以客户感受为导向的客户投诉快速反应机制。大客户服务管理更加精细,3100多个集团客户及55000多名个人大客户资料更加完善:落实“三区”“三代”服务。建立集团单位稳定网络。常德市个人大客户在网率为99.74%，名列全省第一，保持率为66.56%,名列全省第二。集团客户在网率为99.83%,荣获该年全省集团客户“开拓杯”竞赛一等奖。7月,市电信分公司开展以“树立诚信服务,优质服务新风,优化电信行业发展环境”为主题的活动。8月,省通信管理局局长、省通信行业协会会长、省纠风办等一行6人对市电信分公司行风进行民主评议,全市电信行风评议获得全省第一。同年,市电信分公司开发“电话注册付费丽声影院系统”,基本解决丽声影院增值业务的服务缴费矛盾。

同年2月,市电信分公司在全市开展无线市话网络优化竞赛,包括信道掉话率、接通率、切换成功率、时隙忙拒绝率、频率忙拒绝率、信道可用率等10项竞赛指标,主要考核维护管理、网络指标、网优落实情况3大内容。同年,市电信分公司参加中兴公司组织的全国80多个本地网的网络质量评比,名列全省第一、全国第六。市移动分公司实施营销渠道整合规划,完善代办管理制度,开展代办分组竞赛,加速营销服务网络转型。全年城区渠道网点布局更为优化,自建自营网点达到20个,自建他营网点也达到25个。全市城乡联网代理店的覆盖率达到65%以上,普通代理店的覆盖率达到95%以上。

2005年,市电信分公司为提高小灵通网络覆盖质量,组织市场、网优人员深入摸底调查,选取一批信号弱、话务量大、投诉较多的酒店、办公楼,进行信号测量、拨打测试,并针对相关基站进行话务统计。是年,市电视台新大楼、电力局办公大楼、水利局办公楼、首创房产等17处场所实施无线室内综合覆盖系统建设。4月,市电信分公司推行电信服务星级管理。全市电信涉外工种人员(含合同制工人、劳务工)均参加星级服务员评定。评定设1~5级,评定标准分为服务、质量、服务素质考核标准和绩效考评。推行电信服务星级管理。全市电信涉外工种人员(含合同制工人、劳务工)均可参加星级服务员评定。评定设1~5级,评定标准分为服务、质量、服务素质考核标准和绩效考评。服务标准以集团公司的《电信涉外窗口服务工作规范》为依据,质量标准有8条,分为工作和服务差错情况,客户有理申告、服务规范、安全事故、通信规定和执行“首问负责制”情况等;服务素质考核标准分1~5级,包括服务规范、业务知识,计算机操作技能和语言水平,每级要求不同,3级(含3级)以上要求英语。3星级以内由市分公司每年考核、评定一次,以上由省公司评定,并颁发证书。同年,市电信分公司完善客户服务管理制度,兑现客户服务奖惩,在全体员工中推行客户服务首问责任制,要求每位员工都能解答客户疑难。

是年,市移动分公司以提升客户满意度为契机,主动征求客户意见,以客户感知为标准,注重解决实际问题,以关爱客户为要点,认真做好客户回访工作,提升客户满意度。制定《常德移动VIP客户信用管理办法》,明确对全市VIP客户进行信用管理。全市电信受理省公司调度单和前端部门业务需求单853张,开通831张,开通及时率97.4%,其中省公司的达100%;处理主线、宽带装移机工单106045张。

2006年,市移动分公司制定渠道整合规划,新建、改造自控营业厅46家,率先在全省实施24小时自助服务厅,建设数量与速度均居全省首位。组织客户投诉处理及资讯流转竞赛,建成全闭环电子流管理系统,快捷响应客户投诉,强化外呼营销功能。积极开展"阳光行动"竞赛和"满意100"服务提升活动。实行了营业厅排序考核制度,在全省率先成立"服务质量检查班",每月暗访、督导和考评。并与绩效承包挂钩。市移动分公司调整大客户组织机构,实行按区域、按行业分组营销服务。与市委宣传部合作,实施"万村报栏工程",并借机在全市A、B类集团单位大建宣传橱窗,高效率、低成本地抢占了宣传阵地,开展区域化营销和集团客户圈地扫盲活动。调整联络员的合作模式,组织A、B类集团单位现场宣传促销。4月,市电信分公司组织开展"畅游灵通"无线市话网络深度优化竞赛活动。竞赛设置质量指标有忙时来话接通率、短信发送成功率、掉话率、基站可用率、无线渗透率等。竞赛采取现场检查测试和通过网管提取数据相结合的方式进行评分。竞赛结果纳入年度运维目标管理考核,全市进入全省竞赛排名前6名。5月,市电信公司完善星级服务员管理,调整星级服务员评定比例,各县分公司三星级以下的由各自评定。

2007年,市移动分公司与市消协联合,举办"感谢常德、感谢客户—诚信服务满意100"活动启动仪式,将"诚信服务满意100"作为"3·15"的宣传主题。对全市自有营业厅进行规范,启动营业厅服务咨询服务项目。开展全市投诉管理分组竞赛,组织部分投诉客户进行户外联谊活动,开展了SP客户关怀,投诉客户跟进回访,营业厅满意度套餐营销等50多项回访工作;新建渠道网点117家:城区新建自建自营厅24家,自建他营厅23家,VIP俱乐部1家,24小时自助服务厅5家,农村新建自建自营厅10家,自建他营厅54家。4—11月,市电信分公司在全市开展为期8个月的"富民通"网络整治优化提质活动。

1992年,常德市住宅电话热席卷常德城区

2008年3月,市电信分公司实行电信服务质量责任追究制度,以加大客户服务管理。是年,常德移动客户服务规范有序,组织开展"金牌服务满意100"活动,大力提升三大窗口的服务能力。市移动分公司新增自建他营店107家,手机连锁超市6家、24小时自助厅16个。

5月,市电信分公司在全市范围内实施"让市场放心、让客户满意"服务工程,重点解决障碍修复、业务开通、客户投诉、费用纠纷、差异化服务等服务问题。同年6月,市电信公司对"我的e家""商务领航"客户试行差异化服务,重点突出"尊享服务、优先服务、贴心服务"等服务。

同年,市联通分公司提供一系列客户服务。**"10010"客服服务**:享受客服经理信息查询、用户信息查询、用户特色服务、积分兑换等;**大客户经理服务**:客户咨询、投诉受理、新业务推广、授权优先业务办理等“一对一”。主要节假日,VIP 大客户经理的个性化短信温馨问候服务。出行时免费目的地的天气预报、路程建议等。根据不同客户需求,为用户提供优惠、消费积分或免费家政、订水、订报、送奶、保险等;**最高折扣服务**:全国范围内的餐饮、休闲、娱乐等各种客户俱乐部协议单位实行最高折扣,携程、艺龙公司提供的全国酒店、机票预定和商户的最高折扣;联通商旅服务热线“10191”提供的全国酒店、机票预定及订单查询;全国范围内的绿色通道、贵宾休息厅和固定活动场所;**优先接入服务**:10010 自动识别客户身份,以最高接续优先级接入 10010VIP 专席人工服务;**优先办理服务**:自有营业厅单设 VIP 客户排队队列,在营业厅 VIP 服务专区 / 专席 / 专柜,提供优先办理业务服务。客户等待时间不超过 10 分钟;**10018 VIP 服务**:10018 VIP 服务专线向 VIP 客户提供业务咨询、办理、投诉等业务。VIP 客户经理通过 10018 VIP 服务专线,为 VIP 客户提供每周 7×8 小时专人服务,咨询 / 投诉受理、新业务推广、授权优先办理业务等。通过 10018 VIP 服务专线为客户提供营业厅预约业务办理服务;为客户提供健康咨询服务、本地预约挂号服务和体检服务;每个客户可享受每年 3 次本地指定医院预约挂号服务, 每年 1 次不低于价值 100 元体检服务; **免打扰服务**:为客户提供相关业务推广的短信、电话;**短信祝福服务**:通过短信、彩信或电话等方式,在重要节假日或客户重要纪念日给予温馨问候,并向客户寄送贺卡;免费生日祝福,客户生日赠送不低于 80 元生日礼物或由客户通过 VIP 客户礼品网站自主选择生日礼物;**免费赠送服务**:3GVIP 客户可凭 VIP 卡享受全省 3G 玩家俱乐部不限次免费清洁手机服务。每年为 3G 钻卡 VIP 客户免费赠送适合其手机的手机贴膜 1 张、免费安装收费应用软件 10 款;每周为其推荐热门 3G 应用,每月邀请其参加 1 次 3G 玩家俱乐部活动。在 3G 钻卡 VIP 客户有需要的情况下,提供上门 3G 应用辅导服务;**汽车服务**:为客户提供洗车、汽车保养、汽车代驾、当地车辆道路救援等。为客户提供的汽车服务价值每年不低于 100 元。

12 月,市电信分公司收购移动“C”网,为保证移动网络平稳承接,整体提高网络质量,达到或超过新业务放号的条件,市电信分公司开展 CDMA 网络维护整治工作。

2009 年 3 月,市电信分公司客户端安装维护部门增设 VIP 服务及应急服务和品牌服务班组,电子渠道增加 7 名宽带障碍预处理人员;宽带维护人员每人配备 ADSL 测试仪等和工具包及全套工具,每 2 人配备 1 台笔记本电脑,品牌装维人员每人 1 台笔记本电脑。公司专业人员上门对所有宽带客户进行一次上网速度测试,安装星空极速客户端服务软件,教会用户使用,帮助用户进行杀毒等简单维护,赠送杀毒“宽带礼包”,解决宽带服务过程中的问题,降低重复障碍发生率。10 月,市电信分公司出台《基础服务再提升攻坚行动执行手册》。提出基础服务方面 32 个需整改的问题、落实责任部门、承接部门,限定完成时限。4 月,市电信分公司对用户装机查修服务管控进行责任考核,制定《用户装机查修服务管控责任考核办法》。考核执行流程进行规范和明确,所有考核要求直接到人。

同年,市移动分公司突显移动服务优势,全面开展“便捷服务满意 100”活动,制定详细服务计划,拓展服务思维,创新服务举措。是年,市移动分公司购置 13 个农村区域中心,完成农村区域中心的装修建设正式投入运营。新增37个自控营业厅，建设4个手机卖场及8个终端售后服务中心，确保终端销售市场份额。

2010年2月，市电信分公司在全市开展“3·15专项整治行动”。成立专项行动小组，下设整改攻坚组、投诉处理组、危机公关组3个专项工作组，快速整治热点问题。高端拍照用户保有率为86.40%，高于85%的管控目标。在服务投诉管控上，通过快速高效处理投诉、深入分析投诉原因、坚持责任追究和考核，全年固网投诉量相比2012年1月下降59%，投诉工单流转及时率、按时办结率、客户满意率均达到99%以上，名列全省优质服务工程前茅。客户服务年度考评全省第一。是年，市移动分公司追求精细化服务管理，主要从网络质量、新业务产品质量、客户关爱活动三方面着手，全年拟定52项满意度提升举措。

第三节　网上营业厅

2006年年底，市电信分公司开展网上营业厅宣传推广。

2008年，市电信分公司推出网上营业厅和自助缴费。

2009年，全市电信自助缴费终端18台，其中室内13台，室外5台；同年，市电信分公司通过交费送积分、送你品、抽奖、与金融部门合作、员工网厅缴费体验等活动推介网厅掌厅缴费。

2010年，市电信分公司新增自助缴费终端23台，其中，室内12台，室外11台。是年，中国联通网上营业厅推出服务项目：为用户提供话费询、话费充值、业务办理等服务，还提供购买3G号码、4G号码、3G套餐购买、4G套餐，手机购买，手机配件购买和充值卡购买等服务。用户凭用户名和服务密码登陆联通网上营业厅即可实现交话费；查话费，办理业务、营业厅查询、手机号码归属地查询等自助服务；市联通分公司网上营业厅提供7×24小时服务；话费、业务开通情况、营业网点等查询类服务；各项联通业务办理服务；手机卡、手机、充值卡、手机配件等销售服务；有线宽带公众用户测速服务；受理用户投诉或在线咨询、在线导购：受理产品政策、订单物流等商品的在线咨询；通过“智能机器人+人工”两种互动服务方式，受理联通业务、活动的在线咨询。

第四章 品牌服务

第一节 电信品牌

1989年,市邮电局开通长途全自动设备,长途电话由人工、半自动进入全自动服务。

1989年以来,电信业务服务品牌包括电报、长途电话、市话和农话等传统业务,和新增的无线寻呼、移动电话、数据通信、多媒体通信、宽带业务、长途“173”立接电话、长全电话、鲜花礼仪电报、真迹传真、市话复式计次、公用电话、声讯、短信等。

1991年,市邮电局程控电话开通三方通话、闹钟服务、免打搅服务等程控新功能,所有服务均向社会开放。10月,市邮电局向公众提供有偿服务音乐、曲艺电话业务。1992年8月18日,市邮电局开通900兆赫移动电话,向公众推出移动电话业务服务。1993年10月,市邮电局开通168电话语音信息服务,为公众提供信息查询服务。

1996年9月,常德市电信局建成路路通“服务平台”,推出114查号,126人工寻呼,公众电话秘书服务、160信息服务等业务服务。

1997年,市电信分公司开通常德丽声影院、金花、网上跑符子、足球射门、商业名片、星空家园等网络产品开发出来的业务服务。4—8月,发展声讯、互联星空的增值业务,用户分类按协议标准、包年、包月、按次收费。

1998年3月,开通“121”气象查询业务服务。

2003年,市电信分公司推出电话聊天、与电台、电视台互动、农村科普、医疗专家热线等服务。3月,市电信分公司在全市城区推出“小灵通”。2005年1—7月,市电信分公司推出6套校园“宽带无限”服务。

2006年5—7月,市电信分公司开展丽声影院、天气预报短信、声讯平台、网络游戏平台等增值业务服务。9月,推出超级无绳、固网彩铃、电话收音机等服务。

2007年,市电信分公司以商务领航为推手,按照常德行业信息化“10大工程”目标,着力推进“电子政务”“平安常德”“电子商务”“信息校园”“数字医院”“数字城管”“我的e家”“区县电子政务”“商务领航”等多种服务业务。

2008年,市电信分公司与湖南墨成和数码科技有限公司合作,成功开发畅游网络棋牌游戏平台,开通“跑胡子”“翻三皮”“斗地主”“三打哈”“抹子”“湖南240”“三人三百分”等多款本地游戏。

2009年10月,市电信分公司拓展警务E通、工商E通、环保E通、烟草E通、司法E通、物流E通、保险E通、计生E通共8个行业应用服务,与公交、水、电、煤气、电视等行业单位签约，落实广电有线电视付费支付，实现交通、公共事业、娱乐事业、校园、商品零售等电子商务。

第二节　移动品牌

1996 年，常德移动通信开放移动数据业务服务。是年，常德移动享受湖南 GSM 移动通信网络服务。

6 月 28 日，市移动分公司开通移动话音业务服务。“139 全球通”数字移动电话顺利实现全省、全国联网。

1997 年开展短信业务，因操作简单、资费便宜、表达新颖、灵活方便，受到客户喜爱。

1999 年 5 月 17 日，市移动分公司对全球通签约用户开放手机上网服务业务。

2000 年 6 月，市移动分公司推出智能网预付费服务，开始发行“神州行充值卡”。12 月，常德移动并入湖南移动梦网电子邮件系统，为客户提供梦网邮件服务，成为全国第一个率先向市场推出以手机号码命名的电子邮件业务。2002 年 1 月开放全球呼服务，“5·17 电信日”，推出“随 e 行”服务。2002 年 3 月，市移动分公司建设新的全球呼业务平台。2003 年，向市场推出收费邮箱业务。产品有 2M（免费）、10M（3 元 / 月）、25M（6 元 / 月）、50M（10/ 月）、100M（18 元 / 月）几类。5 月，市移动分公司开通手机支付服务业务。

2001 年，市移动分公司加大短信平台建设和短信业务服务。开通移动“梦网移动”数据应用服务品牌，通过为各 SP（服务提供商）提供“公平、开放、多赢”的商业运行环境，为广大移动客户架设与互联网之间的桥梁，实现手机到互联网、互联网到手机的双向沟通功能，给用户提供及时、丰富、多元化和个性化的信息服务，涵盖通信、信息、娱乐、商务和位置、广告等特殊业务。同时开通服务的有彩信服务。MMS 彩信是短信息服务的进一步发展，除可以传送文字信息外，还可以传送包括图像、声音、文本、动画各种形式的多媒体信息。可以轻松实现即时的手机到手机、手机到互联网、互联网到手机的信息传送。

2004 年 4 月，市移动分公司建设彩铃业务平台，开通彩铃，同时开通 12530 语音平台、12530 短信、www 彩铃网站、12580、彩铃 SP 网站等 10 多种彩铃业务受理渠道，开发集团彩铃、彩铃盒、大礼包、按键复制、彩铃 DIY 等彩铃新功能。

2005 年 4 月 28 日，湖南移动 WAP 网关建成上线。5 月，市移动分公司开放百宝箱服务。客户用手机上网，从百宝箱业务门户（mbox.monternet.com，也可以通过梦网门户 wap.monternet.com 登陆百宝箱频道）网站上下载应用程序到手机，通过运行这些程序获得类似于 PC 机上的游戏、娱乐、商务、生活等各种应用体验。单机游戏、动漫画、小小说等既可单机方式使用，也可以联网游戏、聊天交友、证券炒股、信息查询、城市指南、导航服务、收发邮件等，实现互联网络联网。9 月，市移动分公司开通手机定位服务。

2008 年，市移动分公司相机开通 12580 移动秘书、语音信箱业、125858 语音短信、12590

语音杂志、12586 移动沙龙等多种服务业务。

2009 年,市移动分公司相机推出“动感地带”“神州行”“全球通”“G3 —精彩 3G 新生活”服务品牌。经营 GSM(GPRS、EDGE)、TD—SCDMA、TD—LTE 网络,服务网号码段,134(1349除外),135,136,137,138,139,147,150,151,152,157,158,159,182,183,184,187,188。2009—2010 年,市移动分公司推出飞信、手机报、手机钱包 、手机游戏、139 邮箱、12580 、手机视频等服务产品。

第三节　联通品牌

2003—2008 年,市联通分公司相继推出“G&C 世界风”(用户根据每月话费额度选择相应套餐,享受“市话、长途、漫游一个价”的资费,其资费最高不超过 4 角,最低只有 2 角 5 分。)、“193 长途业务”(面向所有企业、个人及家庭有国内国际长途通信业务需求的用户提供长途电话业务,体现三种服务形式:一、向用户提供注册国内长途、国际长途直拨业务;二、向用户提供 193 长途电话卡;三、提供专线接入。)、“IP 数据业务”(“IP”是网络之间互连的协议,面向社会提供基本数据业务、IP 电话 / 传真、IP 全部服务内容、电子商务、中继电路、会议电视 / 远程教学 / 远程医疗以及多种增值业务。)、“全能通”付费卡(电脑、手机、固话上使用,无需换卡换号,无月租,无使用期限,即充即用,无时段、无漫游限制,统一超低资费,计费准确。)、“16500 互联网”(2003 年 10 月 1 日,中国联通公司互联网拨号业务接入号码由 165 升位至 16500。)、“宝视通”(中国联通宽带视讯业务网基于中国联通 ATM 综合业务的承载平,拨打可视电话,听到对方的声音,看到对方及其周围的环境;拨打 IP 电话,界面亲切、图像连续、流畅清晰、节约投资、维护外包、合业务、扩展性强、互通性好)等各种品牌服务。

在联通 2G 时代,24 小时享有“一对一”大客户经理服务,授权优先业务办理等服务;结合动态信用度管理,在一定时间内内,根据客户的消费情况进行信用提升;用户可以通过拨打客服电话供预约营业厅业务办理快速通道;在主要节假日,享受 VIP 大客户经理提供的个性化短信温馨问候服务;免费享用生日祝福服务;3G 时代,免费享受目的地的天气预报、路程建议;免费享用个性化缴费提醒服务;客户享受优惠、消费积分或免费家政、订水、订报、送奶、保险等服务;享受全国范围内的餐饮、休闲、娱乐等各种客户俱乐部协议单位的最高折扣服务;全国酒店、机票预定和商户的最高折扣服务;享受联通商旅服务热线“10191”提供的全国酒店、机票预定及订单查询服务;全国范围内的绿色通道、贵宾休息厅和固定活动场所服务;免费补卡服务;免预存款开通国际长途和国际漫游服务;相关业务推广的短信、电话的免打扰服务;享用个性化缴费提醒服务;提供健康咨询服务;本地预约挂号服务和体检服务;提供洗车、汽车保养、汽车代驾、当地车辆道路救援等汽车服务;4G 时代享受微博、微信在线服务。

第五章　企业管理

第一节　综合管理

1988年，市邮电局实行局长负责制。1989年，市邮电局调整和改进全市经济责任制考核办法，引入自有收入指标，把产品量纳入考核范围，制定透明度较高的奖罚办法，将省局考核项目逐项落实。当年市邮电局生产单位全部超标，全市（含县市局）18个专业目标管理全部达标，在省邮电局年终检查中，电信专业获98.6分。是年，常德市获得经营责任制双百分（中央和农话），企业目标管理98.34分的好成绩，以第一名的资格被评为全省邮电系统先进企业。

1992年，市邮电局调整目标管理办法，把业务收入、自有收入2项指标作为考核的重点，加大业务发展比重，相应增加移动电话基分（100分以外），实行通信质量一票否决，调低安全文明生产、业务支出、劳动生产率基分，全市目标管理与市场接轨。

是年，市邮电局把通信生产的评级划类工作纳入当年企业目标管理体系，并将目标下达到各县市和市邮电局各科室，按月考核、打分、计酬。是年，全局10个生产科室，9个得分率在95分以上。市邮电局对全市目标管理体系进行改进，推行投入产出大承包考核办法。承包指标完成结果与月奖、年终奖、年终评先、科室负责人政绩4个挂钩，提高月奖标准，增大活工资的比重，实行农、电管理科室与对应生产专业挂钩考核，办公室、计财科与综合量、收入挂钩。1994年，全市邮电完善目标管理体系，推行“社会人均用邮电量”和“职工人均创收量水平”新的评价标准和考核办法。市邮电局出台全市综合实力考核办法，制定实施细则，每月通报，年终评比打分。

常德市电信分公司主要领导

是年，全市邮电企业职工人均创收4.4万元，社会人均用邮、用电量达30元。临澧城关镇人口2.3万人，大哥大成为全省第一个用户超100户的县，普及率11.9%，BP机普及率6.7%，市话普及率15.6%，均名列全市乃至全省前茅。在全市小局综合实力考核得分123.5分，居全市之首。1995年，全市加大业务收入和业务发展比重，修改年终评比奖励标准，增加明星支局管理，以投入产出大承包为主线，对企业实施全方位管理，市邮电局获湖南省人民政府1995年度“湖南省优秀企业”称号。1996年，市邮电局改变市县管理方式，取消电信业务职能管理部门的专业管理职能,赋予10个生产科室县管职能,实行专业化管理。是年,市局被评为全省邮电投入产出大承包优秀企业。

1993年,市邮电局专业化承包扩大到无线科、公用电话公司。1994年,市邮电局成立通信发展公司和9个分公司,各县(市)区局把相应的专业划分出来,成立公司。公司实行经理负责制,独立经营、独立核算、自负盈亏,拥有公司内部机构设置权,自有资金使用和利益分配权。全市探索出3种经营承包方式:以班组、支局为单位实行专业化承包,工资、奖金与企业全部脱钩;以专业、工种为单位推行经营责任制承包,实行"一联二包三奖酬"的分配方式;部分责任制承包(含管理股室对支局的承包),与生产奖金挂钩。

1997年,市邮电局推行资产承包经营责任制,建立以资产存量为主体,以市场份额为依据的经营考核体系。1998年,市邮电局对全市资本经营责任制考核办法进行改进和完善,按照资本经营效益指标考核。

1999年,市移动分公司挂牌成立。公司调整组织机构,明确划分各部门、中心的职责,梳理优化流程、建立健全规章制度。同年,实行财务集中管理,市县一体化,正式启用办公自动化系统,开通1860与1861和"移动2000综合业务管理系统"。

同年7月17日,市移动分公司与市电信局分离,正式挂牌运营,成为一个独立的经济实体,负责常德市辖区内的中国移动通信网的规划建设、运行管理与经营服务工作。是年,累计完成运营收入1.38亿元,占全年计划的100.28%,比1998年同期增长74.28%,欠费余额比分营前减少了2721万元,减幅达36.77%,列全省第一位。实现移动通信收支差额7656万元,上缴营业税金及附加460万元,所得税2484万元。全年累计放号7.8万户,净增用户45356户,为全年净增用户计划数的119.9%,比上年同期增长34.42%,期末用户达到117588户。

2000年,市移动分公司全年累计完成运营收入2.528亿元,完成净增用户103661户,年底网上实际通话用户突破20万户,占全省网上通话用户的十分之一,是全省仅次于长沙的第二大移动通信网络。

2000年,常德电信实行公司化,全市综合管理推行以收入责任制为主要内容的目标管理。市电信分公司将全年省公司下达的收入目标在年初切块分解到各县(市)电信局和各生产单位,并严格考核,收入除作为企业目标管理否决指标,还与员工薪酬挂钩,县(市)局没完成收入任务的,要转为来年的任务;直属科室没完成任务的,扣减部门负责人年度目标管理奖。收入责任制以省公司考核为基点,结合企业和市场实际,不断完善和充实。改变市管县的模式,市局生产科室管理职能全部取消,改为市局职能部门管理,保证生产科室集中精力抓本身生产经营。

是年,市移动分公司开展人事、劳动、工资项制度改革,实行绩效考评制度。2001年,建立请示报告及特事特办督办制度。

2001年,三家运营商重点落实省公司营销工作价格竞争策略,抓住机遇,果断进行资费调整,取得显著成效。

年末,市移动分公司网上通话客户总数突破30万户大关,全年实现业务收入3.4亿元,完成省公司年计划的110.4%;全年ARPU值达到100多元,较好的处理了客户规模,ARPU值、创收能力之间的关系。

2002年5月,市移动分公司所有大客户的“GPRS”功能开放;11月,在全省首先试点成功,完成系统硬件平台的安装与全网调测,在所有PC终端上安装远程管理软件,常德区域中心与各连接市点的连接。市移动分公司基础设施建设取得新成绩。

是年,市电信分公司营销工作坚持以“业务发展”为中心,以提高效益为目标,积极应对竞争,稳定核心市场,按照“服务与业务”的要求,全方位贯彻落实品牌整合、营销渠道整合、业务管理升级“三大计划”和“客户服务工程”。使业务发展、应对竞争、渠道整合、客户服务、大客户营销服务、欠费管理、数据业务推广、业务宣传等朝前迈进一步。一是组织开展2002年移动通信业务发展分季竞赛活动。在一季度、二季度、三季度分别获得两个三等奖和达标奖。二是开展节日促销活动,元旦、春节期间,在全市范围内组织开展“庆超亿、贺圣诞、迎新年、送大礼”业务促销活动,一季度放号68559户、净增通话用户52045户,完成年计划的58.5%,取得全年业务发展的开门红;三是在市场细分的基础上,推出四通卡业务,有效提高带“4”号源的利用率;四是为应对CDMA的猛烈冲击,推出“入网时间越长、优惠越多;消费越多,优惠越多”(双优)措施,最大限度地减少客户流失;五是开展新大楼落成庆典系列宣传营销活动,取得好的效果。

2003年,市联通分公司加强迷你营业厅运营管理,制定《迷你营业厅运营管理规范》。其主要内容:公司层面由电子商务部总协调;区县分公司层面由电渠专干总协调;运营管理由电渠专干负责。运营目标,①终端启用率≥90%;②网点有效率≥80%;③单台日均交易额≥100元。迷你营业厅终端出现故障,各区县应在3个工作日内送交市公司电子商务部,由市公司联系迷你终端厂家统一进行维修。迷你营业厅交费使用两种交费:购卡充值、银行卡交费。市联通公司将迷你厅运营管理纳入区县分公司电子商务专业月度绩效考核的“基础管理”考核项目和年度电子商务专业竞赛考核。3月,市移动分公司被评为常德市“诚信典范企业”;7月,评为湖南省“质量管理优秀企业”。

2004年,市电信分公司引入现代公司管理理念,实施KPI绩效管理和目标管理相结合的管理模式。市电信分公司成立绩效管理考评委员会,绩效管理分部门和个人两个层级。市分公司对县市电信分公司考核以目标管理为主,对市电信分公司本部以KPI绩效管理、绩效考核为主。市电信分公司本部收入承包责任制以营销渠道为主体、专业单位为补充,分部门、专业设置不同的关键KPI指标,承包责任制单位承担市电信分公司全部的收入任务。2005年,市电信分公司将城市收入承包责任制引入农村统包渠道和城市周边模块点,推行以收入为导向的统包机制。同年,市移动分公司开发完成营销管理、会议室管理、合同管理、档案管理等电子系统,使公司的管理逐步走向电子化。

2005年,市联通分公司出台自助终端运营管理办法。市联通分公司为科学、合理、有效地管理自助终端各项运营工作,确保自助终端正常、稳定运行,规范操作、防范风险、提高效率,特制订出管理办法:电子商务部负责协调自助终端设备的安装与网络接入、自助终端设备的直接管理,巡检、维护与监控、对营业厅人员进行操作及日常维护的培训和指导、协调处理自助终端故障,并进行故障的跟踪分析、指导和配合营业厅处理用户投诉。

计划财务部负责与各区县进行自助终端现金营业应收款的对账、稽核、核算工作。

市场营销部负责检查监督自营厅自助终端的推广,指导网点提高服务质量,提高自助终端的利用率。

信息化服务中心负责网点 IP 地址的分配;负责协助处理用户在受理自助终端业务时 BSS 系统的问题咨询与投诉。

营业厅负责人每天负责根据营业厅交费客流量的大小合理分配人员进行客户引导。负责自助终端钱箱钥匙的管理,以及自助终端现金营收款的收集、保管及送缴工作。

区县电渠专干负责对本区县所有自助终端运营情况进行管理和监督,确保自助终端的正常运营,督促各营业厅完成自助终端使用占比指标。

区县分公司财务人员负责对口市公司计划财务部进行自助终端营业应收款的对账工作。

营业厅营收款结款时,对自助终端现金营收款进行结款。

各区县分公司根据当地实际情况做好自助终端的安全管理工作,其中特别注意做好自助终端钱箱钥匙的保管和交接、安全巡检及对恶性暴力事件的防范和打击工作。

2005 年,梦网业务咨询投诉服务在线正式向全市移动用户及代办网点开通。3 月,中国消费者协会将常德移动分公司评为“金质奖章提名奖”。

2006 年,市电信分公司完善城市收入承包责任制,设立收入百分制和 KPI 百分制,采取两级双百分的方式,由电信分公司考核渠道,渠道再考核到人。收入百分制,包括存量、增量和欠费率指标;KPI 百分制,包含业务发展、规范营销、客户资料、客户服务等指标。考核的最后得分是收入得分与 KPI 得分相乘。

2006 年 2 月,市移动分公司评为湖南省“重合同,守信用”单位;

2007 年—2008 年,市电信分公司推行以绩效考核为重点的业务量承包实施办法,实行总收入、本渠道收入、转型业务收入、欠费率等指标对应工资含量的薪酬分配制度,薪酬分配上不封顶,下不保底。同年,市移动分公司建立完善的电子渠道服务营销体系,完成 BOSS1.5 系统到 BOSS2.0 系统的升级工作。

是年 12 月,市移动分公司评为“2007 年度全国用户满意电信服务企业”。

2008 年,市电信分公司对部门主要负责人年度 KPI 绩效奖进行分档,分层面设立年度、季度 KPI 绩效奖,并与所在单位及个人年度、季度 KPI 考核得分挂钩。市电信分公司成立收入承包考核办公室,每月对各单位承包的业务收入进行绩效考核,并对其二级分配进行监督管控。同年,市移动分公司全年完成运营收入 12.18 亿元,净增通话用户 32.6 万户,完成省定目标的 108.7%。

2009年—2010年,市电信分公司完善本级KPI绩效考核。市电信分公司KPI绩效考核得分为各月得分之和平均数;在收入挂钩考核、业务发展竞赛、全业务客户服务能力等考核指标中可以加分。KPI绩效考核结果与各部门薪酬直接挂钩,按月考核、年终结算;与年度绩效工资挂钩。市电信分公司设置员工年度绩效工资基数。年度绩效工资60%按每月预发,其余年终统一结算兑现。2009年,市电信分公司本部推行收入和发展考核办法。以客户群部门、区域营销部门为主体,产品部门为补充,全面分解量收计划;采取百分制计分,上不封顶,下不保底,按月考核,最后得分按比例折算为KPI考核得分;考核指标包括收入、欠费、发展、关键过程、存量保有5大指标体系。2010年,市电信分公司9个业务收入承包单位为考核部门,主要考核部门、专业的本部门收入、全市所辖客户群的关联收入和所辖范围、专业的服务器托管ICT收入(服务器托管)。

同年,市电信分公司对县级分公司目标管理考核分5大类21小项,以百分制形式考核。5大类:财务效益指标,经营发展指标,服务质量指标,综合管理工作。目标管理考核结果与企业年度评先挂钩,与年度应发工资总额基数挂钩,与领导班子年度目标管理奖和政绩挂钩。

11月,市电信分公司实行农村支局经营能力评级。

2010年,市电信分公司对县级分公司实行业绩考核,客观公正评价各县级分公司经营业绩。业绩考核指标为8大项:业务收入、业务质量、业务发展、资金上缴及时、业务客户服务能力、关键任务推进、个性化指标、风险管理。对单位按月考核、通报、结算、兑现,年终清算。对领导班子成员按月考核、通报、兑现,季度结算,无年终清算。考核结果与各单位及负责人绩效待遇相关。一是月度、季度关键指标考核、年度考核结果与各单位领导班子绩效待遇强关。二是与管理层政绩强关。三是与单位考评相关。四是与单位考评相关。

常德市联通分公司2006年年度工作会议

年底,市联通分公司网络规模扩大。移动网核心网方面,有HLR设备2台,总容量223万,开卡用户112万户,软交换设备SERVER 2台、MGW 3台,设备总容量172万,占用容量:82万,下挂BSC7台,RNC7台。业务覆盖全市11个区县,关口局2套,分别与移动、电信、铁通相连,承载网间话务疏通;固网核心网方面,固网核心网共有设备3套,其中传统PSTN交换机一套,软交换固定电话交换机一套,固话关口局一套,现承载固定用户2万门,从1999年至2010年,常德联通经历多次网络变革,2002年,常德联通开始发展CDMA网络,拉开联通G、C双网运行的序幕。2007年,核心网开始设备升级,华为软交换设备替换北电传统交换机,调高设备稳定性,用户使用感知明显提升。2009年,中国联通和中国网通合并,C网卖给中国电信,常德联通C网设备移交给常德电信维护,常德联通开始 WCDMA 3G 网络的建设。

第二节　财务管理

1989 年,常德邮电改地为市时,财务管理实行由邮电部领导下,省邮电管理局垂直管理的体制,邮电经济政策、财务政策统一由部、省制定,地市局执行。局财务由局长统管,副职负责本专业的财务审查、审批,市邮电局财务由财务部门管理,县市局财务由市局代管,县市局局长直接负责。收支管理基本一条线。

1992 年—1995 年,市邮电局加强财务管理,设立总会计师,实行总会计师一支笔审批的财务管理制度,按照新的会计法规的要求,配备专人财务管理,制定一系列的管理办法。是时,由于对外账号多,所属单位各自为政,资金不能及时高度集中,周转速度慢、资金占用多、负债增长。

1996 年 1 月,市邮电局改革资金管理体制,探索市县财务一体化管理。市邮电局建立以结算中心为主体的资金集中管理体制。以市邮电局为口子,结算中心(即内部银行)设市邮电局计财部,对外为结算中心,对内为计财部资金管理部门,主要负责资金管理与调拨,包括资金的预算管理,资金的流量流向控制,资金投入与监督,资金的效益评估,资金的结算与考核。资金结算中心引入银行职能,对开户单位保证支付、存款付息、借款收息、透支罚款;推行财务会计人员派出制。以市邮电局为口子,全市财会人员的设置及调动权均集中于市局计划财务部,县(市)局计财股系市局委派机构,全市财会人员均隶属于计划财务部,市邮电局二级独立核算单位及县(市)局财会人员对委派单位实行委派服务。市邮电局出台全市农村支局管理办法,使全市上下从市局县局到农村支局形成计财部一杆子扦到底的委派体系。

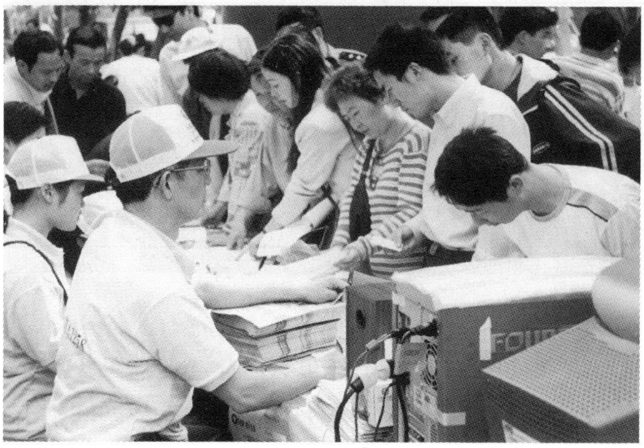

1999 年,网络热在常德兴起,常德市电信局工作人员走向街头现场宣传、演示

是年,市邮电局加大可控成本管理,建立可控成本为主线资金管理体系。强化可控成本费用的计划管理,实行成本一票否决。市邮电局对各县市局的成本计划严格控制,纳入全市投入产出大承包考核。建立成本费用管理体系,出台加强成本费用管理办法,设置资金管理台,对企业资金实行专台管理;实行一支笔审批制度,全局由总会计师审批,各专业由主要负责人审批,在实际动作过程中层层把关,杜绝成本费用乱开口子;实行可控成本集中管理。对劳动工资、水电、医药费、管理费、差旅费、接待、文印、车辆维修、物质供应、采购实行集中管理,出台相关管理制度办法。

市邮电局采取事前计划,事中控制,事后监督的管理办法,加大成本费用管理,降低成本,增值创收。同年,市邮电加强全市邮电财务的自我监督,制定《财务检查奖罚实施办法》,清算核对移动商品的进销存情况,对公配大哥大、BP机配件及库存积压商品进行清理,整顿会计账本、凭证、出纳银行存款账户。

1997年1月,市邮电局正式实施全市电信企业财务市县一体化管理。市邮电局财务部牵头负责。管理全市财务人员,制订、考核全市财务和财务、经济核算办法,筹措和上交上缴资金。县(市)局财务管理负责本县(市)的财务(资产)管理、邮电支局所的财务管理、成本费用管理、财务核算等。市县财务一体化管理主要包括核算体制、建设资金、成本支出、账务管理和激励政策。市邮电局为全市统一核算单位,各县市局实行内部利润核算,所形成利润的所有权在县(市)局,管理权属市邮电局;资产建设方面,市邮电局为全市固定资产投资主体,建立资产建设管理部,负责全市资产的建设与管理。全市通信建设资金均由市邮电局集中统一管理,包括县市局按规定提取的各类折旧费,市话、农话、移动电话初装费、入网费和各类地方建设基金;各县(市)局银行账户实行分类管理、设置建设资金、收入账户和成本费用、周转资金等两类银行账户。是年,市邮电局试行市县财务成本支出市局按月度支出计划数(减去折旧提成费)的110%确定各县(市)局成本费用和周转资金。各县(市)局实现的收支差额剔除成本费用和周转资金后按月上缴市邮电局。市邮电局将县市局成本开支权利集中到市局,县市局成为纯报账单位。

1998年邮电分离,邮电财务管理转为电信财务管理,按照信息产业部的要求,电信承担邮政分营后4年的亏损补贴。

2001年1月1日,湖南移动实行全省市州分公司财务收支两条线管理,即各市州分公司以货币形式回收的各项营业收入全额上交省公司,市州分公司所需支付的货币资金由省公司下拨,资金的上缴和下拨不实行抵扣,严格按收支两条线运行。常德移动分公司参照省公司办法,对全市县市区移动分公司实行收支两条线管理。是年,市移动分公司通过加强财务收支预算管理,严格控制成本开支;通过加强分析,严格考核,促进收入及利润的超计划完成。市移动分公司全面推行财务收支两条线管理的方式。建立和完善适应现代企业制度的投资管理体系,提高投资效益,增强企业核心竞争力,正式实行项目后评估制度,在项目管理上执行湖南移动制定的《湖南省移动通信公司项目后评估管理办法》。

2002年,省电信公司推行省市财务一体化,市电信分公司主要负责全市的财务管理、财务核算等,建设投资均由省公司审批,省公司对市电信分公司实行现金收入、建设投资、成本费用等"五项集中管理"。市电信分公司以预算管理为主线,将企业所有经济活动均纳入预算管理范畴,建立和实施年度预算与月度滚动预算相结合,全过程的预算管理体系。实行对主、实业财务两条线一体化的管理,推出成本预算管理的"六定三挂钩"制度,强化资金逐日调度制度,每日对公司资金的流量流向进行分析和控制。是年,全市回笼资金5.1亿元,其中8个县(市)局上缴资金3.53亿元,超额完成上缴任务。市电信分公司上缴省公司资金1.12亿元,

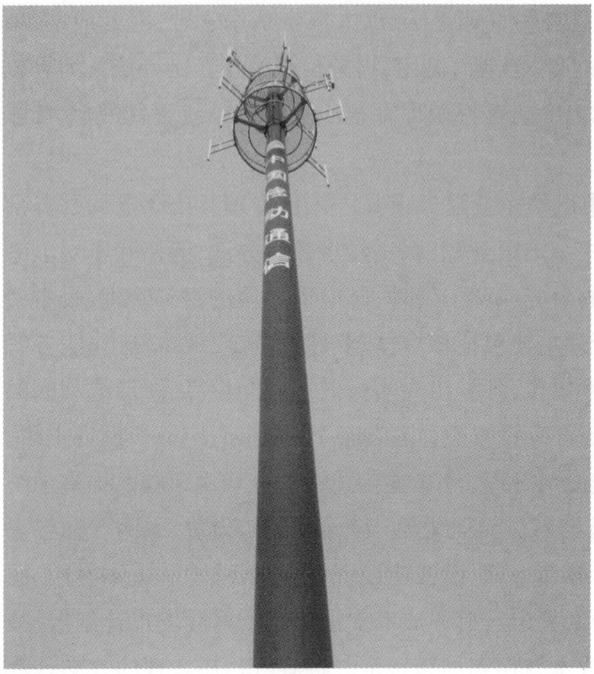

漂亮的铁塔

归还借款 6500 万元，归还往来款 1.1 亿元，支付工程款 3843 万元，累计结算网间收入4653 万元。同年，市电信分公司在全市建立实施以财务收支预算、资金收支预算和建设投资预算为主要内容，年度预算与月度滚动预算相结合，事前预测、事中控制、事后监督为特点的全面财务预算管理体系，实行财务与职能管理部门双重管控。市电信分公司将成本费用管理的责、权、利细分到每个单位和部门。预安排集中控制成本费用和各职能部门经常性成本费用。计划财务部门原则上不单独受理相关单位非本部门管理的归口成本费用报账。各部门需要追加成本费用预算总额，书面申请报公司总经理审批后方可调增。同年，市移动分公司强化投资效益观念，通信网络建设由过去的注重规模扩张，逐步转向注重网络的低成本拓展。采用多种技术手段科学组网、规范工程管理和充分挖掘现网潜力、注重设备利旧和集约化采购压价、加强投资计划总量控制，提高设备利用率和投资效益。

2004 年，市移动分公司财务精细管理深入推进，实现成本费用的战略储备，合理安排固定资产净值的报废。同年，市移动分公司顺利推广 MIS 系统，财务管理水平得到提升，资金、资产管理强化，资产管理更加清晰，资金缴拨更加安全，企业经济效益持续稳步提高。

2005 年 4 月，市电信分公司实施企业内部控制评估，制定出内控实施细则，负责全市内控实施细则试行工作的具体执行和指导。6 月，市电信分公司会计报账实行市县联网报账方式，联网报账后，省、市公司关于市县一体化五个集中有关办法和规定不变，所有会计事项与市电信分公司同步在上海新逸会计账务系统进行会计核算。资金实行“收支两条线管理”，在收入管理上实行“直收直缴”，各单位设话费托收银行账户一个，用于本单位应收资金存入和上划市电信分公司收入专户，不允许支用；在资金支出管理上实行“直支直付”，根据实际报账情况，资金由市电信分公司统一下拨到指定账户，各单位设支出账户一个，用于本单位各项支出。财务核算一体化后，全市电信会计核算步入标准化、规范化。是年，市电信分公司实施全面经营预算管理，将全市电信业务收入分为主线、小灵通、数据业务、公话、增值业务收入和网间结算及电路租费收入等其他收入 7 大类和 18 个小项，推行计费收入和现费收入分项管理。管理各县(市)的预算，按地域、分产品和客户群对存量进行全面分析，对每项产品的每一个细项进行收入预算后，下达各单位整体收入任务；市电信分公司各渠道管理，按存量、增量两部分进行预算,并给每个渠道下达渠道净收入和重叠收入 2 项指标,解决渠道间交叉营销的问题。同时,市电信分公司改造 97 电信营业系统,增加现费管理模块,各单位所有业务均纳入计费系统和现费系统进行受理,使会业视线向生产前沿延伸,以确保会业的一致性和各项收入的准确性。现费收入反应周期由原来的 10 多天缩短至 1 天,实现日对帐制度;营收资金实行“直收直缴”管理。通过定银行账户、定缴款渠道、定资金缴款时间、定银行存款限额、定资金缴款基数等措施,严格营收资金回笼。同年,市电信分公司完善成本预算管理体系,将小灵通、一键通话机、无线农话等各类终端成本费用、业务发展代办费及业务宣传费用、广告费集中在相关职能部门,统一筹划、统一实施;对宽带、商务领航、号码百事通三大转型业务及无线农话业务的代办费予以倾斜, 根据业务发展的情况推出相关激励措施。是年底,市电信分公司自行开发一套成本预算管理系统,将全市成本分成 7 大项 91 个小项,对成本预算控制的各个环节设定相应的审批流程,实现预算控制流程的固化,通过年度预算控制月度预算、月度预算控制月度执行,实现单项成本、单项预算、单项管控。

是年,全市电信用户累计欠费达 3500 多万元。市电信分公司组织开展对用户欠费的管理和收缴。对各县分公司的期末欠费与企业的收入挂钩,欠费增长数超过当年计费收入 1%的, 市电信分公司核减其收入; 市电信分公司本部欠费收缴纳入收入承包责任制考核,占20%的权重,每超 0.1%(或 1%)扣欠费率工资考核基数的 10%;2005 年,全市实现现费收入6715 万元,期末欠费 1232 万元。

2005 年,市移动分公司配合湖南省公司开展经济责任审计,一是物流仓储管理效能监察,加强对建设材料的系统管理,建立相关的台账,对固定资产报废和工程余料的处置,制定详细的处理流程。二是对 SP 管理工作进行效能监察,促进梦网业务管理和行风建设。

2006 年,市电信分公司建立财务会计信息反馈制度和财务管理责任追究制度。加强虚列成本套取现金、账外资产和账外负债、私设“小金库”等方面的管理,定期对流程执行情况进行审视和检查。

2008 年 11 月,市电信分公司对 C 网营收资金管理进行规范。包括终端销售款、C 网预存话费、UIM 卡销售款、无线上网卡款等,营业部门各网点 C 网营业收入资金按日上缴、日清月结,各营业部门稽核、业务部门稽核后,市、县财务部门根据业务支撑中心(业务部门)提供的C 网营收资金收取情况和各县级分公司、市本部各营业点提供的 C 网终端销售情况进行核对,确保资金及时、足额上缴。同年,市电信分公司深化资金精确管理,建立以基层营业网点为单元的营收资金稽核制度,强化对县级分公司所属营业厅、农村支局、模块点的资金检查,初步实现营收资金管理向基层营业网点的前移。是年,市移动分公司从报账单据的邮寄到核算中心处理付款,整个流程不超过三个工作日。12 月,财务集中支撑系统全面割接上线。同年,常德移动分公司加强银企合作,实现市移动分公司支出账户和县分公司收入账户的“零余额”管理。保证了通信建设与业务发展的资金需求。是年底,市电信分公司再次进行欠费退费清理、营销终端清理、电话卡清理、库存材料清理及四季度财产清查等一系列财务清理工作,共清理并处理欠费退费金额 406 万元,报损用户欠费2636万元,存货195万元,资产质量得到提升。

2009年3月,市电信分公司成立收入稽核中心,负责全市各项收入稽核与考核及营收资金的管控。出台营业收入资金管理办法,管理营业收入资金范围,明确营业收入资金管控的4种方式:城区自营网点实行"实收实缴";城区代办网点全部接入代理商管理系统,实行"先缴款、后收费"的"预缴业务受理金"管理方式;农村支局在"实收实缴"的基础上,实行欠费余额买断。农村综合信息服务站(点)全部接入代理商管理系统,在"先缴款、后收费"的前提下,实行欠费余额买断。通过三种渠道缴款:入账,直接将营业款送存、转账或通过网上银行等本单位财务部指定的银行收入账户;转账,通过信用社或邮政电子汇兑缴款;现金上缴,直接上缴县公司财务部门。同年,市电信分公司推进收入管控、资源配置、资产管理、成本管控、资金管理、转型效益评估等6项财务精确管理工程,全年清理报废、报损资产1.17亿元。

是年,全市市、县城区自营网点营收资金稽核分网点、计费账务部门和财务部门稽核三个环节,营业网点营收资金稽核人员稽核确认上报,计费账务业务步骤按照稽核人员稽核确认,报送财务部门审查、稽核;市、县城区代办网点资金稽核先在代理商管理系统充值员充值,经过业务主管部门资金稽核员签字确认,再到计费账务和财务部门签字确认;综合信息服务站(点)营业款稽核,农村支局营业员稽核为第一环节,支局长稽核为第二环节,计费账务部门和财务部门为第三、第四环节。农村支局稽核环节分农村支局营业员、支局长、计费账务部门和财务部门4个稽核环节。

2010年8月,市电信分公司开展"小金库"专项治理工作,清查用房屋等资产出租收入、用废旧物资处置收入、用收回已核销的欠费收入、用收回的滞纳金、线路迁改费、将工资结余款转出设立、通过虚构经济业务,虚列各种营业成本套取现金设立、通过虚开发票等手段,虚列各种费用等形式设立的"小金库"。

2010年,市电信分公司推出3条举措:一是建立公司成本费用管控机制;二是实行成本费用管控例会制度;三是制定2010年全市成本费用管控指引和执行手册,重点强化预算管理和人工成本支出过程管控。把会议费、招待费、差旅费、车辆使用费、办公费和房屋装修费等行政消耗类管控作为成本管理控制重点。

第三节　人力资源管理

一、电信

1989年,市邮电局领导由省局任命或聘任,并征求地方意见,实行以条条为主、块块为辅的管理体制。中层干部由市邮电局直接管理,各县市局领导和市邮电局科级干部的考察、任免统一归口市邮电局的组织人事科部门，员工的管理由市局劳资主管部门。邮电员工来源:企业老员工退休补员、大中院校招生、部队专业安置和向社会招聘。员工分固定职工、合同制职工、临时工3类,正式工按中央和地方分为中央邮电和地方国营。1990年年末,全市邮电员工合计人数3288人。

1990年,全市邮电各类工资基数649万元,人均年工资基数1973.84元。1995年,全市邮电系统工资总额达3356万元,员工年人均工资总额基数增加到8352元。2008年,全市电信员工年工资人均4.57万元。2010年,全市电信年工资人均5.2万元,

1993年,全市邮电企业实行劳动、人事管理制度改革。1月1日,企业根据实际需要自主决定用工形式,企业实行全员聘任制,依岗位而定,分别聘为“管理人员”“技术人员”“生产人员”。直接面向社会招收聘用制工人、临时工、季节工。1994年,全市邮电职工4161人。

常德市民争先恐后抢阅程控电话、无线寻呼、大哥大等邮电新业务宣传资料

1995年,市邮电局改革用工制度。在企业内全面推行全员劳动合同制、聘用和录用工制。同年,市邮电局推行计件工资和百元含量工资制,生产科室实行计件工资制;部分县局对有收入的单位普遍实行工资与百元收入含量挂钩办法,对没收入的单位实行成本单价折算收入的办法。1996年,计件工资制相继在全市各区、县局推开实行。是年,市邮电局全面推行聘用制,对县局只聘局长,副职由局长聘任,报市局备案,聘期与本届局长同步,到期自行解聘。县局副职对本局长负责,县局局长对市局局长负责,并层层签订责任状。实行干部调换制。

1999年,市电信局成立,人事、员工管理体制承接邮电时期模式,市局、县局改为市、县电信分公司。是年,市电信局新增、调入员工439人,其中城镇招收19人,接收复员转业军人16人,录用应届大中专毕业生11人;移动脱离,市电信局成建制调出员工375人。年末,全市电信员工合计2441人。是年,全市电信年工资人均达1.25万元。

2000年,市电信分公司人力资源结构得到优化,全市电信综合支撑人员占比小于10%,销售与服务人员占比大于45%,直接面向客户一线的销售服务人员和维护人员占比大于60%;一线销售与服务人员占市场前端人员比例大于80%。市电信分公司在全市电信实施公司化重组和主附、主辅分离,430名员工从主业划转到常德电信实业发展总公司。2001年,市电信分公司根据集团公司、省公司相关文件精神,再次将电信边缘业务和员工161名从主业划到实业公司,将130多名员工从主业划到其他,并推出提前退养政策。是年底,全市电信主业员工精简至792名。是年,全市电信长期员工合计1381名,本科及以上文化程度的76名,大专生256名,中专、高中及技校生582名,初中及以下的231名。

2002年,市电信分公司推行以绩效考核为主要形式的薪酬制度。同年,市联通分公司制定录用、异动人员管理制度。明确新录用人员均有3~6个月试用期,试用期的长短根据岗位性质确定,特殊人才经公司领导审批可直接调入公司。新录用的应届毕业生实行一年见习制度,见习期工作表现优秀,可提前结束见习;录用人员要品行端正,作风正派,遵纪守法,有较强的事业心和责任感,有良好的社会公德和职业道德,无不良行为记录;从事业务技术工作和营销工作的人员具备岗位所需的专业知识和一定的专业工作经验。其中,从事主管岗位的人员应具有国家教委承认的本专业本科以上学历、有本专业3年以上工作经历;从事主办岗位的人员应具有国家教委承认的本专业专科以上学历、有本专业2年以上工作经历;非公司管理人员的选用,应具有国家教委承认的相关专业中专以上学历;公司直接管理人员的录用年龄不超过35周岁,特殊人才年龄可以放宽;非公司管理人员选用年龄男性不超过25周岁,女性不超过22周岁,特殊工种年龄可放宽到30周岁;公司直接管理的人员试用期满后,由人力资源部通知其办理个人档案、人事、劳资、社保关系转入手续,手续办妥后,公司即与其签订劳动合同。由于个人原因逾期不办理相关手续的人员,及时予以解聘。

2004年,市电信分公司实业公司回归主业,全市577名员工重新调入主业。同时,市电信分公司在常德职业技术学院招聘20多名营维社区经理,对6岗以上管理人员实行竞争上岗,对渠道部门员工,推行季末位淘汰。从后端、管控部门招聘60多人充实到各渠道。全员实施BPR管理。2006年,竞聘县级分公司副经理,12名管理人员走上领导岗位,35名员工充实到前端任客户经理,全年共减员100人。年末,全市电信工资人均4.35万元。同年,市电信分公司举办“新风采”团队展示歌咏比赛,分电信公司市直单位、各区县市分公司参赛,八仙过海,各显神通,蓝箭团队原创作品《保卫市场》歌词紧扣市场竞争主题,获一等奖。7月,市移动分公司全面启动基本养老保险、基本医疗保险、工伤保险、生育保险、失业保险五大社会保险,为员工提供可靠的劳动和社会保障系统。是年,市电信分公司、市联通分公司实施内部待岗制度。与公司签订两年以上劳动合同的员工、只签订一年劳动合同但联系工龄十年以上或本公司工龄五年以上的员工,在竞聘上岗过程中,未能上岗;工作不服从安排的;经考核不称职的或连续两次年考核为基本称职的;服务态度不好或不认真、敷衍用户,收到用户有理由投诉二次以上,损害公司信誉并收到公司记过以上纪律处分的;违反公司规章制度的;因其他原因未能上岗的。这些人员一律属于内部待岗人员。待岗员工按待岗前的缴费标准缴纳养老、医疗、失业等社会保险费用。待岗期间不享受住房补贴等激励性补贴，工龄连续计算，享受在职员工同等的医疗待遇，不得参加本年度的评奖、评先、晋级、晋升，年终考核最高为基本称职。待岗员工重新上岗，按新的工作岗位确定工资标准。

2005年，市电信分公司结合BPR重新定编，统一人员入口和派遣标准，并对全市短期工逐步纳入派遣管理。同年，市电信分公司推行认证上岗制度，大、商客户经理、网络监控、网络维护等4大工种260余名员工参加考试考核培训，成为首批认证上岗证的合格者。同年，全市举办电话营维、宽带营维、KPI体系、公文知识、网大教学等员工教育培训班42期，1096名员工参加，培训率达58.35%；新进大学毕业生19人，接受复退军人8名，均参加省公司或市电信分公司举办的的入职培训；全年16人转岗，进行转岗培训。年底，常德移动将员工的税前总收入调整到与市场一致，达到拉开不同职级员工税前总收入差距的目的。是年，常德电信长期员工1345名，派遣工517名。

常德移动营业厅经理管理技能培训

2006年，电信企业废除退休补员政策。市电信分公司公众客户部员工95人，劳务派遣工70名。4月，根据《中华人民共和国劳动法》和省公司相关文件精神，市电信分公司出台待岗员工管理办法，在全市范围内实施。同年，市电信分公司成立员工困难帮扶委员会，制定《帮扶困难员工实施细则》，主要帮扶市电信分公司各部门、单位在职（含劳务派遣工）和离、退休（养）生活困难的员工。

2006年9月，为推进企业战略转型，市电信分公司在全市组织开展企业战略转型知识学习培训。全体员工参加，员工普及基本知识，5岗和6岗的科级干部重点培训，集团公司、省公司的企业战略转型的相关文件和知识手册等，市电信分公司相关部门组织、考试、现场访谈、督促检查，并纳入KPI考核，推动常德电信的企业转型。是年，市电信分公司完善KPI薪酬考核评价体系，改变企业奖金发放方式，在年度薪酬总额基数不变的前提下，发放季度绩效奖。同年，市电信分公司改革奖金福利的平均发放制度，公司行政与工会签订为员工办实事的《集体合同》。在完成生产经营、各项任务的同时，为员工办实事。市电信分公司元旦、春节、"五一"、端午节、中秋节、国庆节为员工发放物资、礼品；组织女工"两癌"普查，组织电信分公司生产（工作）标兵、优秀科技工作者、优秀客户经理、优秀社区经理、业务发展能手、新评选的三星级服务员和市级及以上劳动模范代表参观、考察或疗休；做好员工疾病、困难的帮扶工作；为员工赠送生日礼品。同年，市移动分公司完成市场片、综合片绩效管理试点，绩效管理进一步细化。

市移动分公司 2007 年重阳节退休职工活动

2008 年 1 月 1 日,国家正式实施劳动合同法以及相关配套政策,常德电信管理成本和法律责任加大,劳务派遣劳动用工风险矛盾突出。市电信分公司加大力度解决营运风险,制定劳务派遣用工管理办法,严格控制各单位用工,对劳务派遣纳入全年目标管理考核,对非通信劳务用工进行清理,全市清退 100 多人;将经警、食堂、卫生等工作全面交物业公司,实行外包。市电信分公司实行全市电信合同制员工、农村乡话员工和劳务派遣工带薪年休假制度,年休假按层级审批:市电信分公司部门主要负责人、县分公司经理由市电信分公司总经理审批;部门副职(含主任助理)、技术业务经理由分管领导审批;其他员工年休假由各部门领导审批。县级分公司副经理、经理助理年休假由县级分公司经理审批,其他员工由县级分公司按领导权限审批。年末,全市电信员工工资人均 4.57 万元。

8 月,市电信分公司实行农村营业员持证上岗。全市建立农村营业员的评价体系及淘汰制度。市电信分公司对全市各县级分公司营业员进行集中培训,重点提升农村营业员的主动营销能力和业务处理能力。9 月,市电信分公司组织全市农村支局营业员资格认证考试,全市农村支局营业员 173 人报名参考。

2009 年,市电信分公司进一步规范劳动用工行为,实施人力资源精确管理,全年实现用工总量的负增长。

2010 年 2 月,市电信分公司实行职工代表巡视制度,分为综合巡视和专项巡视。当年 6 月,市电信分公司工会组织职工代表先后到澧县、石门、桃源、鼎城等县分公司进行视察。巡视采取召开座谈会、问卷调查表、视察现场、查看资料等方法,巡视内容包括职工(会员)代表大会决议的贯彻落实情况;企业重大决策的执行情况和职工代表提案的落实情况及职工的意见、建议、呼声和关注的热点等职工关注的问题。

2010 年,全市电信 1335 人合同制员工中,研究生及以上的 6 人,本科(含双学历)生 306 人;大专生 551 人;中专生 148 人,高中、技校生 220 人;初中及以下的 104 人。

电信乡镇站所职工

1992 年,湖南省政府将原来在乡镇电话所工作的集体所有制员工划归县市乡镇电话管理站管理。1998 年 8 月,常德市人民政府以常政办发 51 号文件印发《关于认真做好乡镇电话人员工作安排的紧急通知》,按照省政府、省局的文件规定和市政府的文件要求,市邮电局设立乡镇电话管理办公室,代管全市乡镇电话业务和人员,各县市设立乡镇电话管理站,原乡镇电话所改为乡镇电话站,改设的县市乡镇电话管理站,其集体所有制性质不变,独立核算、自负盈亏。其后,常德市采取接收的形式,市邮电局将乡话人员安排在农村支局所从事末端服务等工作,全市电信代管乡话人员合计418人,市邮电局承担其工资和相应福利,2004年,市电信分公司改制上市后,乡话人员没纳入上市范围,按省政府相关文件要求,妥善安置该批乡话人员为上市公司提供服务,维持原有待遇不变,并比照上市公司员工标准,先后为其办理住房公积金、基本养老保险、基本医疗保险和缴纳失业保险。2009年,全市电信在职乡话员工有228人,退休186人。

二、移动

2002年,市移动分公司推行薪酬管理的改革,采用"以岗定级,体现差异;以级定薪,拉开距离:以绩定奖,突出贡献"的薪酬分配制度。员工收入包括固定收入和变动收入两部分,根据市场薪资的情况逐步拉开不同职级员工固定收入的差距, 调整固定收入与变动收入比例,改革不同职级员工固定收入比较接近的状况。

2003年,市移动分公司为劳务派遣人员办理养老、医疗和失业保险。对待退休职工原则上应采取社会化管理服务方式,由街道和社区进行。未实行社会化管理服务的市州,暂由各退休手续经办单位的人力资源部归口负责。

2003年,市移动分公司及时为劳务派遣人员办理养老、医疗和失业保险。

2004年7月,市移动分公司全面启动基本养老保险、基本医疗保险、工伤保险、生育保险、失业保险五大社会保险,为员工提供可靠的劳动和社会保障系统。建立基本养老保险的在职员工数据库,离退休员工数据库,工伤保险在职工数据库等。从信息的收集、采录到反复的核对和修改,完善社会保险数据库,夯实社会保险管理的基础工作。各单位为各类员工建立社会保险关系,对于社会保险关系的建立、转移、接续以及社会保险待遇的核发、社会保险基金的结算,都能做到及时、准确,严格按操作流程执行,使社会保险管理工作日趋规范化、标准化。同年,常德分公司增补工伤、生育保险,使劳务工和合同工享受同等保险待遇。

2005年年底,公司实行调整员工的税前总收入,拉开不同职级员工税前总收入差距。

2006年,市移动分公司完成市场片、综合片绩效管理试点。

2007年,开展县市营业部人力资源管理和劳务用工绩效管理提升活动,推动绩效管理的优化和创新,增强绩效管理的针对性和实际效用。是年,常德移动开展县市营业部人力资源管理和劳务用工绩效管理提升活动,进一步推动绩效管理的优化和创新,增强绩效管理的针对性和实际效用。

同年,市移动分公司分别制定培训计划和制度,对系统内部员工加强培训,与省移动公司、培训体系建立和完善长效培训机制,充分发挥各级培训组织和培训资源的效能,明确培训管理职责,理顺内部管理流程,规范培训工作行为,实行培训管理制度。主要形式有内部培训、岗位技能培训、适岗培训、转岗培训、管理培训、待岗培训、外派培训、合同培训等。员工参加培训后,将学习资料原件交所在部门或分公司存档,以便资源共享。同时,要求各部门或分公司安排参加培训员工将所学知识与公司内其他员工进行交流,开展二次培训。

三、联通

2003年,市联通分公司为明确公司和员工的权利和义务,保障双方的合法权益,依据国家相关法律、法规,与合同制员工建立劳动关系,签订劳动合同。职位层级为三级(市公司总经理/副总经理,省公司部门(中心)总经理/副总经理/主任/副主席,高级××经理)的员工劳动合同期限为5年;职位层级为四、五级(县公司总经理/副总经理,市公司部门(中心)经理/副经理/主任/副主席/副主任,高级××主管,资深客户经理/××主管)的员工劳动合同期限为4年;职位层级为六、七级(高级客户经理/××主办,客户经理/××员/××助理)的员工劳动合同期限为3年。

同年,市联通分公司执行待岗人员按待岗前的缴费标准缴纳养老、医疗、失业等社会保险费用。待岗期间不享受住房补贴等激励性补贴,工龄连续计算,享受在职员工同等的医疗待遇,不得参加本年度的评奖、评先、晋级、晋升,年终考核最高为基本称职。待岗员工重新上岗,按新的工作岗位确定工资标准。

是年,市联通分公司加强员工录用、异动管理。录用管理:公司编制空缺或因业务发展、机构调整确需增补人员时,由用人单位向人力资源申报,分公司人力资源部向省公司人力资源部提交岗位需求报告和人员增补申请表,如属新设岗位,则应提交工作说明书,报总经理批准后,方能录制人员。录用原则坚持以下原则:员工的直系亲属不能录用入公司;员工其他亲属在自身条件能满足岗位要求的前提下,可以考虑录用,但必须坚持异地安置并且低一级单位录用的原则;公开、公平、公正原则;新录用人员均有3~6个月试用期,试用期的长短根据岗位性质确定。特殊人才经公司领导审批可直接调入公司。新录用的应届毕业生实行一年以内见习制度。如见习期工作表现优秀,可提前结束见习。

录用人员的基本条件:品行端正,作风正派,遵纪守法,有较强的事业心和责任感,有良好的社会公德和职业道德,无不良行为记录。

从事业务技术工作和营销工作的人员具备岗位所需的专业知识和一定的专业工作经验。其中,从事主管岗位的人员应具有国家教委承认的本专业本科以上学历、有本专业3年以上工作经历;从事主办岗位的人员应具有国家教委承认的本专业专科以上学历、有本专业2年以上工作经历;非公司管理人员的选用,应具有国家教委承认的相关专业中专以上学历。

公司直接管理人员的录用年龄不超过35周岁,特殊人才年龄可以 放宽;非公司管理人员选用年龄男性不超过25周岁, 女性不超过22周岁 (但已婚生育且哺乳期满的可放宽至27周岁),特殊工种年龄可放宽到30周岁。

公司直接管理的人员试用期满后,由人力资源部通知其办理个人档案、人事、劳资、社保关系转入手续，手续办妥后，公司即与其签订劳动合同。由于个人原因逾期不办理相关手续的人员，及时予以解聘。

2004年，市联通分公司制定退休管理办法，适用于与公司签订劳动合同或离岗退养协议书的全体员工。男员工退休年龄为60周岁，长期在管理岗位上工作的女员工退休年龄为55周岁，长期在生产岗位上工作的女员工退休年龄为50周岁。达到规定退休年龄的员工，由公司人力资源部在其到达退休年龄的前二个月，按员工管理权限报请有关领导审批，在员工达到退休年龄的当月，按社会保险经办机构的规定办理有关手续。管理退休人员，原则上应采取社会化管理服务方式，由街道和社区进行。

与公司签订两年以上劳动合同的员工、只签订一年劳动合同但联系工龄十年以上或本公司工龄五年以上的员工，在竞聘上岗过程中，未能上岗；工作不服从安排的；经考核不称职的或连续两次年考核为基本称职的；服务态度不好或不认真、敷衍用户，收到用户有理由投诉二次以上，损害公司信誉并收到公司记过以上纪律处分的；违反公司规章制度的；因其他原因未能上岗的，一律内部待岗人员。

市联通分公司人力资源部每季首月5日前将本公司各部门待岗人员名单和《待岗人员审批表》收集整理，送分公司待岗审核小组审议确定后，报省公司员工待岗审核小组审批；接到省公司的批复后，负责向待岗员工所在单位发出《员工待岗通知书》，通知待岗员工办理有关手续。

按干部管理权限进行审批后，按管理权限由其所属人力资源部发出《员工待岗通知书》，待岗员工如有不同意见，本人可以提出申辩，由省公司审核小组负责复议，以复议结果为准。按所在地政府劳动部门规定的企业职工最低工资标准给待岗人员发放生活费（标准不低于350元/月）。待岗培训期一般不少于4周，培训期内按其本人岗位工资的80%计发生活费。待岗员工按待岗前的缴费标准缴纳养老、医疗、失业等社会保险费用。待岗期间不享受住房补贴等激励性补贴，工龄连续计算，享受在职员工同等的医疗待遇，不得参加本年度的评奖、评先、晋级、晋升，年终考核最高为基本称职。待岗员工重新上岗，按新的工作岗位确定工资标准。

常德市联通分公司新员工入职

2007年，市联通分公司分别制定培训计划和制度，对系统内部员工加强培训，与省联通公司、培训体系建立和完善长效培训机制，充分发挥各级培训组织和培训资源的效能，明确培训管理职责，理顺内部管理流程，规范培训工作行为，实行培训管理制度。主要形式有内部培训、岗位技能培训、适岗培训、转岗培训、管理培训、待岗培训、外派培训、合同培训等。员工参加培训后,将学习资料原件交所在部门或分公司存档,以便资源共享。同时,要求各部门或分公司安排参加培训员工将所学知识与公司内其他员工进行交流,开展二次培训。

2008 年,市联通分公司与员工续签合同,合同期限统一为 5 年。公司设立劳动争议调解委员会,依法调解公司与员工发生的劳动争议。劳动争议调解委员会由员工代表、公司代表和工会代表组成,劳动争议调解委员会主任由工会代表担任。是年,市联通分公司组织各级人力资源部执行公司考勤制度,各部门设兼职考勤员,负责本部门考勤管理。

第四节　通信安全管理

1999 年,市电信局建立教育培训基地,在全市企业内部聘有内训师,实行外聘与内聘相结合的培训形式,不断建立健全企业员工培训制度。鼓励员工自学、自费参加国家相关考试和邮电函授学历教育,承认他们培训的各种学历,大专、本科毕业。同时在全市开展岗位练兵、技术比武,提升全市电信员工的素质和技能水平,为通信安全做基础准备。

2000 年,市移动分公司按照中国移动集团公司提出的“同步规划、同步建设、同步运行”安全管理原则,逐步完善和健全各类安全管理制度和管理体系,持续加强网络与信息安全建设,从网络、主机、应用等不同层面建设多层次、立体化的安全防护体系,加强安全基础维护管理和日常安全生产工作,完善各种网络安全规章制度、操作规程,强化员工安全意识,实现积极主动的安全预防,从管理和技术两个层面有效提高全网的安全水平。建立由一把手担任信息安全第一责任人的安全组织机构,保障“在组织内部有效开展和控制网络与信息安全工作”的实施。网络部为网络与信息安全工作职能管理部门,负责贯彻、执行集团公司及上级部门下达的有关网络与信息安全方面的方针、政策和规定,组织安全测试、安全评估、安全加固、安全培训和应急通信的实施。

2008 年 10 月,市电信、移动、联通三家分公司明确执行“谁主管,谁负责;谁运营,谁负责;谁使用,谁负责;谁接入,谁负责”准则。市移动分公司规范常德域内网络与信息安全管理, 提高网络和业务系统接入的安全性和规范性, 确保整个网络系统的运行安全和信息安全,同时支持公司各项业务的快速发展,根据公司安全体框架,结合常德分公司的实际安全需求,在湖南移动网络与信息安全管理办法的基础上,制定和完善网络安全维护管理、接入管理、人员管理、设备、主机和应用系统资产安全管理、文档的规范管理、业务规划规范管理以及技术安全基线规范文档等方面的安全管理制度和规范文档。网络容量、安全配置策略等严格执行《系统规划、设计、验收、入网安全管理制度》。根据安全管理制度和规范作为安全管理体系的纲要,按照安全接入的管理要求、安全基本制度、基本原则及宏观策略,让安全工作有据可依。安全管理制度涉及企业安全建设、规划、整改工作的全过程。

2010 年, 市电信、移动、联通分公司加强网络与信息安全体系建设,分阶段逐步地进行安全建设和安全加固。对现网进行安全风险评估,找出网络存在的安全漏洞和薄弱环节,有目标、有针对地进行安全加固,解决网络、主机、应用层面存在的基础安全问题:建设必备的网络安全防护手段,建设安全预警体系,部署防火墙、入侵检测系统、防病毒系统、账号口令集中管理系统、安全扫描系统、抗拒绝服务攻击产品等安全设备,以实现分类别的集中管理和监控。并通过划分安全区域、统一边界,实现网络的重点防护和隔离。此外,针对网络中存在的典型安全问题,如拒绝服务攻击进行专题研究和分析,制定并实施有效的安全解决方案。建立多维、立体的安全技术防护体系,保证全市IT网络和系统的安全运行。

常德市三家运营商定期开展安全评估,评估范围包括:MDCN网及其承载的企业信息化系统(OA/MIS)、网管系统(话务网管、IP网管、电子运维系统、传输静态资源管理系统、动力环境监控系统等)、业务支撑系统(BOSS、客服系统、经营分析系统等)和CMNET及其承载的WAP、GPRS、短消息、短信网关、梦网网站、邮件系统、1259语音平台、WLAN、LBS、VOIP、OTA、企信通、短信漫游问候、NAS等数据业务系统等。查漏补缺现行运行网络、设备、主机、终端等,提出可行的防护策略与安全方案,完善安全管理体系和相关制度。

三家单位遵循"七分管理、三分技术"和"预防为主、及时发现、快速响应、综合解决"的指导思想,分析流程,设计每一阶段(预防、监控、识别、控制、追踪)的综合防御解决方案。从管理和技术层面构架防御服务攻击的综合防护体系。

是年,市电信、移动、联通三家分公司分析网络攻击和病毒技术的发展,设置网络防御预警系统,形成完善的安全预警体系,随时发现和预示网络可能发生的恶意代码、蠕虫病毒和攻击,防范网络与信息的安全性给通信行业带来的影响和隐患。同年,市移动分公司支持国际反垃圾邮件组织和国内互联网管理机构对于打击垃圾邮件采取的各项行动,坚决制止用户利用常德移动分公司的任何网络或服务从事发送垃圾邮件的一切相关活动。

市移动分公司应急通信车

第五节 市场营销管理

一、电信

1989 年—2012 年,电信业务的市场营销随着邮电体制的变革而不断市场化,主要分为自然增长和全员营销,专业和专职营销,规模专职营销和社会营销阶段。1989 年—1995 年为自然增长和全员营销阶段。是年,邮电业务独家经营,企业没设市场营销,发展业务抓收入称为生产经营,生产经营任务的完成靠自然增长和全员分任务,并把全员营销作为完成生产经营任务的法宝,贯穿多项业务发展之中。1995 年—2004 年为专业和专职营销阶段。1994 年,常德邮电建立大客户部,注重大客户的服务和发展;1996 年,常德邮电成立经营部和邮电营销总公司,实行一门二牌,下设电信和邮政 2 个分公司,随后,市邮电局调整为东、西、南、北、中 5 个分公司,每个分公司设经理 1 名,专职营销员 5 ~ 6 名,全为正式员工。市邮电局专职营销人员50 余名,取消人人分任务、个个有指标的全员营销,实行专职、专业营销。各县市局亦设立经营股和专职营销员,从上至下形成全市邮电专职营销网络。2004 年—2012 年,为规模专职营销和社会营销阶段。1999 年后,市移动分公司成立,联通、网通、铁通进入,广电部门涉足,常德电信独家经营的局面打破,常德通信市场进入多家鼎立、多元竞争的时代。2000 年,市电信分公司转变观念,建立快速响应市场经营机制,加大市场专业、专职营销力度。2004 年,突出企业经营机制的转型,市电信分公司内部机构由垂直型变为前后端市场扁平型,职能管理部门由经营部变为市场部,又变为市场营销部和市场产品部。按客户类型设立大、公、商客户部等产品专职营销部门,后随市场的需求不断变更为政企、集成,东、西、南、北、中 5 个营销中心。2008 年 12 月,全市电信成立 11 个区域营销中心,市区和县城设置 151 个网格单元,配备网络经理,推行网格化营销。

二、移动

1999 年 7 月 17 日,常德移动通信分公司挂牌运营,成为一个独立的经济实体。1999 年,全年累计完成运营收入 1.38 亿元,占全年计划的 100.28%,比 1998 年同期增长 74.28%,欠费余额比分营前减少了 2721 万元,减幅达 36.77%,列全省第一位。实现移动通信收支差额 7656 万元,上缴营业税金及附加 460 万元,所得税 2484 万元。全年累计放号 7.8 万户,净增用户 45356 户,为全年净增用户计划数的 119.9%,比上年同期增长 34.42%,期末用户达到 117588 户。是年,市移动分公司营销工作采取一手抓对内发动,一手抓对外宣传;一手抓指标到人,一手抓考核到位;一手抓营销策略,一手抓贯彻落实;一手抓自办营销,一手抓代办渠道,业务发展高潮迭起。市移动分公司合理利用网络管理,提高模拟网络的使用率,推出

“常德通”“三湘通”模拟手机新业务，以较低的入网费、通话费吸引工薪阶层，满足人们使用移动通信的欲望。扩大开放139、138两个网号，加大网络资源的建设和开发，相继开放“137、136、135”三个网号，满足客户对号源需求。年底，完成用户净增数43127户。

常德移动分公司宽敞明亮的营业大厅

2000年，市移动分公司注重“让利得利得市场”的经营策略，加强代办代销工作力度，成立代办代销业务管理中心，各县(市)分公司也相继成立相关机构，实现公司单一营销模式向社会营销模式转变。年底，代办户所发展的用户已占全公司发展的用户的五成以上。5月15日，移动银行联网缴费系统投入试运行，市农业银行正式开办代收移动话费业务。全年累计完成运营收入2.528亿元，完成净增用户103661户。年底，网上实际通话用户突破20万户。是年，市移动分公司以“个人通信发展”为主题，以省公司“千禧杯”分季业务发展竞赛为主线，突出“一个中心”，坚持“三抓战略”，实现“四大转移”，抢占市场先机，积极引导消费，开发农村市场，两个县(市)分公司进入全省“十强”。

2001年，市移动分公司完成运营收入3.4亿元，为年计划的110.41%，较电移分离前翻了进三番。年底期末用户数达到32.4万户，全年净增通话用户9.89万户，为全年计划的111.2%，用户规模排全省第二位。是年，市移动分公司抓住机遇，果断进行资费调整。全年净增网上通话客户98970户，完成全年计划的111.2%，年末网上通话客户总数突破30万户大关，全年实现业务收入3.4亿元；全年ARPU值达到100多元，处理客户规模，ARPU值、创收能力之间的关系。借鉴分季竞赛的成功模式，组织开展2001年移动通信业务发展竞赛活动，抓住一切有利时机开展促销活动，元旦、春节期间全市范围内开展“选择中国移动网、喜气洋洋中大奖”的业务促销，四十天放号2800户，净增通话用户2.3万户，丰富业务品牌，推出“温馨夜话”“乡镇通”等业务，分时段、分地域优惠实现。5月12日，市移动分公司与市邮政局的联网缴费系统投入试运行，5月25日，开通运行移动代办系统和移动话费查询系统及详单备份系统。

2002年，全年累计完成运营收入4.78亿元，为年计划的105.06%；全年净增网上通话用户11.6万户，为年计划118.37%；期末网上通话用户数达到39.37万户，市场占有率达84%。是年，市移动分公司坚持“业务发展”中心，以提高效益为目标，积极应对竞争，稳定核心市场，按照“服务与业务”的要求，全方位贯彻落实品牌整合、营销渠道整合、业务管理升级“三大计划”和“客户服务工程”。业务发展、应对竞争、渠道整合、客户服务、大客户营销服务、欠费管理、数据业务推广、业务宣传有新的发展。元旦、春节全市范围内开展“庆超亿、贺圣诞、迎新年、送大礼"业务促销,一季度放号 68559 户、净增通话用户 52045 户。

2003 年全年累计完成运营收入 5.45 亿元,累计净增网上通话用户 17.5 万户,期末用户数近 60 万户,绝对值名列全省第二。与联通相比,新增市场占有率为 79.68%,期末市场占有率为 82.68%,保持全省第一。与"小灵通"相比,新增市场占有率为 77.4%,期末市场占有率为 92.050%,集团客户稳定率达到 90%以上。短信普及率达 70%。同年,公司制定《关于明确服务营销渠道整合投资有关事项的通知》,对渠道整合的资金来源、经营方式、整合程序进行说明,督导实施。对代办佣金的发放办法进行修订。进一步加强与邮政的战略合作关系,做到优势互补。

2004 年,全年累计完成运营收入 6.53 亿元,全年净增通话用户 15 万余户,期末用户总数63.6 万户。同年,公司实施营销渠道整合规划,完善代办管理制度,开展代办分组竞赛,加速营销服务网络转型。全年城区渠道网点布局优化,自建自营网点达 20 个,自建他营网点达到25 个。农村营销渠道得到扩充与完善,全市城乡联网代理店的覆盖率达到 65%以上,普通代理店的覆盖率达到 95%以上。

2006 年,全年累计完成运营收入 8.8 亿元,累计净增通话用户 16.28 万户,累计 APRU 值为 75.85 元。其中完成新业务收入 1.83 亿元,实现信息化收入 379 万元,完成省公司下达计划的 151.63%。全球通目标市场占有率从年初的 37%,提升到 47.3%,超省公司考核目标 5.3个百分点,中、高端客户保有率达 87.08%。同年,市移动分公司组织 20 多场路演,专题送戏下乡,抓住"两节"发展业务。以农村为中心,重点打造"家园卡"、"集团网"和"农信通"三大产品,推出"神州行·集团卡"。关注校园市场,全年校园放号过万户。是年,市分公司制定渠道整合规划,新建、改造自控营业厅 46 家,率先在全省实施 24 小时自助服务厅。开展"移动专区整改"竞赛,缓解窄带传输容易掉线、速度慢、客户查询难等问题。

2007 年,全年累计完成运营收入 10.05 亿元,净增通话用户 35.34 万户,完成省定目标的 260.24%。完成定制终端销售 5.68 万台,完成省公司计划的 113.77%。该年,公司发挥企业规模、渠道、网络、成本优势,提升用户规模、创收能力、市场营销、渠道建设与运营管理、集团客户服务、个人大客户服务、客户服务等整体实力,拜年卡开户 19266 户,其中通话用户 18801 户,产生通话收入 334.6 万元,净增通话用户 139185 户。8 月 1 日—9 月 30日期间,新增"动感地带·骄子卡"有效客户数 5054 户,秋季校园净增客户 15167 户。2007 年,全市新建渠道网点 117 家,其中,城区新建自建自营厅 24 家,自建他营厅 23 家,VIP 俱乐部 1 家,24 小时自助服务厅 5 家,农村新建自建自营厅 10 家,自建他营厅 54 家。

2008 年,全年累计完成运营收入 12.18 亿元,净增通话用户 32.6 万户,完成省定目标的 108.7%。公司营销以分季竞赛为主线,以阶段性促销为重点,发挥成本优势、品牌优势、渠道优势和规模优势,注重营销创新和营销资源的合理运用,稳定集团客户、农村客户和家庭客户。全市新增自建他营店 107 家,手机连锁超市 6 家、24 小时自助厅 16 个,提升渠道掌控及终端销售能力。

第六节　设备管理

2004年,市电信分公司加强设备管理,对新建数字通信设备、电信长途通信设备、互联网骨干网络设备登记注册备案。同年，常德电信建成长途2Mbps传输端口501个，长途155Mbps传输端口19个,长途25Gops传输端口1个,长途2.5Gbps波分系统端口20个。接入网立项732个,传输网立项2个,企业信息系统投资7个,IP网立项2个,;新增ADSL端口2.2万线、以太网端口5082端口、网线入户3870户、2M电路93条。年末,全市电信分组交换用户端57个,帧中继/ATM155Mbps长途电路4个;互联网骨干网中继带宽2.5G,互联网城域网中继带宽10.5G。

2006年,常德市新建智能网用户数据库SHLR 2套,用户容量为147.2万户/套,市城北分局新建汇接局2529个2M，中心局新建汇接局2530个2M。电信本地交换设备总容量为1516205门。2008年,市电信分公司国内(省内)长途电话交换机容量22878路端。2010年,常德电信建成市城区治安电子防控系统监控点589个。市电信分公司分派专人进行登记，逐年清理，检查。

常德市电信分公司机房

市移动分公司全网运营固定资产登记在册:(1)中国移动国际电话交换机ISC设备，国际信令转接点ISTP设备;(2)汇接局软交换机SS/CMN设备,汇接局媒体网关TMG/SG设备,一级话务汇接交换机TMSC1,二级话务汇接交换机TMSC2;(3)移动信令网高级信令转接点设备HSTP,低级信令转接点设备LSTP;(4)移动通信网本地关口交换机GMSC,关口局软交换机GMSS,关口局媒体网关GMGW;(5)移动端局交换机MSC/VLR,端局软交换机MSS,端局媒体网关MGW,用户归属位置寄存器HLR及其备份设备;(6)移动智能网业务控制点SCP,业务管理点SMP,充值中心VC设备;(7)GPRS支持节点SGSN,GGSN,GPRS计费网关CG及域名服务器DNS;(8)IMS核心网设备,主要包括:归属用户服务器HSS,呼叫会话控制功能单元CSCF,边界网关控制功能BGCF,媒体网关控制功能MGCF/IM-MGW,域名系统ENUM/DNS;(9)中国移动IP承载网所属的路由器以及与其连接的CE设备;(10)CMNET骨干网所属路由器,局域网交换机，域名服务器DNS系统;(11)承担全网性业务的WAP网关GW，彩信系统，KJAVA系统,梦网邮箱系统,中央DSMP平台,WLAN PORTAL服务器,总部春晚网关,全国行业网关,国际短信网关系统;(12)省际干线传输网设备,时间同步网设备,通信枢纽楼间承担骨干网业务的传输网设备。

2009年,常德联通重点建设WCDMA 3G网络。2010年年底,市联通分公司网络规模扩大。移网核心网增加HLR设备2台,总容量223万,开卡用户112万,软交换设备SERVER 2台、MGW 3台,设备总容量172万,占用容量:82万,下挂BSC7台,RNC7台。业务覆盖全市11个区县,关口局2套,分别与移动、电信、铁通相连,承载网间话务疏通;固网核心网方面,固网核心网共有设备3套,其中传统PSTN交换机一套,软交换固定电话交换机一套,固话关口局一套,承载固定用户2万门,从1999年至2010年,常德联通核心网设备升级,华为软交换设备替换北电传统交换机,调高设备稳定性。

第七节 三网融合

2008年4月18日,《湖南省行政程序规定》正式公布,明确要求行政机关采取措施,加快电子政务建设,推进政府上网工程,扩大政府网上办公范围,通过电子政务内网系统的建设,一方面得到政府信息化平台标准接口的主导权,另一方面通过系统的移动接入实现移动信息化的应用开发,深度捆绑政府机关、单位的集团成员。在电子政务系统项目的建设过程中,利用电信、移动信息化解决政务办公信息资源共享问题,政务系统建设,整合相关单位息资源;政务内网的建设从单一解决政府内部信息化逐步扩展面向广大百姓提供方便、快捷的政务信息服务内容。

2008年11月16日,常德网络运营商成立"数字城市"建设管理和工作机构,主动与常德市政府沟通,把三网融合技术纳入常德市网络通信建设范畴。三网融合通信网络是一个覆盖全球、功能强大、业务齐全的信息服务网络,是全球一体化的综合宽带多媒体通信网。网络结构是一个统一完整的结合体系,为全球任何地点,采用任何终端的用户提供综合的语音、数字、图像等多种服务。因特网如电子邮件、文件传输、远程登录、全球WWW浏览成为人们广为利用的网络技术,三网融合是集语音、数据文字、图像视频于一体的综合网络,因特网是实现这一网络综合化的基础,也是实现三网融合的综合业务平台。高速大容量的同步数字系列(SDH)光纤通信系统以及波分复用密集技术的成熟,满足当前高速宽带通信的要求,逐渐成熟的ATM交换技术又为宽带综合业务交换奠定了良好基础。宽带接入网络在采用光纤/同轴电缆混合(HFC)拓扑网络,通过一个HFC接入网,同时向用户提供电话、数据和视频图像等综合业务。HFC接入网技术提供除了电话、模拟广播电视业务外,同时还提供窄带ISDN业务、高速数据通信业务、数字视频点播(NVoD)和其他各种高速信息服务业务;进入数字电视时代,HFC宽带多媒体接入网能以进一步降低每个光结点覆盖的用户数量,增加业务灵活,适应性好,带宽资源丰富,开展高速数据业务和数字电视业务,价廉质优的特点而具很大的竞争力。

HFC引进一种新的拓朴结构——节点结构,这种结构使网络很容易向各个小区提供交换服务。三网融合并不是原来的简单延伸,而是将开拓出一个以IP为基础的新一代电信网络,提供IP电话、视频点播、交互式游戏、远程教育、电子商务、远程医疗等应用。

第四篇《

信息化培训和考试

第一章　信息化培训

第一节　培训机构

1989 年，常德市人事局、常德市人才开发交流服务中心开始面向全市实行人才培训考试。

1992 年 5 月，创业经营计算机器材的大学教师李少夫回乡办起计算机培训班，在武陵区劳动局租用场地办计算机短训班，每月 8 号、28 号开班，参培人员踊跃，期期爆满，出现了母子同堂、祖孙共学的局面。学校还自编了《DBASEJ330》和《计算机培训教材》两本教材。截至 1994 年，培训班为常德市培养电脑技术人才 8000 余人。

1994 年 4 月 30 日，常德市教委正式下文成立常德电脑技术学校，培训班升格成为电脑学校，招收四个班共 256 名学生，分三年制三个中专班和两年制一个中职班，主学计算机应用技术专业，8 月 28 日正式开学，进行军训。

1996 年，常德市信息中心成立信息技术培训部，负责市直公务员和企业管理人员的电脑培训，并面向社会进行电脑技术服务。

1995 年 4 月 8 日，李少夫、齐淑兰自筹资金，选址鼎城区王家铺地段，首买土地 1.53 公顷，自建校舍办学——常德电脑技术学校，常德市主管教育的副市长刘昌进等领导同志参加新校址奠基仪式。

是年，学校购置 120 台电脑，新招 6 个班（3 个计应班、3 个文秘班）。9 月增设自考大专班、计算机信息管理、计算机应用两个专业。计算机教研组编写出《电脑培训教材》（第二版）和《计算机培训教材》（修订本）。

1996 年，常德电脑技术学校扩大招生规模，新招 9 个班（三年制计算机应用 3 个班和电脑文秘 4 个班，两年制电算会计 2 个班），为解决应、往届高、初中生就业，招收一年制计算机操作速成班和计算机信息管理大专自考班，在校班级 19 个，学生达 1349 人，有教职员工 100 余人，教学工作实行大、中专分开管理。专业骨干教师杨振华、向文等编写《局域网》《组装与维护》应用教材。

1997 年，常德电脑技术学校新招 8 个中专班，即计算机应用 3 个班，电脑文秘 3 个班，电算会计 2 个班，大专信息管理自考班 2 个，共 26 个班，在校学生达 1835 人，教职员工增加到 130 余人。

1998 年 7 月 20 日，经省教育厅批准，“常德电脑技术学校”更名为“常德电脑专修大学”，成为高等教育学历文凭试点院校。学校占地面积 3.8 公顷，建筑面积 11000 多平方米，教学、文体、生活设施基本配套，拥有电脑 720 台，校园电视网络四通八达。在校学生 1753

人,其中大专生183人,来自6个省、42个县市,在5个教学班学习。

是年8月7日,省教委批复“常德电脑专修大学职业中专部”,开设计算机应用、电脑文秘、电算会计、英语四个专业,截至1998年,已培养毕业生662人,短期结业学员8200余人。

是年10月23日,常德市人事局印发《关于计算机知识普及培训和考核工作的实施意见》。决定从1996年10月开始,市人事局人才中心组织开展全市范围内计算机知识普及培训和考核。

1999年4月,常德市信息中心成立常德市新世纪电脑信息技术学校,宋公福任法人代表,周海清任校长。当年,根据社会对人才的要求标准,学校将计算机应用专业调改为电子技术专业,使学生既拿大专学历文凭,又拿高科技技术证书,方便学生就业。是年下半年,学校增设电脑,配套机电室检测仪器,启办图书室,操场增加简易体育设备。当年,学校由中专层次调整为大专层次,有专职师资4人,在校学生38名。

2000年,刘丙初任常德市信息技术学校校长、法人。

2001年,常德电脑专修大学规模扩大新征地9.33公顷,总占地13.33公顷,建筑面积54200平方米,修了围墙,投资80余万元添置投影机设备、一台新式锅炉,电脑已达1500台,扩建600平方米食堂一个。耗资400余万元购进“菱园”大楼设立东飞分校,建成集训练、电脑营销、组装维修、软件开发为一体可容纳600人学习的实训基地,累计投资2700万元(2001年850万元)。共有45个教学班,在校学生达3100余人,来自12个省、47个县市,教职工271人。

2002年,常德市公安局成立培训部。开始在公安干警队伍内部开展电脑信息、电脑技术、信息技术等方面的培训。

2003年7月,常德市委组织部、常德市人事局组织信息化与电子政务培训,规定半个月以上的主体班,学习时间不少于3天;半个月以下的主体班,学习时间不少于2天。市直各有关单位对信息化与电子政务培训工 作要从实际出发,讲求实效,要严格按干部管理权限抽调干部参加培训,严格执行办班申报审批。

2004年,常德市广播电视大学开始进行英特尔未来教育培训,截止到2010年,7年时间共培训5560人,其中2004年1000人,2005年806人,2006年813人,2007年635人,2008年801人,2009年805人,2010年700人。

同年电大也举行计算机培训,到2005年年底,共有1100人参训。

2006年上半年,常德市成立电子应用教育分中心(以下简称市电子应用中心),张晓君任中心主任。主要负责全市计算机等级考试、软件培训和考试工作。

2007—2010年,市电子应用中心担任常德市计算机应用、软件、等级和技术水平培训和考试工作。

第二节　培训工作

1996年12月26日,市人事局出台《关于举办全市首届普及计算机知识师资及管理骨干培训班的通知》。1997年1月6日—18日,全市首届普及计算机知识师资及管理骨干培训班开班。参训40人。中国人民解放军国防科技大学童照春教授、市信息工程学校夏笠芹老师授课,李威辅导上机。1997年,全市参训人员2100人,其中市直660人,完成应参训人数的50%。自此全市计算机培训全面铺开。

1997年,市信息中心发挥中心电脑技术和设备优势,经过多方协商,组织人事局管理的公务员、组织部管理的参管人员培训班,举办4期,培训3 00多人。同年,组织电算会计培训90人,组织社会待业人员和下岗职工培训150人,所有培训人员全部领取合格证书。是年,市信息中心向机关事业单位输送培训合格人员150名, 为企业和个体户输送培训合格人员4 0名,向沿海地区输送7 0名。

11月,市信息中心组织9名工作人员参加市法制办组织的执法人员培训班,9人全部合格并领取行政执法证;12月,市信息中心举行第一期信息经营单位和个人资格证培训班,发单位资格证4个、个人资格证14个。

1998年,市信息中心认真贯彻《湖南省经济信息市场管理条例》,加强区县市执法人员培训,全年培训区县市信息市场执法人员12人,确保全市各区县都有两名以上执法人员。

1999年上半年,市信息中心和人事局合作,在人事局办公楼会议室组织全市各单位计算机操作人员参加培训,培训内容:计算机维护、计算机故障处理、信息添加和更新、信息发布的注意事项,新闻采编的要求和注意事项等。

2000年5月,市经济信息中心组织举办常德市政府上网工程培训班,全市124家政府上网单位的主管领导与技术员参加培训班。

2002年,常德市人才中心组织软件使用培训班4期,参训人员107人。

是年,常德市公安局培训部开始在公安干警队伍内实施计算机培训,主要内容是电脑知识、网络知识、信息技术等。当年举办8期,参训人员计470人。

2003年,市信息化办组织市直200多家单位信息员培训,培训内容主要是信息添加必须把握度,发布的新闻信息必须经过分管领导审批,实行新闻信息终审制;上传的信息必须注意不能出现错别字,不能出现错误标点,用词准确;图片处理要遵循网站的规范。

2004年1月16日, 常德市人才开发交流服务中心开始首次全国专业技术人员计算机应用能力培训,常德市举办的国家级计算机应用能力培训工作由此开始。

是年,常德市公安局培训部举办计算机培训,主要内容是电脑知识、网络知识、信息技术等。当年举办10期,参训人员计488人。

11月2日,常德市信息化办举办首届全市公务员信息化培训班,培训内容是网站信息的采集、编辑、审核和发布,电子邮件的使用,图形处理,网络安全。培训对象是纳入“中国.常德”政府门户网站子网站建设范围的132家市直单位和各区县(市)人民政府、德山经济开发区、柳叶湖旅游度假区、西湖管理区、西洞庭管理区管委会的网站技术和管理人员。

从1997年至2004年,8年时间,常德市全市共有29442人次参加市人才开发交流服务中心组织的计算机应用人员培训。

2005年,市信息化办组织常德市市直各单位技术人员第一轮OA办公系统操作培训。

2005年9月,常德市信息化办为推进常德市电子政务建设,培养电子政务管理专门人才,以党校函授方式开展电子政务培训,举办电子政务专业函授本科班。送训对象是常德市各单位年龄在40岁以下,具有大专以上学历和计算机应用能力中级以上水平的人员。

2006年4月至8月, 市人事局培训中心为市工商系统干部职工举办培训22期, 培训1166人。

2006年5月9日至13日,市信息化办在市政务服务中心6楼举办“信息安全工程师培训”。主旨是加强常德市信息化安全人才队伍的建设,适应市电子政务内、外网平台建设和应用需要,确保全市信息化建设安全。7月,市信息化办配合省信息化办,组织对市、县政府部门,企事业单位从事信息化工作的相关人员进行信息安全培训。培训由省网络与信息安全协调小组办公室主办,市信息化办协办。培训班由省内长期从事网络信息安全研究和教学的专家及安全厂商技术工程师授课;培训采用教师授课和学员自学视频教程相结合的形式,教材统一采用全国信息技术人才培养工程指定的培训教材和湖南省信息安全工程师授课讲义、参考资料。学员经培训考试合格后获得全国信息技术人才培养工程“信息安全工程师职业资格培训证书”,并进入全国信息技术人才库,该证书成为信息化及信息产业从业人员持证上岗、接受继续教育的一个重要依据。

2006年,常德市公安局培训部举办公安干警队伍内部计算机培训班,主要内容是电脑知识、网络知识、电脑操作、信息技术、公安与信息技术融合等。当年举办10期,参训人员560人。

常德市“同德杯”计算机调试员大赛现场

2004年,常德电脑专修大学升格为湖南同德职业学院。全院形成以计算机网络专业为主体、计算机应用为基础、集网络程序和电脑辅助设计与制造为特色的教学格局。先后新增物流管理、拍卖与典当、建筑装饰工程技术、机电设备安装与维护、模具、商务韩语、音乐等专业。针对专业特点和学生实际水平,提倡“任务驱动式”“案例式”等先进教学方法,并确定“计算机应用技术”等

4 个专业为改革试点专业。有 2432 名参加考试并获得相关等级证书。

2007 年 10 月，湖南同德职业学院教师赵君、向文参加省级比赛夺得一等奖，计算机专业教师杨治华等 20 人分别主编由原子能出版社出版的大专计算机方面的教材共 7 本，在湖南省中职学校计算机程序设计和电子教案现场设计比赛中，杨振华、向文获二等奖，彭进香获三等奖。

2007 年 7 月，市信息化办组织全市电子政务内网各受文单位办公室主任（秘书科长、综合科长）进行综合培训，培训内容主要是电子政务内网的操作、使用方法、规范、原则以及注意事项，同时培训增加电子公文的安全保密要求和保密工作内容，增加内容由市国家保密局工作人员讲授。

2007 年 9 月 30 日，市人才中心协助市财政局组织全市财政干部电脑操作比赛。全市石财政系统 101 人参赛；10 月 9 日，配合市畜牧水产局举办专业畜牧统计信息员培训，培训学员 30 人；10 月 17 日，协助常德市卫生局组织开展全市卫生系统卫生信息统计员培训共四期，培训 316 人次。

2007 年，常德市公安局培训部培训公安干警的计算机知识：电脑知识、网络知识、信息技术、公安与信息技术融合等，举办 11 期，790 人参训。

2008 年 3 月 17 日，常德政府网站负责人与市劳动局统计信息中心、就业培训科等相关科室负责人一道，就网站设立培训查询链接的工作交换意见，一致同意发挥各自职能优势，整合全市就业培训信息资源，尽快在网站上建立相关链接，免费公布常德市（含各区县市）所有与就业有关的培训机构相关信息，为广大市民提供优质服务。市劳动和社会保障局进一步加强对就业培训机构的监督和管理，接受网上举报和投诉，对于采取夸大培训效果、扰乱培训市场的各种不法行为，将给予严厉打击。

2008 年至 2010 年，常德市公安局培训部培训公安干警计算机知识：电脑知识、网络知识、信息技术、公安与信息技术融合等，3 年共举办 31 期，有 3036 人参训。常德市公安局前后 8 年在全市公安队伍中实行公安干警计算机培训，一共举办 68 期，参训人员达到 5344 人。

第二章　信息化考试

第一节　考试主办机构及考试站点

常德市计算机所有考试均由国家和省计算机考试机构主办。

1996 年至 2003 年,常德市计算机软件资格与水平考试工作由常德市科技局负责。

2004 年,常德市计算机软件资格与水平考试工作由常德市科技局移交给常德市经委系统机电建材办负责。

2005 年 5 月,常德市政府加强信息化工作力量,调整信息化工作,将原经委系统机电建材办的计算机软件资格与水平考试工作划归市信息化办管理。

2006 年,常德市成立湖南省电子应用教育中心常德分中心,是湖南省电子应用教育中心指定的负责整个常德市计算机考试的主办单位,下设有常德市软考办、湖南文理学院、常德市同德职业学院、常德市职业技术学院、科星电脑技术学校、北大青鸟、湖大远程、常德市烟草公司、桃源县职业中专学校等报名站点,负责吸收计算机考试人员和负责报名工作,然后,各报名站点将报考生报到市电子应用中心后,由市电子应用中心组织所有考生参加全国统一考试,分中心由张晓君任主任。

从 2006 年起,常德市计算机软件资格与水平考试工作一直由湖南省电子应用教育中心常德分中心负责,组织人员,落实考试。

第二节　计算机与软件资格考试

1996 年至 2002 年,常德市计算机软件资格与水平考试成绩合格人员 159 人,其中初级程序员资格 11 人、程序员资格 11 人、高级程序员资格 18 人、初级程序员水平 48 人、程序员水平 57 人、高级程序员水平 10 人、系统分析员 2 人、网络程序员 1 人、网络设计师 1 人。

2002 年,常德市计算机软件资格与水平考试参考人员 536 人,成绩合格人数 65 人。

是年,科技局制定计算机软考的具体细则,简录如下:2002 年度计算机软件专业技术资格和水平考试的报名条件及有关事项按《中国计算机软件专业技术资格和水平考试暂行规定》(人职发〔1991〕6 号)、《关于非在职计算机软件专业技术人员资格证书发放问题的通知》(人职发〔1994〕9 号)、《关于做好计算机软件专业技术资格和水平考试有关问题的通知》(人职字〔1997〕16 号)和《关于进一步加强中国计算机软件专业技术资格和水平考试管理工作的通知》(信部人〔2001〕702 号)的有关规定执行。2002 年度的计算机软件专业技术资格和水平考试的级别、报名对象及条件与2001年度相同。

1.考试级别

计算机软件专业技术资格考试(以下称资格考试)分为初级程序员级、程序员级、高级程序员级;计算机软件专业技术水平考试(下称水平考试)分为初级程序员级、程序员级、高级程序员级、系统分析员级。另外,2002年的水平考试增加网络程序员(初级)、网络设计师(中级)两个级别的考试试点工作。

2.报名对象及条件

①有志从事计算机软件工作的在职人员,不论学历、资历如何均可参加初级程序员级资格考试。

②大学本科毕业的在职人员或担任软件技术员职务2年以上(含2年)者可参加程序员级资格考试。

③研究生毕业的在职人员或担任软件助理工程师职务2年以上(含2年)者可参加高级程序员级资格考试。

④参加程序员级、高级程序员级资格考试合格人员,其考分已达水平合格线的可同时颁发资格证与水平证。

⑤任职年限计算截至日为2002年12月31日。

⑥参加各级水平考试,不受学历、资历等条件的限制,只要有志从事计算机软件工作的人员均可参加初级程序员级、程序员级、高级程序员级、系统分析员级以及网络程序员和网络设计师的水平考试。系统分析员水平考试合格者,可以作为评聘高级工程师条件之一。

市人事局、市信息化办考点负责人巡视考场

⑦凡通过全国计算机软件专业技术资格和水平考试的人员，在职称聘任时可不再参加专业外语考试。

2003年,常德市参加全国计算机软件资格与水平考试人数324人,考试合格人数44人。

2004年,国家颁布计算机技术与软件专业技术资格(水平)考试暂行规定:第一条 为适应国家信息化建设的需要,加强计算机技术与软件专业人才队伍建设,促进我国计算机应用技术和软件产业的发展,根据国务院《振兴软件产业行动纲要》以及国家职业资格证书制度的有关规定,制定本规定。

第二条　本规定适用于社会各界从事计算机应用技术、软件、网络、信息系统和信息服务等专业技术工作的人员。

第三条　计算机技术与软件专业技术资格(水平)考试(以下简称计算机专业技术资格

(水平)考试),纳入全国专业技术人员职业资格证书制度统一规划。

第四条　计算机专业技术资格(水平)考试工作由人事部、信息产业部共同负责,实行全国统一大纲、统一试题、统一标准、统一证书的考试办法。

第五条　人事部、信息产业部根据国家信息化建设和信息产业市场需求,设置并确定计算机专业技术资格(水平)考试专业类别和资格名称。

计算机专业技术资格(水平)考试级别设置:初级资格、中级资格和高级资格 3 个层次。

第六条　信息产业部负责组织专家拟订考试科目、考试大纲和命题,研究建立考试试题库,组织实施考试工作和统筹规划培训等有关工作。

第七条　人事部负责组织专家审定考试科目、考试大纲和试题,会同信息产业部对考试进行指导、监督、检查,确定合格标准。

第八条　凡遵守中华人民共和国宪法和各项法律,恪守职业道德,具有一定计算机技术应用能力的人员,均可根据本人情况,报名参加相应专业类别、级别的考试。

第九条　计算机专业技术资格(水平)考试合格者,由各省、自治区、直辖市人事部门颁发人事部统一印制,人事部、信息产业部共同用印的《中华人民共和国计算机专业技术资格(水平)证书》。该证书在全国范围有效。

第十条　通过考试并获得相应级别计算机专业技术资格(水平)证书的人员,表明其已具备从事相应专业岗位工作的水平和能力,用人单位可根据《工程技术人员职务试行条例》有关规定和工作需要,从获得计算机专业技术资格(水平)证书的人员中择优聘任相应专业技术职务。

取得初级资格可聘任技术员或助理工程师职务;取得中级资格可聘任工程师职务;取得高级资格可聘任高级工程师职务。

第十一条　计算机专业技术资格(水平)实施全国统一考试后,不再进行计算机技术与软件相应专业和级别的专业技术职务任职资格评审工作。

第十二条　计算机专业技术资格(水平)证书实行定期登记制度,每 3 年登记一次。有效期满前,持证者应按有关规定到信息产业部指定的机构办理登记手续。

第十三条　申请登记的人员应具备下列条件:

(一)取得计算机专业技术资格(水平)证书;

(二)职业行为良好,无犯罪记录;

(三)身体健康,能坚持本专业岗位工作;

(四)所在单位考核合格;

再次登记的人员,还应提供接受继续教育或参加业务技术培训的证明。

第十四条　对考试作弊或利用其他手段骗取“中华人民共和国计算机专业技术资格(水平)证书”的人员,一经发现,即行取消其资格,并由发证机关收回证书。

第十五条 获准在中华人民共和国境内就业的外籍人员及港、澳、台地区的专业技术人员,可按照国家有关政策规定和程序,申请参加考试和办理登记。

第十六条　在本规定施行日前,按照《中国计算机软件专业技术资格和水平考试暂行规定》(人职发〔1991〕6 号)参加考试并获得人事部印制、人事部和信息产业部共同印制的“中华人民共和国专业技术资格证书”(计算机软件初级程序员、程序员、高级程序员资格)和原中国计算机软件专业技术资格(水平)考试委员会统一印制的“计算机软件专业水平证书”的人员,其资格证书和水平证书继续有效。

第十七条　本规定自 2004 年 1 月 1 日起施行。

是年,常德市参加全国计算机软件考试 182 人,其中程序员 61 人,软件设计师 66 人,网络工程师 21 人,系统分析师 8 人,网络管理员 9 人,数据库系统工程师 5 人。

2004 年 10 月,信息产业部领导到常德市视察软考工作,对常德市软考工作取得的经验给予充分肯定。

2005 年,常德市上半年举行计算机软考,全市有 137 名考生通过考试,合格率为 31.3%,通过率位列全省第一。2005 年下半年,常德市软考人数参考人员达到 157 人。

2006 年,市电子应用中心总结 2005 年全市电子教育工作,分析 2005 年存在的问题,部署落实全市各分站的工作;宣传计算机技术应用各类考试,组织计算机各类考试,维护考试的公平公正,向用人单位推荐优秀结业生。是年上半年,全市共有 496 人报考本次考试所设置的计算机软件、计算机网络、计算机应用技术、信息系统和信息服务等 5 个专业,比 2005 年增加 11.1%。

是年 5 月 20 日,常德市上半年计算机技术和软件专业技术资格考试(软考)在市长怡中学举行。此次考试全市共有 496 人报名参加,比上年增加 12 个百分点。为组织好 2006 年的软考工作,常德市软考办周密部署,精心准备,为广大考生创造公平、舒适的考试环境。5 月 20 日,随着市软考办最后一封考卷存入保密室,全市 2006 年上半年软考组考工作画上圆满句号。

自 2004 年以来,市软考办成功组织 4 次大型软考工作,尽管参考人员越来越多,但因市软考工作准备充分、组织严密,考试过程中未出现任何问题,连续两年通过率稳居全省第一,得到省软考办的充分肯定。

2007 年,市电子应用中心发动各报名分站努力,完成全年工作任务。全市全年计算机软考报考规模 728 人,占全省第三位。信息水平考试报考 148 科,全面完成省中心的任务,排全省第四位。同时组织全市各高校参加全省“我与软考同行”大型主题征文活动,全市投稿四篇,其中,文理学院两篇,高职院两篇,高职院蒋毅老师的《隐形翅膀》获三等奖。

2007 年,市电子应用中心荣获全省电子应用教育工作二等奖。

2009 年,市电子应用中心,组织各报名分站完成全年工作。当年组织全市 844 人报名软考,排全省第三位;是年,全市报考信息水平 262 科,比上年同期下滑 32.12%,排全省第五位;中心为搞好考试工作,在报名时间段实行周调度,及时掌握报名情况,发现问题对其报名站进行督查指导,积极拓展新市场,发展新的报名站。增强服务意识,报名期间随时接受学生报名;考生咨询问题及时答复,并及时向省中心报告;及时为合格考生办证发证,在人事局办文发致用人单位;为考生办理软考证书登记。

2009年,市电子应用中心荣获全省电子应用教育工作第三名。

2010年上半年,市电子应用中心在报名时间段实行周调度,及时掌握报名情况,发现问题时对其报名站进行督查指导。另外,计算机资格考试是国家考试,依据《关于进一步加强国家统一考试保密管理工作的通知》(中保办(局)发〔2002〕3号)文件要求,考试的试题、答案和评分标准,在启用前均属于国家秘密。

国家软考办主任视察常德软考,信息化办张晓君副主任陪同

为营造公平公正的考试环境,2010年上半年,市电子应用中心制定从上到下、从内到外,涵盖考试各个环节、各个方面的考试安全责任体系,确保考试顺利完成。并且开展考试宣传:

①软考合格人员各级别进入全省前十名和全国前五十名,要求各分站张贴喜报并及时公布合格考生名单;

②通过市政府门户网站和信息办网站及时发布报考简章,并将小型宣传单,在学院和相关场所发送张贴,加大宣传攻势;

③系统集成项目管理工程师资格证与企业资质的要求有关,市电子应用中心积极配合行业的需求做好有关的服务工作,发动72名考生参加系统集成项目管理工程师资格考试。

为考生提供服务,保障考生权益,增强服务意识,报名期间随时接受学生报名;考生咨询问题及时答复,并及时向省中心报告;及时为合格考生办证发证,在人事局办文发至用人单位,为考生办理软考证书登记。5月,市电子应用中心带领各报名分站,组织全市382人参加报名软考,比上年同期增长4.37%,合格人数89人,合格率23.3%。在全省排第四位。

第五篇《

县市区信息化工作

第一章　武陵区信息化工作

第一节　信息化发展

1990 年 5 月 17 日，武陵区政府办公室发出《关于武陵区经济信息中心开展工作的通知》〔常武办通(33)号〕,明确信息中心“宏观决策支持,微观信息导向,为社会提供信息服务”三大工作任务,组建成立全区经济信息网点 117 个,区经济信息中心负责联络经信协作办,对台办、侨办,实现广泛收集信息,资源共享。6 月起编发《经济信息简讯》,到年底编印 5 期,共 7200 份,发布信息 52 条,下发 117 个单位,交换 8 个区县市、上述区级主要领导中五大家办公室,市经济信息中心。

1990 年 5 月 28 日,区政府召开第一次信息工作会议,区直各部门、乡(镇)街道负责人参加,传达国家、省、市关于信息工作的文件精神,布置信息工作任务。区直有关部门、各乡(镇)街道、重点企业明确一名班子成员分工负责信息工作,确定一名信息员;区直相关经济主管部门、工商主要企业、工业运输重要企业等 117 个单位参加,组建 123 个人工信息网络,信息网点构成布局合理,区域覆盖面广,人员素质较高;围绕国家重点建设项目、技术和资金,完善生产调度管理,组织区委工业企业结合。皮件二厂、内衣厂、绣品总厂等 8 家企业及产品录入国家“工业产品数据库”。市装饰材料厂从《武陵经济信息》中得知商机——1990 年 11 月将在北京召开一个外商投资项目洽谈会。通过衔接,该厂参加这次会议,为顺利引进外资奠定良好基础。

是年,全区订阅《湖南经济信息报》200 多份。创刊《武陵经济信息简讯》。6 月创刊《信息简讯》, 采集结构改革、信息动态及区外信息 200 多条,搜集区域综合来稿 24 篇,编印 5 期。

同年,区经济信息中心分别参加省经济信息中心在长沙市党校的培训、市信息中心举办的产业政策培训。1991 年,区经济信息中心开设中介信息服务窗口。参加省、市信息市场管理监督执法培训,康敬信、单李华、罗辉先后取得市场管理执法证书,实施信息产业市场的管理。

1991 年,武陵区成立经济信息服务公司,向全社开启信息中介服务。4 月,区经济信息中心在区委礼堂召开武陵经济信息发布会, 吸引国家 21 个省市科研单位、大专院校共 50 多家,收集 270 多个项目信息,全区及市内企业,个体户(制作业)共 1300 多人参会。现场签约项目 38 个。组织企业参加市信息中心在武陵区召开的信息发布会。

第二节 信息化建设

2001年1月,区经济信息中心实施区委、区人大、区政府、区政协领导电子化办公。

2003年,区经济信息中心修订《常德市武陵区经济信息中心组织章程》。

2005年,承担区委经济工作会议网上宣传工作,设计发布网页3页,发布图片46幅,文字信息3000多字。

3月,承办由常德市三产办和区人民政府联办的市城区首届服务业优秀品牌评选活动网上投票计票工作。

6月,承担武陵区社区价量监督网站建设任务,制作网页12页,图片11幅,公开国家、省、市价量法律文件2万多字,供市民查询。

11月,组织全区子网站业务操作及法律法制知识培训。

是年,区政府网站开通区委书记、区长邮件专栏。全年收到邮件38件,回复率100%。

2007年,区信息化办引导信息产业健康发展,6月,开始对天马电器、环通实业、世翔电子等信息产业进行调研,根据国家、省关于信息产业有关扶持政策和要求广泛宣传、深入调研、积极申报,争取专项资金4000万元。

2008年,区政府将信息化办归口区政府直管。

第三节 电子政务

2006年,区信息化办加大电子政务建设力度,拟定武陵区信息化工作,政府网站更新维护发展建设五年规划,并编入区经济社会发展第十一个五年规划。武陵区政府把推进电子政务建设纳入区委、区政府工作的议事日程。6月,召开全区信息化工作大会,区人民政府发文《关于电子政务工程建设审批实施办法》。武陵区公众信息网(www.wuling.gor.cn)完善信息化办载体和窗口建设搭建的政务公开平台。在市区两级组织的市第二届优秀服务品牌评选活动中,网站负责评选活动跟踪报道和网上投票、计票和统票工作。是年,制作专题栏目6个,发布该区新闻48期,新闻2000余条。区政府网站主页访问量达到52万人次,全区48个社区全部实现电脑网络化。

是年,区信息化办与区委办、区政府办、区人大办、区政协办综合信息部门联系,建立信息联动机制,整合信息资源,联合常德电视台都市频道《新武陵》栏目,常德日报社《新武陵周刊》等信息新闻媒体,拓宽信息渠道,实行资源共享,建立网站信息员负责和上报信息制,开通信息源。

8月,对芦山中学、紫桥小学的校园网建设工程项目优化调整,降低总价成本,节省开支10多万元。

2010年年初,区政府拨付102万元,完成与中央、省、市"政府内外网"平台建设,做好内、外网对接。

第二章　鼎城区信息化工作

第一节　信息化建设

2007 年，鼎城区信息化办对全区的信息化工程建设项目进行认真审核，全年审核信息化建设的重大工程项目 10 个，审减资金近 50 万元。

2008 年，区信息化办继续对全区的信息化工程建设项目进行审核把关，全年审核信息化建设的重大工程项目 3 个，审减资金近 50 万元。

2009 年，区信息化办严格按照《湖南省信息化条例》有关条款规定，对全区信息安全工程和用财政性资金建设的信息化工程进行审查、监管，确保工程的建设符合全区信息化的统筹规划，全年共审查信息化工程 3 个，审减资金 20 余万元。同年，区信息化办到相关企业，通过下车间、看现场、查资料、与企业负责人座谈等多种调研方式，对企业信息化的认识产生从理性到感性、再由感性上升到理性的飞跃。

当年，区信息化办积极协调、加强衔接，组织相关企业负责人赴省委党校进行培训，了解企业信息化建设管理模式的规范与创新、先进适用信息技术的推广应用，各企业老板认识到企业信息化建设的重要意义。

第二节　信息产业发展

2009 年，鼎城区加快发展电子信息产业，以信息技术带动经济快速发展。将常德市政府下发的《关于大力发展电子信息产业的意见》落实到全区发展工业和招商引资的工作中，支持企业两化融合、电子商务、信息化平台项目实施。

武陵区佳达电缆有限公司

2010 年 1 月 15 日，鼎城区政府办下发《关于规范信息化工程建设项目管理的通知》（常鼎政办发〔2010〕2 号），进一步规范全区信息化工程建设项目管理，明确管理范围为行政事业单位的以计算机、通信和其他现代信息技术为主要手段建设的计算机网络、信息应用系统、信息安全与保密系统、信息资源开发利用等信息化工程建设项目。明确项目的申报与审批、过程监管、项目验收和项目监督等相关环节操作流程和技术规范。全年共审查区法院、区财政局、区公安局看守所、司法局涉及信息化工程4个,审减资金200多万元。

第三章　汉寿县信息化工作

第一节　信息化建设

1990年—2010年,汉寿县信息化网络基础设施取得较快发展,全县网络不断发展壮大,用户数量稳步上升。全县公用电信光缆总长达到1854公里,电信干线光缆网覆盖全县所有乡镇和绝大部分行政村,拥有电话用户204491户,入户率达77%,交换机总容量13.62万门,互联网上网用户19948户,拥有移动用户23万户,移动基站130个,信号覆盖面达99%以上。有线电视事业发展迅速,顺利完成有线数字电视与模拟数字电视的转换,传输节目套数和传输质量有大幅度提高,拥有用户46000户,传输基本节目60套,付费节目63套。

第二节　电子政务建设

2005年以来,汉寿县98%以上的单位配备计算机、开通宽带网。全县电子政务建设投资近3000万元,电子政务建设的快速发展为县委、县政府依法行政,提高工作效率,提供优质服务,建设廉洁、勤政、务实、高效"电子政府"发挥重大作用。社会信息化深入开展,国地财系统、房地产一体化系统、平安汉寿系统相继建设并投入使用。远程教育发展迅速,将农业生产经营、市场销售、科技致富信息延伸到田间地头。

2008年年初,县信息化办牵头建设全县房地产行业电子政务系统,6月,系统平台成功开发,机房设备安装调试完毕,9条光纤线路建成并投入使用,全县电子政务内网网控中心建成。7月4日,汉寿县房地产电子政务系统在全市率先投入使用。

2009年,县信息化办对房地产一体化系统、规划、建设、国土、房产局的行政行为进行规范,堵塞税收漏洞,方便广大群众办事。是年,县财政的耕地占用税和契税增收300万元,房地产交易税等地税增收500万元,房地产增值税等国税增收100万元。县信息化办还对财政集中支付系统、非税收入系统等7个"十二金"国家重点建设项目的电子政务系统加强监管,形成全县统一的网控中心框架。对国土局电子政务系统(简称"金土"系统)进行方案审查,审减建设资金30多万元。11月,验收"平安汉寿"系统。2009年,县信息化办申报全县性办公自动化系统项目(简称OA系统)。

2010年,县信息化办在全市各区县市中率先编制《汉寿县电子政务外网平台建设方案》。建设并维护好网络信息过滤系统。出台《汉寿县电子政务工程建设管理办法》,对县域内电子政务工程建设成效实施全方位、全过程规范管理,落实省财政在汉寿县企业信息化试点项目。

第四章　桃源县信息化工作

第一节　信息化发展

1988 年 3 月，县信息中心成立后，在县内有关单位建立纵横人工信息网络，纵向以各区统计站为骨干，以各专业公司为基础，建立乡、镇、专业公司信息员，以县委办公室、县政府办公室为依托，保持与省、市经济信息中心的联系。

1989 年—1990 年间，国家调整工业结构，县内部分企业面临停产危险。县信息中心根据国家产业政策的调整范围，向企业提供新技术信息，促进企业开发新产品，增添企业新活力。

1990 年年初，县信息中心和中国人民解放军国防科学技术大学七系共同拟定开发《县级综合计划管理系统》，为县委和县政府制定政策提供咨询和政策分析，为单位、企业国民经济的主要信息查询。

1998 年，县信息中心对全县经济信息市场进行清理，在全县范围内开展对经营经济信息资格的审核，资格证书的颁发，经济信息质量的监督检查，经济信息违法经营活动的查处，整顿信息市场秩序。抓好经济信息网络建设，充分发挥经济信息指导作用。为投资者提供经济信息、编写项目建议书和可行性研究报告等方面的服务。在培育和引导市场体系中及时收集、传递经济信息，为企业提供优质服务。

2005 年，信息化办成立后，为 49 个具有行政管理职能的单位建立网站，通过政府门户网站发布桃源部分特产、招商、旅游等信息。利用政府网站积累的人气，主动与各方面广泛进行联系，大力推荐县招商项目。

桃源县城建信息化项目签约

2006 年，桃源县政府网站加大资源整合力度，实施企业上网工程，整体包装、策划和宣传企业，扩大企业知名度。加快计算机辅助设计、辅助生产等技术在企业的应用，推广企业管理信息系统、企业资源规划管理系统，组织企业上网发布产品信息，推介招商项目，推动网上招商、网上交易的健康发展。建立农产品专业商务平台，集中推介优势产品和项目。积极向城乡居民提供物价、娱乐、餐饮、购物、旅游、医疗、纳税、交费等多方面的信息产品和网络服务。

2007 年，县信息化办逐步建立跨部门的信息共享制度，制定政务信息资源社会化增值开发利用的管理办法，发展信息资源产业。建立公共信息资源库，完善信息资源开发标准。以政务信息资源开发利用为重点，带动全社会信息资源的开发利用，引导全县电子商务健康良性发展。

2009年，县信息化办重点建设桃源本地的分类信息平台。以企业为主体，加快推进信息技术与研发、生产、营销、管理四大环节的嫁接融合，实现以信息化带动工业化，满足市民、企业和市场需求。

2010年，桃源政府网站与常德求实网络公司合作，建立武陵阁综合信息平台，服务本地企业商家及广大市民。11月，正式推出“武陵阁·品牌空间”，空间分为美食街、家居街、时尚街、汽车街、婚嫁街、亲子街、数码街，为商家提供多元化的信息查询与发布服务。

2010年8月9日，桃源新闻网暨尚一网桃源县分站经湖南省人民政府新闻办公室批准成立。当年发布县内动态信息2100多条，上网图片1500多幅。其中，自采自编信息300多条，各单位通讯员来稿1800多篇。桃源新闻网成为全面反映桃源经济、文化、社会发展的综合信息服务网。

第二节　信息化建设

2006年，桃源政府网开辟“县长信箱”栏目，督办解决群众关注的热点问题100多个。同年，开辟“市民心声”栏目，市民群众在“市民心声”中留言达到1000多条，“官方回复”回复100多条。

2007年，县政府门户网站与团县委、县妇联等单位联合开办“爱心桥”栏目，群众踊跃帮助困难学生，捐款捐物累计折合金额达25000多元。是年，县信息化办收到群众留言、来信500多条，全部给予答复。

2008年，县信息化办整合“县长热线”“县长信箱”“市民心声”，形成专用咨询、投诉通道。是年，市民心声栏目注册网名3000余个，网民发主题帖3000多条，跟帖24000多条，县信息化办向各级领导呈报热点问题150条，部门回复200多条，直接回复24000条，编辑《热点聚焦》和“热点信息”50余期。4月24日，县信息化办开展“中国桃源”政府门户网站在线专访活动，县人口计生局、县城管执法局、县民政局、桃九中、县教育局、县人事局、县环保局、漳江镇等单位领导参加。10月，桃源县人民政府县长参加常德市政府网站嘉宾访谈。

2009年10月，桃源手机报试发。出台《桃源政府网站及手机报信息发布审核制度》。至2010年年底，发行近300期，发布本地新闻信息3000多条，国内国际新闻近5000条，赠送手机报4400多份。

2010年11月，桃源手机报通过省市移动公司审核批准正式成立，成为全省首个通过审批的县级移动彩讯产品。

《桃花源视窗》是由县信息化办主管、县政府网站主办，以展示桃源风采，传播桃源文化，推介桃源人物,宣传桃源企业,打造桃源品牌为办刊宗旨的全彩刊物。2009年7月出刊,设置有桃源风光、行走桃源、仙境典故、桃源人物、精品美文、艺术长廊、传奇人生、企业风采、桃源名片、天南地北桃源人、休闲时尚、开心一笑、特别策划、便民信息等栏目。

2009年,编辑发行《桃花源视窗》2期,同年在政府网站上推出电子版。2010年,编辑发行《桃花源视窗》2期,在社会上产生非常好的反响,成为一张宣传展示桃源的"精美名片"。

2009年11月2日,"桃源微博"在新浪微博注册开通。11月11日,"桃源政府网站"得到新浪网的认证,成为国内首个政府微博。桃源县信息化办通过微博对外发布县内重大事件,宣传县内重要活动,展示美丽风景和特色产品。至2010年底,发布微博信息2000余条,回复各类信息3000多条,综合粉丝量4万多人。桃源政府微博推出一年多,先后有潇湘晨报、信息时报、新华网、人民网、新浪网、腾讯网和中央人民广播电台等上百家媒体进行报道。

2010年,市民留言栏目注册用户12331人,主题帖数15218篇,帖子数达206980篇。信息化办对网民意见建议帖每周一处理,每月一通报,及时转发、处理、回复网民的意见建议。全年转发意见建议帖近300条,解决、处理、回复150多条,向县级领导编撰、呈送《热点聚焦》简报9期。

第三节　电子政务建设

2006年,桃源政府网站开设嘉宾访谈栏目。11月3日,桃源县政府网站第一期《在线访谈》开播,县劳动与社会保障局局长出席访谈,全体班子成员出席。

2007年,举办在线访谈2期,县卫生局、县科技局领导出席访谈。。

2008年,在线访谈8期,县人口计生局、县城管执法局、县民政局、桃九中、县教育局、县人事局、县环保局、漳江镇政府领导参加访谈。10月,县委书记郑弟祥、县长龚德汉应邀出席桃源政府网站在线访谈。

2009年,桃源县政府门户网站将访谈工作纳入年度目标管理考核,全年进行在线访谈9期;2010年,举办访谈12期。

第五章　石门县信息化工作

第一节　信息化发展

1988 年，县信息中心成立之初，其工作主要围绕全县经济信息的收集、筛选和发布，为工商企业提供经济信息，为县委、县政府宏观经济决策提供服务。至 1996 年，编发《计划与信息》内刊 39 期，编发《经济信息》25 期，发布经济信息 4000 多条。

1990 年，县信息中心根据石门县农业生产情况，在国家信息中心主办的《市场电讯》上针对性的选录 500 多条信息，呈送企业参考，其中 12 条成功交易。

1991 年，石门县信息中心发布经济信息 453 条，对水泥一厂、县物资局、连杆厂等企业生产销售起到促进作用；为《湖南经济信息报》撰稿 96 篇，名列常德各区县市前茅；完成《10 万亩烤烟生产基地建设的前景分析与对策》调查报告撰写，得到县委、政府领导和市领导的重视，县委、县政府根据此调查报告制定出“近期控制面积 8 万亩，全力抓好 2 万亩优质烟叶生产基地”的建设决策。

1996 年，县信息中心注重加大人工信息网络建设工作，在省市驻石企业、县属工业企业、乡镇企业建立信息站 43 个，吸收信息员 50 人，交流信息 2113 条。石门县经济信息中心被评为全市计委系统信息工作目标管理先进单位。

1997 年，县信息中心对全县 210 名干部职工进行计算机知识培训。全县行政事业单位启动计算机配备工作。

1999 年，针对计算机 2000 年问题，石门县经济信息中心下发《关于认真做好计算机 2000 年问题调查的通知》，对全县计算机软硬件系统、网络系统、数据库和所有装备微处理器、集成芯片的设备进行调查。

2000 年，石门县正式启动政府上网工程，县政府网站正式上线运行，当年接入互联网的县直单位和乡镇达到 85 家，占应上网的 94.1%。是年，县政府办添置计算机 30 台，建立起与市政府办互联的通知发放邮件传输系统，办公室工作基本实现自动化。

2002 年，财政农税信息化平台建成运行，实现与各乡镇联网。2003 年，石门县启动公安专网、财政专网、交警专网建设。

2004 年，石门经济信息中心撤销后，工作职能移交县政府办。4 月，县政府视频会议系统正式上线运行，实现国家、省、市、县四级会议系统互联。平安石门监控系统一期工程正式启动建设，共布点监控探头 80 个。

2006 年，依托电子政务纵向传输骨干网，省、市、县三级公文传输系统正式上线运行。教育局信息化建设全面启动,成立石门县教育局信息中心。

2007年,县国土资源局信息中心组建,并与国家、省国土部门实行专网互联。县公安局公安内部办公管理平台建成上线运行;县信息化办制定全县政府信息化建设近期和中长期发展规划,加强公务员电子政务知识培训。

2009年3月,县信息化办加大信息化工作的宣传力度,充分发挥职能作用,统筹抓好信息化建设。安排专门时间和经费加强对技术人员的培训,整合县内各方面的新闻资源,建立新闻资源共享平台。

4月,县信息化办完成石门特种水泥有限公司和湘佳牧业两家企业全省第四批利用信息技术改造和提升传统产业试点企业申报工作。

5月,县信息化办负责全县信息化工程建设的统筹规划、管理、协调和监督,统一管理财政性投资信息工程项目。强化信息化工程建设项目的程序申报和审批,设施设备采购严格实行招投标和政府采购。

7月,县信息化办会同县移动公司,对葛洲坝易普力湖南二化民爆有限公司和石门佳林有限公司利用信息技术改造和提升传统产业试点企业进行验收。

8月,县政府办下发《关于印发〈2009年信息化工作考核细则〉的通知》(石政办函〔2009〕90号),细则分信息化基础建设工作、县政府网站内容保障工作、信息化工程和其他工作,对县直单位和各乡镇区考核。

10月,编制《石门县电子政务外网平台建设方案》,报市电子政务管理办公室审批。全县实施执行《石门县信息化工程建设管理暂行办法》,办法共27条。

12月,电子政务办在全市电子政务工作绩效考核中被评为全市电子政务工作先进单位。

2010年,县公共资源交易中心正式成立,并率先在全市建起公共交易管理平台。管理平台由智能监控系统、评标系统、资源交易管理平台、专家抽取系统等组成。全县教育系统建成城域网和办公系统。

第二节 信息化建设

1995年,县信息中心贷款6万元,添置HP486型微机,施乐复印机和一些硬件设备,分别与省、市经济信息中心达到联网协议。动员和支持县化肥厂、水泥厂、磷肥厂等骨干企业和19个乡镇配置电脑、传真机等硬件。

1996年,县信息中心贷款20万元,购置586型多媒体教学机、奔腾服务器和20个工作部,建立起电脑教学网络系统。6月,县信息中心组织干部职工开展计算机知识培训,当年共培训80余人。

1998年,县委办、县政府办、财政局、统计局、电力局等单位正式接入互联网。

2001年,县政府办、财政局、公安局、教育局组建单位内部局域网。

2005 年，全省电子政务纵向传输骨干网石门县节点建设完成。县财政局投资 400 万元，全面启动财政信息化建设，先后建起机房和国库集中支付信息化平台。县交警队投资 300 万元，启动城区交通管理系统和智能抓拍系统建设。

2008 年，县安监局投资 150 万元，建起矿山安全监控系统。完成平安石门监控系统二期工程建设，新增探头 80 个。

2009 年，东山峰向农垦部争取信息专项资金 120 万元，新建茶叶产品质量追溯系统。县教育局投资 40 万元，建立起全县教育视频会议系统。县财政支付专网实现全乡各乡镇和县直单位互联。

第六章 临澧县信息化工作

第一节 信息化发展

1996年,临澧县经济信息中心独立,为副科级事业单位,搬到县政府门面开展信息咨询、文印服务;2000年,县计委分拨给信息中心两间办公室,外加县政府门面,办公条件得到改善。2004年年底,县经济信息中心更名为临澧县政府信息化工作办公室,属县政府办公室直属事业单位,整体搬迁到县政务中心4楼,办公条件得到进一步改善。2006年5月,县信息化办整体搬迁到县电信局大楼四楼,面积由原来的50平方米扩大到230平方米,添置了近10万元的电脑、空调、办公桌椅等。1997年,建立人工网络系统。

2000年,县信息中心实施政府上网工程,建立政府公众信息网,向社会公开政府政务服务信息。2002年,成立信息市场管理办公室,聘用专人加强全县信息市场管理,培养执法人员2名,发放市场许可证5份。2003年,县信息中心向社会公开招聘网站设计技术员和网络采编员,丰富政府网站的页面和内容。启动全县县域局域网建设。县政府办、国土局、计划物价局、统计局、经委、招商局、安监局、城管局、农办等单位进入县域局域网平台。同年,建成政务中心、县水利水电局、农机局、粮食局、交通局等20家单位子网站。2004年2月,首次在政府网站实施临澧县"两会"网上同步直播,引起社会强烈反响。2005年,临澧县政府出台《临澧县政府网建设管理暂行办法》《临澧县电子政务工程建设管理暂行办法》,指导全县的网络建设和电子政务建设。

2006年7月,临澧信息化办开展为期一个月的集中政府网站建设宣传活动。印制有网站标识的纸杯5000个、鼠标垫2000只到各单位派发,并印制近10000份宣传单,取得一定的宣传效果。是年,政府网站日访问量600~800人次,全年累计访问量20万人次以上。

是年,县信息化办把各单位和子网站建设作为重点工作之一。全县列入子网站建设的单位共141家,其中包括18个乡镇(区)、105个单位,18个规模口径企业。当年建成90家。

是年,县信息化办在全县开办1个信息化村、1个信息化企业、一个信息化社区的示范点:九里同心村、清水鸭业公司、安福镇朝阳社区。每个点均建有一个标准化网站,培训有一支高素质的技术队伍。信息化村和信息化企业侧重于致富信息的收集、招商引资及产品信息发布,尝试网上交易;信息化社区侧重于便民服务。

第二节 信息化建设

湖南汇鑫铜业有限公司

2004 年，县政府决定启用自动化办公系统,信息化办和电信、联通多次衔接,反复实地调研,向县政府提出先建网控中心，再上 OA 自动化办公系统。自动化办公系统在外网运行,实行用户密级使用,多层防火墙保护的建议方案。2005 年 11 月,临澧县自动化办公系统网控中心建立。2006 年 1 月,临澧县 OA 自动化办公系统启用运行。

是年底,使用 OA 办公系统的单位 133 家,并分配办公平台 500 个。信息化办对全县的信息员和办公室主任进行自动化办公系统操作技术培训,共培训人员 183 人。通过培训,大部分学员学会使用临澧县电子政务办公系统,学会子网站的维护管理;在办公系统中为县级领导、各单位的党政一把手、办公室主任、信息员分配办公平台,配置用户名和密码;为方便使用,信息化办自行开发、安装 OA 小精灵;将县委、人大、政府、政协的相关文件加入 OA 系统的公共文件,并为使用单位在公共文件柜中建立文件夹。

2005 年 10 月,临澧县投入 40 多万元,采用招标形式建设网控中心,12 月正式运行,是全市第一家县级网络控制中心,标志着临澧县电子政务的网络中枢正式建立,为临澧县电子政务建设奠定坚实的基础。

第七章　澧县信息化工作

第一节　信息化发展

1989年,澧县成立经济信息中心,以编发《澧县经济信息简报》为主,每个月编发2期以上,有时候每周出一期。简报内容主要是从全国各大报刊上摘抄的各类政策信息、市场信息、市场资料价格信息以及澧县本地统计数据等,

2000年6月,澧县政府网站成立,县信息中心具体负责澧县政府网站的管理工作,主要是发布澧县新闻、最新文件政策、反映社情民意,组织和推动县直机关开展部门网站建设。

2007年3月9日,县信息化办完善"中国·澧县"政府门户网站,着力打造有一定影响力的品牌栏目,不断增强网络服务功能,把政府网站建设成为内容丰富、形式活泼、准确及时、实用性强的"知名码头",使其成为澧县对外开放的窗口、商业贸易的桥梁、公众教育的学校、经济发展的引擎。

3月28日,县信息化办启动各单位子网站建设。在县信息化领导小组统一领导下,各单位建好政务网站,并依照有关规定搞好信息发布和政务公开工作。单位子网站包括单位简介、领导班子、机构职能、工作动态、政策法规、办事程序等基本栏目。县人民政府网站统一组织建设,统一申办国际域名,统一标识,统一制作网页界面,统一开发应用程序,统一制定安全保密措施,统一信息发布系统,统一挂网运行。网站制作和日常维护由各单位与县人民政府网站签订服务合同进行管理。各单位明确1名信息联络员,加强与县人民政府网站工作人员衔接,制作的网站主页和相应的应用程序经各单位审查认可后,方可挂网运行。各单位信息联络员报送的相关文字、图片信息资料等,由县人民政府网站指导上网发布。2008年新建部门网站20多个,2009年,建成政法委、旅游局、地震局、畜牧局、图书馆、地税局等30多家网站。2010年完成32个乡镇的网站建设任务。3月,澧县县委党校在党建队伍培训班中增加电子政务知识课,在青年干部干部培训班中开设电子政务知识讲座。同时,澧县信息化办也加大本办人员的学习培训力度。

2008年,澧县信息化办和公安网监大队联合举办全县计算机管理安全培训班,分乡镇和县直两期进行,每期集中培训学习一周,结业合格发证,实现计算机管理员持证上岗。

是年,县信息化办努力保持各乡镇和县直单位信息报送渠道的畅通,全年共采编、收集、发布反映政府工作和县域经济社会发展的重要信息3万多条,全面、及时展示全县经济社会发展的风貌和各条战线的工作成就。

是年,县信息化办进一步完善、落实"百件实事网上办"工作,方便群众办事,对与群众生

产生活密切相关的部门的工作流程和服务信息进行统一收集、规范整理，在政府门户网“网上办事”对工资、住房公积金、交通违规查询等10多类查询服务系统予以完善。

是年，县信息化办开展网站信息自主采编，在政府网站开办科学发展观、作风建设、实事办理、新农村建设、城市创建等多个新闻专题专栏，全年发布新闻类信息2280条。

2010年，县信息化办加大政府网站信息自主采编力度，安排2名工作人员负责县内重大会议、重要活动的现场信息采编报道工作，以图文并茂的形式发布自主采编的动态信息300多条。全年发布新闻信息4900多条。

2010年，县电子政务办在组织内部人员进行信息技术培训的同时，于9月28日举办全县乡镇和县直单位办公室主任和信息员培训班，参训人员达110人。同年，组织协调电信等部门在全县大力实施“村通工程”的建设和“农信通”平台开发应用，各乡镇基本实现信息网络化，通过电视、电话和互联网延伸，实现宽带接入，加快建立健全农村综合信息服务点，依托农业信息服务网络和乡镇基础组织、合作经济组织、技术推广等服务组织，推进农村信息服务社会化。

第二节　信息化建设

1992年5月，湖南寰球大信通用器材公司宣告成立，该公司由湖南澧县大信通用器材改制重组，为澧县第一家电子信息产业企业。

2007年年初，县信息化办向县政府申请拨款10万元，购置办公桌椅、电脑、打印机，安装了电话，布置一个小型会议室。满足日常工作需要。

3月，澧县人民政府明确提出促进信息产业发展。县信息化办建立企业信息网、农业信息网，支持企业和农村专业协会发展电子商务，建立各类名优产品网上交易平台。支持寰球电子、嘉业达等信息技术企业发展，鼓励传统产业通过信息化建设改变管理模式、生产流程和营销理念，提升工业产品的竞争力。

是年，全县的电子信息产业，除电信、移动、联通三大营运商之外，有电子材料产业企业17家，主要产品有手机摄像头、压电陶瓷电子元器件、片式滤波器、石墨提纯、电力设备产品、电子配件等；有寰球电子、嘉业达电子、利尔达电器等规模较大工业企业5家，2007年，完成总产值48000万元，入库税收445万元。其中嘉业达电子有限公司生产的压电陶瓷片式滤波器填补国内技术空白。

2008年，澧县人民政府办公室印发《澧县2008年度政府信息公开工作方案》。提出总体目标和基本原则：按照建设责任政府、法治政府、服务政府的要求，从便民利民出发，进一步加大政府信息公开力度，深化政府信息公开内容，拓宽政府信息公开形式，建立健全各项政府信息公开工作机制，逐步形成政府信息公开的长效工作机制。坚持依法公开原则；坚持“主动公开、便民、及时”的原则；坚持“谁制作、谁审查、谁公开、谁负责”的原则。

是年,澧县信息化办贯彻落实政府信息公开工作方案,会同澧县政务中心组织县直单位和乡镇,编制政府信息公开目录和指南。

2009年,支持嘉业达、寰球电子等企业申报信息产业发展资金,提供相关服务;为平安医械公司向省信息产业厅申报,争取到利用信息技术提升传统产业资金20万元。

第三节 电子政务建设

2005年,澧县信息化办单独或联合其他单位开展"爱我家乡·知我澧县"网上知识大赛,网上评选"十佳干警",网上投票评选"感动澧州人物"等活动,其中县信息化办主办的"爱我家乡·知我澧县"网上知识大赛影响最大。

2007年3月,澧县人民政府印发《澧县人民政府关于加快推进信息化工作的意见》(澧政发〔2007〕5号),加快电子政务网络工程建设,在澧县电子政务网络管理服务平台上,建立县政府电子政务0A系统,方便县直单位和县直进行网上协同办公,实现办公无纸化、自动化、网络化,促进政务公开,增加行政透明度,提高行政效率。

同月,澧县人民政府第一次对政务信息网上公开做出明确规定。政府规范性文件;经本级人民代表大会通过的国民经济和社会发展年度规划及其执行情况;经本级人民代表大会通过的政府年度财政预算、决算报告及其执行情况;本地产业导向目录;重大项目审批(招投标)和实施情况;本行政区域内公用事业和公益事业的投资、建设情况;城乡发展规划及其实施情况;政府部门、直属机构和办事机构的设置、重要职能及调整变化情况;政府领导成员的履历;公务员录用程序、结果;突发公共事件的预报、发生和处置情况;向社会承诺办理的事项及其完成情况;法律、法规、规章规定应当公开的其他事项等可以上网公开。

2008年,县电子政务办员工献爱心赈灾支灾,为四川地震灾区群众捐款近5000元,办内党员上缴"特殊党费"800元。同年参与社区建设工作,为澧阳镇新河社区捐助建设资金1000元,捐献各类书籍30多套,对社区两个特困家庭捐助现款500元。

2009年,县委宣传部、县文明办主办,县信息化办协助网上投票评选"感动澧州人物"活动。活动由网上发布公告,各乡镇推荐候选人,网上对候选人进行事迹展示,最后确定正式候选人,进行公民网上投票,评出十大"感动澧州人物"。

是年,县电子政务办落实三项涉及信息产业的考核指标,积极加强与相关企业和工业局、统计局等部门的联系,搞好各项经济指标数据的摸底调查。参与项目建设工作,按照县项目办的要求,按时完成本单位的项目入库任务,配合项目办建立全县项目网上数据库。

是年,县信息化办组织编制《澧县人民政府2008年度信息公开年度报告》,收集整理涉及《百件实事网上办》的单位收集相关资料,整理发布。并根据《政府信息公开条例》要求,整理编集《澧县政府信息主动公开制度》《澧县政府信息公开审查制度》《澧县政府信息公开保密制度》《澧县政府信息公开协调制度》《澧县政府信息公开时限制度》《澧县政府信息公开救济制度》《澧县政府信息公开监督检查制度》《澧县政府信息依申请公开制度》《澧县政府信息公开年度报告制度》等9项制度，在县政府门户网站发布。

2010年8月13日，县政府办印发《澧县人民政府办公室关于进一步加强政府信息公开工作的通知》。

9月—11月，围绕迎接省政务公开检查，和政务中心一道参加政务公开督导检查，督促各单位在网站上充实政务公开信息。县电子政务办办组织人员开展调查研究，起草《澧县公众网上办事审批系统建设方案》《澧县公众办事网上审批系统设计方案（初稿）》和《关于切实抓好公众办事网上审批系统建设的通知》，后由县政府办发文件，为推行网上政务服务系统建设做了大量前期准备工作。

2010年，县电子政务办深入调查研究，制定《澧县"十二五"信息化发展规划》，明确澧县"十二五"期间信息化发展的基本思路和发展重点。在政府网上开辟"深入学习科学发展观活动"专栏，反映报道全县深入学习科学发展观活动最新进展情况；开辟"建设人民满意政府"专栏，促进政府关注民生办好实事；开辟新型城市化、新型工业化、新农村建设等专栏，广泛宣传澧县各项建设取得的新成绩。

同年底，澧县信息公开工作形成规范制度，信息公开工作步入规范化轨道。

第八章　津市市信息化工作

第一节　信息化发展

2007年来,津市市人民政府网以打造不下班的网上政府为目标,全面加强网上信息公开。在政府门户网上公开的政务信息,包括政府规范性文件;经本级人民代表大会通过的国民经济和社会发展年度规划及其执行情况;经本级人民代表大会通过的政府年度财政预算、决算报告及其执行情况;本地产业导向目录;重大项目审批(招投标)和实施情况;本行政区域内公用事业和公益事业的投资、建设情况;城乡发展规划及其实施情况;政府部门、直属机构和办事机构的设置、重要职能及调整变化情况;政府领导成员的履历;公务员录用程序、结果;突发公共事件的预报、发生和处置情况;向社会承诺办理的事项及其完成情况;法律、法规、规章规定应当公开的其他事项。

整洁、美丽的津市市区

增加接受社会监督信息,其中包括政务动态、部门乡镇、会议活动、工作报告、发展规划、调查研究、政府文件、实事办理等综合性信息。突出为民服务的政府网站宗旨,专门开辟网站“服务企业”“服务市民”“服务三农”等栏目,方便企业和个人办事,拓展便民服务的新领域;设立“政策法规”栏目,为企业和公民提供相关政策和法律法规服务。设立“社会公益”栏目,向社会发布社会事业和公益服务方面的信息,提供人才招聘、婚姻、殡葬、保险、护照、就业等方面的公益服务;设立“在线查询”栏目,为群众提供工资查询、公积金查询、交通违规查询等实用查询服务。开辟“招商引资”专栏,对津市市投资环境说明,招商引资相关优惠政策和客户办事程序进行说明,宣传津市新形象,增强津市投资吸引力。提高公众参与的能力,开辟市长信箱,市民留言栏目,密切党群、干群、政企关系,增强与群众、企业的互动性,自觉接受群众监督,为服务企业、服务群众搭建良好的平台。

2008年,津市市信息化办建立健全政府信息公开审查审批制度、考核制度、社会评议制度和责任追究制度。建立健全政府信息公开申请的受理机制,制定申请公开政府信息的工作流程,明确申请的受理、审查、处理、答复等各个环节的具体要求。

第二节　电子政务建设

2007 年来，全市电子政务工作飞速发展。市政府门户网站两次改版升级，子网站发展到 91 个。优化网站栏目设置，开辟嘉宾访谈、印象津市、场景服务、旅游指南、时事要闻、十二大民生服务等子栏目，便民查询项目由“十一五”期间的 7 个增加到 17 个。全市 46 家具有行政许可职能的部门单位接入市电子政务外网，网上在线办件量达到 37887 件。

2009 年，津市市信息化办强化网上办事服务，方便群众了解政府办事程序，在县政府门户网站上增设“教育”“卫生”“社会保障”“公共服务”及“居民”“企业”“三农”“旅游”“投资”等十三大民生服务栏目，统一公布相关政府部门的工作流程、办事程序，为群众提供网上办事服务。市政府网站以《市长信箱》《市民留言》等栏目为载体，接受群众来信、留言数百件，解决群众反映的各类热点、难点问题 200 多件。

是年，开展网站信息自主采编工作，服务市委、市政府中心工作。政府网站开办科学发展观、作风建设、实事办理、新农村建设、城市创建等多个新闻专题专栏。全年政府网站发布新闻类信息 1300 多条。

2010 年，市电子政务办将部门单位信息报送及子网站建设运行工作纳入到全市绩效考核范畴。各部门不断增强网络服务功能，努力把政府网站建设成为内容丰富、形式活泼、准确及时、实用性强的网上平台。

是年，市电子政务办加大政府网站信息自主采编力度，安排专职工作人员负责市内重大会议、重要活动的现场信息采编报道工作，以图文并茂的形式发布自主采编的动态信息 400 多条。市电子政务办加强对政府网站新闻信息的编辑、审核工作，建立新闻三审制度，即编辑初审、主编编审、领导终审，政府网站每周发布新闻信息 20 条以上，全年发布新闻信息 3100 多条。

第九章　安乡县信息化工作

第一节　信息化发展

1990年,安乡县信息中心建立人工网络系统,县内建立数据库和信息处理系统。

1990年,县信息中心建立人工信息网络,与各级经济机构包括各级信息中心、经济实体建立资料交换关系,以计划统计员兼信息员建立报表制度,将各种材料以文摘的方式编写文摘卡分主题或分类排列,以备检索查找,进行单向或双向信息服务。

1991年,县信息中心开展安乡县产业结构,产品结构的调查,历年经济发展速度与效益情况调查,农村集体经济实力及社会化服务体系和统分结合的双层经营体制现状调查、发展趋势及对策的调查研究,食品、饲料和棉纺工业的优势、现状、存在的问题及对策的调查研究等,获得一手资料。抓住热点、难点,提供超前信息。

县信息中心坚持深入基层调查研究,摸清县情;广泛搜集信息,提出经济、社会治理设想。对全县财贸、金融、工商、农业及集体经济、社会就业和知识分子等问题详细的调查,撰写十多篇大多具有预测性、规划性的专题报告,对许多人熟视无睹的问题提出独到而深刻的见解。

是年,县信息中心编印《计划信息资料》,以新颖、美观和充实崛起于各部门的简报之中,得到有关领导的肯定和重视。刊物交流企业经营、生产管理的经验,报道政策信息,为各部门各企业生产经营提供参考和借鉴。

2007年,安乡县委、县政府抢抓沿海产业转移机遇,引进香港柏力集团,在县经济开发区内建设"常德柏力电子信息产业园",以锂离子电池及其衍生产品生产为主发展电子信息产业。电子信息产业园规划占地2000亩、投资总额30亿元以上,所有投资在2016年年底前完成。

安乡县完善信息化平台,率先开动"物联网"

2008年,安乡县实施政务信息网上公开,主要包括:政府规范性文件;经本级人民代表大会通过的国民经济和社会发展年度规划及其执行情况;经本级人民代表大会通过的政府年度财政预算、决算报告及其执行情况;本地产业导向目录;重大项目审批(招投标)和实施情况;本行政区域内公用事业和公益事业的投资、建设情况;城乡发展规划及其实施情况;政府部门、直属机构和办事机构的设置、重要职能及调整变化情况；政府领导成员的履历；公务员录用程序、结果；突发公共事件的预报、发生和处置情况；向社会承诺办理的事项及其完成情况；法律、法规、规章规定应当公开的其他事项。

同年，安乡县政府网站增加接受社会监督信息栏目，其中包括政务动态、通知公告、会议活动、工作报告、发展规划、调查研究、政府文件、实事办理等综合性信息。县信息化办建立健全政府信息公开审查审批制度、考核制度、社会评议制度和责任追究制度。建立健全政府信息公开申请的受理机制，制定申请公开政府信息的工作流程，明确申请受理、审查、处理、答复等各个环节的具体要求。

同年，安乡县人民政府建设全县综合经济、工业、农业、基础设施、金融、科技、教育、医疗卫生、人口计生、文体旅游宗教、社会保障等一系列数据库，充实、完善“中国·安乡”政府门户网站，着力打造有一定影响力的品牌栏目，不断增强网络服务功能，把政府网站建设成为内容丰富、形式活泼、准确及时、实用性强的“知名码头”，成为安乡县对外开放的窗口、商业贸易的桥梁、公众教育的学校、经济发展的引擎。

2010 年，县电子政务办丰富县人大常委会网站及 19 个乡镇人大建立的网站新闻信息内容。收录发布新闻信息、视频新闻和部门动态 3500 条，及时发布电力和供水等各类便民信息 200 余条。开通《政风行风热线》《安乡大道建设开发》《建设人民满意政府》等新闻专题，有效地推动安乡新闻通过网络的传播。县长信箱共收到来信 500 多件，98%以上的信件进行交办，并及时回复处理。

6 月，安乡县投入 10 万元上马“网络舆论监控系统”，时刻关注网上涉安信息。

11 月，县信息化办加盟红网，完成省委“一县一网一报”的战略部署。全年共发送手机报 248 期，发布各类信息近 2500 余条。

2010 年年底，安乡县信息公开工作形成制度，探索出相对固定的公开模式，信息公开工作步入规范化轨道。

第二节　电子政务建设

2008 年 3 月，县信息化办在政府网站上开设“网上办事”“互动交流”“投资安乡”“公共服务”“在线查询”等栏目，向社会发布社会事业和公益服务信息，提供人才招聘、婚姻、殡葬、保险、护照、就业等公益服务。

7 月 30 日，常德市政府门户网站嘉宾访谈栏目组到安乡，专访县人民政府县长石玉林，访谈采取互联网全程视频直播，部分部门单位的负责人以及网友代表参与访谈直播。访谈的主题是“加快发展、改善民生”。石玉林就安乡县县情、常岳高速公路筹建进展情况、改善民生、招商引资的优惠政策、工业强县的举措、推进新农村建设和新型城镇化建设、防洪保安等方面，回答主持人的提问。这次访谈节目受到广大网友高度关注，不少网友给县长发帖提问。

视频直播现场,石玉林以及部门负责人对网友代表提出的关于解决电力电压不稳定、打击打牌赌博、黑的黑摩、造纸企业污染以及城关南北中学生分布不均等全县高度关注的热点难点问题进行解答。

是年,信息化办完善、落实“百件实事网上办”,统一收集、规范整理与群众生产生活密切相关部门的工作流程和服务信息,并完善工资、住房公积金、交通违规查询等10多类查询服务系统。以《县长信箱》《市民心声》《网络问政》等栏目为载体,协调相关部门调查解决群众反映的各类热点、难点问题700多条,编发《政府网站县长信箱来信摘录》5期,及时解决群众反映的问题。

2009年,县信息化办在县政府门户网站上增设“教育”“卫生”“社会保障”“公共服务”“居民”“企业”“三农”“旅游”“投资”等服务栏目,统一公布相关政府部门的工作流程、办事程序,为群众提供网上办事服务。

这一年,政府网站以《县长信箱》《市民心声》《网络问政》等栏目为载体,接受群众来信、留言数百件,解决群众反映的各类热点、难点问题526件。

2010年,信息化办加大政府网站信息自主采编力度,安排9名工作人员负责县内重大会议、重要活动的现场信息采编报道工作,发布新闻信息、视频新闻和部门动态895条。

同年,县信息化办加强对政府网站新闻信息的编辑、审核工作,建立新闻三审制度,即编辑初审、主编编审、领导终审,政府网站每天发布新闻信息10条以上(双休日除外),安乡手机报共发布80期,全年发布新闻信息9800多条。

2010年年底,政府网站群众办事服务公开有效开展,新闻信息量大量增加,县政府网站自主采编的政务信息成为全县最具权威的政府信息来源,政府网站成为宣传安乡县形象的重要窗口,成为服务县委、县政府中心工作的舆论工具,成为反映各乡镇、部门工作主要平台,成为联系、沟通人民群众的桥梁。

人物名录

人物名录

先进模范人物

1989年,常德市邮电局职工陈树名获湖南省邮电劳动模范

1994年,常德市邮电局职工刘文兵获湖南省邮电特等劳动模范

1994年,常德市邮电局职工彭秋云获湖南省邮电特等劳动模范

1994年,常德市邮电局职工黎永贵获湖南省邮电特等劳动模范

1994年,澧县邮电局职工李学舫获湖南省邮电特等劳动模范

1994年,汉寿县邮电局职工余建秋获湖南省邮电特等劳动模范

1994年,临澧县邮电局职工张先明获湖南省邮电特等劳动模范

1994年,津市市邮电局职工邹凯获湖南省邮电特等劳动模范

1989年,安乡县邮电局职工黄顺清获湖南省邮电特等劳动模范

1994年,桃源县邮电局职工向华进获湖南省邮电特等劳动模范

1994年,鼎城区邮电局职工柳云秀获湖南省邮电特等劳动模范

1994年,石门县邮电局职工覃耀武获湖南省邮电特等劳动模范

2002年,常德市电信分公司职工王军安获中国电信局团年度优秀人才

2003年,常德市电信分公司职工陈士勇获中国电信局团年度优秀人才

2003年10月,市移动分公司职工李永爱获"湖南移动十大形象大使"称号

2003年,常德市电信分公司职工郭勇获常德市劳动模范

2003年,常德市电信分公司职工舒石获全国信息产业系统劳动模范

2005年,常德市电信分公司职工郭勇获中国电信局团年度优秀人才

2009年1月,市信息化办主任舒兆兰获湖南省优秀信息化工作先进工作者

2009年1月,张晓君获省信息产业厅信息产业和信息化工作先进个人奖励和湖南电子信息应用教育工作突出贡献奖

2009年1月,张亚琼金洁获湖南电子信息应用教育工作目标管理考核先进个人

2009年1月,金洁获湖南电子信息产业统计工作先进个人

2009年10月27日,常德市政府市长陈文浩和常德市政府信息化办主任舒兆兰两人被推荐为全省优秀CIO(首席信息官)

历届负责人名录

常德市电子政务办

一、常德市经济信息中心

（1990.01—2003.06）

主　任　唐周易（1990.3—1993.7）
　　　　易孝毅（1993.7—1994.11）
　　　　宋公福（1994.12—2001.9）
　　　　陈夏林（2001.10—2003.6）
书　记　陈夏林（1994.12—2001.9）
　　　　杨军武（2001.10—2003.6）
副主任　曾凡君（1999.1—1997.11）
　　　　李　辉（1998.4—2002.4）
　　　　宋世喜（2002.6—2003.6）
纪检员　邱良辉（2002.4—2003.6）

二、常德市信息化办

（2003.06—2010.12）

主　任　李长春（2003.7—2007.2）
　　　　舒兆兰（2007.3—　　）
书　记　舒兆兰（2003.7—2007.2）
　　　　王淑华（2007.3—2010.3）
　　　　唐西新（2010.4—　　）
副主任　张晓君（2003.7—2009.2）
　　　　胡岩成（2008.3—　　）
　　　　张　音（2009.3—2009.12）
纪检员　邱良辉（2003.7—2009.2）
纪检组长　卢　刚（2009.3—　　）
助理调研员　魏宗德（2005.6—2007.3）

副调研员　魏宗德（2007.4—2010.3）
　　　　　邱良辉（2009.3—　　）
　　　　　刘建民（2005.6—　）
总工程师　刘建民（2003.7—2005.5）
　　　　　张晓君（2009.3—　　）

中国电信股份有限公司常德分公司

一、常德市邮电局

局　　　　长　文会国（1989.1—1990.4）
局长兼党委书记　文会国（1990.4—1990.12）
　　　　　　　陈乐国（1991.1—1993.2）
　　　　　　　罗桂林（1993.5—1998.1）
　　　　　　　龙建业（1998.9—2000.3）
党　委　书　记　熊慧敏（1989.1—1990.4）
代　局　长　唐志春（1998.6—1998.9）
副　局　长　陈乐国（1989.3—1989.12）
　　　　　　　陈树铭（1990.2—1993.4）
　　　　　　　刘贵州（1988.1—1991.1）
　　　　　　　罗桂林（1992.1—1993.4）
　　　　　　　唐志春（1990.1—1998.5）
　　　　　　　张良才（1993.4—1998.9）
　　　　　　　孙湘敏（1998.9—1999.6）
　　　　　　　舒　石（2000.4—2004.9）
党委副书记　罗柏松（1990.1—1993.4）
纪　委　书　记　徐甫生（1988.1—1993.2）
　　　　　　　杨　一（1993.3—1998.9）
副局长兼纪委书记　戴开树（1998.9—1999.6）
工会主席纪委书记　冯本权（1999.2—1999.9）
工　会　主　席　邓盛友（1988.1—1989.3）
　　　　　　　梁德炳（1989.4—1993.2）
总　工　程　师　龙雨田（1990.2—1997.2）

文正清(1992.3—1997.7)

二、常德市电信分公司

总经理兼党委书记 舒 石(2000.9—2004.9)
刘文兵(2004.9—)
副 总 经 理 刘文兵(2000.2—2004.8)
廖国成(2000.3—)
王 晓(2000.3—2003.5)
彭济德(2002.3—)
蔡炳坤(2005.3—)
王 钊(2004.8—2006.9)
裴 杰(2006.4—2010.7)
副总经理纪委书记 莫敏鹰(2004.9—)
工会主席纪委书记 冯本权(1999.9—2004.5)

中国移动通信集团湖南有限公司常德分公司

总 经 理 戴开树(1999.9—2006.4)
李 湘(2006.4—)
党委书记 戴开树(2006.9—2009.11)
副总经理 王建尧(1999.9—2007.11)
杨群林(1999.9—2001.11)
周 新(2000.4—)
钟广英(2002.6—)
李定平(2008.5—)

中国联合网络通信有限公司常德分公司

1999年11月8日,唐荣春任总经理,徐静任总经理助理。

2000年7月,彭司中任常德联通代总经理。

2000年12月,廖文峰任总经理,彭司中任党委书记,彭照宏任副总经理(分管市场),任重任副总经理(分管技术),文会中任总经理助理。

2002年5月,廖贻新任总经理,彭照宏任副总经理,任重任副总经理,文会中任工会主席;

2004 年 1 月，吴宇凡任总经理，彭照宏任副总经理，任重任副总经理(2004 年 6 月，赵峰任副总经理)，文会中任工会主席，陈小敏任副总经理，濮方捷任副总经理，熊杰毅任总经理助理。

2008 年，吴宇凡任总经理，田伶峰、陈小敏、濮方捷、彭茗任副总经理，文会中任工会主席。

2009 年 7 月，邓向阳任总经理，田伶峰、陈小敏、濮方捷、彭茗任副总经理，文会中任工会主席，张波、宾光兴任副总经理，燕双红任总经理助理。

常德县(市)区电子政务办负责人名录

武陵区

李希玲 1987 年 10 月至 1989 年 2 月，原市计委主任，兼任经济信息中心主任。

张泽华 1989 年 2 月至 1990 年 3 月，原区计经委办公室主任，兼管经济信息中心。

康敬信 1990 年 10 月至 2002 年 6 月，任区经济信息中心主任。

陈运发 2002 年 6 月至 2005 年 10 月，任区经济信息中心主任。

陈运发 2005 年 10 月至 2006 年 3 月，任区信息化办公室主任。

付 军 2006 年 3 月至 2007 年 5 月，任区信息化办公室主任。

廖文春 2007 年 5 月至 2008 年，任区信息化办公室主任。

喻 中 2008 年 10 月，任区信息化办公室主任。

鼎城区

周显德 1988 年 6 月至 1999 年 9 月，任鼎城区经济信息中心主任。

汪培超 1988 年 6 月至 2003 年 3 月，任鼎城区经济信息中心党支部书记。

肖进华 1999 年 9 月至 2009 年 12 月，任鼎城区政府信息化办主任。

李圣年 2003 年 3 月至 2006 年 5 月，任鼎城区政府信息中心党支部书记。

麻建胜 2007 年 2 月至 2009 年 12 月， 任鼎城区信息化工作办公室主任；2009 年 12 月至 2010 年 8 月任鼎城区政府办政联主任，兼任鼎城区信息化办主任。

马永祥 2009 年 4 月至 2010 年 8 月， 任鼎城区信息化工作办公室党支部书记，2010 年 8 月，任鼎城区信息化工作办公室主任。

汉寿县

刘佐勋 1990 年 4 月至 1997 年 12 月，任汉寿县经济信息中心主任。

刘　毅 1998年1月至2002年2月,任汉寿县经济信息中心主任。

李建武 2002年3月至2003年2月,任汉寿县经济信息中心主任。

刘万保 2002年3月至2003年2月,任汉寿县经济信息中心书记。

刘万保 2003年3月至2005年4月,任汉寿县经济信息中心主任。

刘明亮 2003年3月至2005年4月,任汉寿县经济信息中心书记。

刘明亮 2005年5月至2006年10月,任汉寿县经济信息中心主任。

何　立 2005年5月至2006年10月,任汉寿县经济信息中心书记。

刘明亮 2006年10月至2010年年12月,任汉寿县政府信息化办主任。

胡　敏 2006年10月至2010年年12月,任汉寿县政府信息化办书记。

桃源县

董进初 1988年至1990年,任桃源县经济信息中心负责人。

敬修生 1996年至1998年,任桃源县经济信息中心负责人。

胡廷文 1998年至2002年2月,任桃源县经济信息中心负责人。

刘菊明 1998年2月至2006年6月,任桃源县经济信息中心负责人。

余立斌 2006年6月至2010年,任桃源县信息化办主任。

江新中 2006年4月,任桃源县信息化办副主任。

马　琼 2010年8月,任桃源县信息化办副主任。

石门县

1988年,周万国任石门县计划委员会党组书记,兼管石门县经济信息中心工作。周常全任石门县计划委员会秘书,负责石门县经济信息中心工作。

1989年,殷远明任石门县计划委员会副主任,负责石门县信息中心建设。文金华任石门县计划委员会工作人员,协助殷远明同志做好石门县经济信息中心建设工作。

1990年,周万国任石门县计划委员会党组书记,负责石门县经济信息中心对上联系及建设工作。

1995年,邢修民任石门县经济信息中心主任,龚德志任石门县经济信息中心副主任。

1997年1月20日,周万国同志任石门县经济信息中心主任。

1998年,王侯鸣,石门县计划委员会工作人员,负责石门县经济信息中心工作。

1999年,邢修民,石门县计划委员会工作人员,负责石门县经济信息中心工作。

2000年,高悉朗,石门县发展计划物价局党组成员、工会主席,分管石门县经济信息中心工作。易勤,石门县发展计划物价局工作人员,任石门县经济信息中心主任,负责石门经济信息中心工作。

2008 年 9 月至 2010 年 1 月，喻志文，石门县人民政府办公室副主任科员，负责石门县人民政府信息化工作办公室工作。

2010 年 1 月，喻志文任石门县人民政府信息化工作办公室主任，负责石门县人民政府信息化工作办公室工作。

临澧县

胡忠大，1988 年至 1992 年，临澧县计委副主任，负责信息中心工作。

胡庭范，1992 年至 1995 年，临澧县计委副主任，负责信息中心工作。

涂自福，1995 年至 1998 年 11 月，任临澧县经济信息中心主任，负责临澧县经济信息中心工作。

贾文汉，1998 年 12 月至 2006 年 3 月，任临澧县经济信息中心主任，负责临澧县经济信息中心工作；2005 年 3 月，县信息中心更名为临澧县人民政府信息化工作办公室，任信息化办主任，负责临澧县人民政府信息化工作办公室工作。

唐新英，2005 年 3 月至 2007 年 3 月，任临澧县信息化办党支部书记。

李斌，2006 年 3 月至 2008 年 3 月，任临澧县信息化办主任，负责临澧县人民政府信息化工作办公室工作。

张亦功，2008 年 3 月，任临澧县信息化办党支部书记。

李显才，2008 年 3 月至 2010 年，任临澧县信息化办主任，负责临澧县人民政府信息化工作办公室工作。2010 年更名为临澧县人民政府电子政务管理办公室，任县电子政务办主任，负责临澧县人民政府电子政务管理办公室工作。

王弦，2010 年 3 月，任临澧县电子政务办副主任。

澧　县

孟凡均，1989 年 1 月至 1992 年 12 月，县计划委员会任命为澧县经济信息中心副主任。

陈章槐，1993 年 1 月至 1993 年 10 月，县计划委员会任命为澧县经济信息中心副主任。

肖磊，1994 年 1 月至 1997 年 12 月，县计划委员会任命为澧县经济信息中心副主任。

龚德永，1998 年 2 月至 2006 年 10 月，县人民政府任命为澧县经济信息中心主任。

叶紫云，2006 年 10 月，县人民政府任命为澧县信息化工作办公室（2011 年 4 月更名为澧县电子政务管理办公室）主任。

汤敏，2005 年 1 月，任中共澧县经济信息中心支部书记；2010 年，任澧县电子政务管理办公室党支部书记。

赵阳俊,2008 年 3 月,任澧县信息化工作办公室副主任。2010 年任澧县电子政务管理办公室副主任。

津市市

郭裕禄,1988 年 11 月至 2000 年 2 月,任津市市经济信息中心主任。

宋晓春,2000 年 2 月至 2002 年 3 月,任津市市经济信息中心主任。

彭金刚,2002 年 3 月至 2006 年 2 月,任津市市经济信息中心主任。

汪东雷,2006 年 2 月至 2010 年 10 月,任津市市信息化工作办公室主任。

张方军,2010 年 10 月,任津市市电子政务管理办公室主任。

雷斌,2006 年 7 月,任津市市信息化工作办公室副主任。

安乡县

黄明雪,1989 年 7 月至 1992 年 11 月,计委副主任兼任县信息中心主任。

易发祥,1992 年 11 月至 1996 年 3 月,计划统计局、计划物价局副局长兼任信息中心主任。

彭卫星,1996 年 4 月至 1998 年 5 月,县计划委员会项目办主任兼任县信息中心主任。

刘劲松,1998 年 6 月,任安乡县信息中心(2005 年 12 月,信息中心更名为信息化办)主任。

徐飞,2007 年 7 月,任安乡县信息化办党支部书记。

附　录

附 录

一、单位荣誉

(一)常德市电子政务管理办公室单位荣誉

2007年3月30日,省人民政府信息化工作办公室秘书处、湖南省信息产业厅办公室授予常德市人民政府信息化办公室“2006年度政务信息工作先进单位”称号。

2007年7月30日,常德市信息化办被评为湖南省2006年度政务信息工作先进单位。

2010年3月,常德市政府网站被评为湖南省市级政府优秀网站。临澧县被评为湖南省区县市政府优秀网站。

(二)常德市邮电局、电信分公司企业荣誉

一、国家级荣誉

1993年,汉寿县邮电局蒋家嘴支局获中华全国总工会模范职工小家;

1994年,常德市邮电局获邮电部全国邮电先进单位;

1996年,常德市邮电局获全国邮电工会全委会模范职工之家;

1999年,常德市电信分公司获国家体育总局全国群众体育先进单位;

2002年,常德市电信分公司营维中心获中国电信集团公司“全国青年文明号”;

2002年,汉寿县蒋家嘴支局获电信集团公司工会“全国模范职工小家”;

2003年,常德市电信分公司10000客服中心获国家电信集团公司工会“全国先进女子职工班组”;

2010年,澧县电信分公司获中国电信集团公司“模范职工之家”。

二、省级荣誉

1991年,常德市邮电局获省委、省政府“湖南省双文明建设模范单位”;

1994年,常德市邮电局获省委、省政府“双文明建设先进单位”;

1994年,汉寿县邮电局获省委、省政府“双文明建设先进单位”;

1995年,常德市邮电局获省政府“1995年度湖南省优秀企业”;

1997年,常德市邮电局获省委、省政府“双文明建设先进单位”;

1998年,常德市电信局获省委、省政府“双文明建设先进单位”;

1998 年 1 月,临澧县电信局获获省委、省政府“双文明建设先进单位”;

1998 年 1 月,津市市电信局获省经贸委、省邮电局“湖南省第一个电话县”;

1999 年,常德市电信局综合营业班获省总工会“芙蓉标兵岗”;

2000 年 1 月,常德市电信局获省经贸委、省邮电局“湖南省第一个电话市”;

2002 年,石门县电信分公司获湖南省总工会“模范职工之家”;

2002 年,鼎城区电信分公司获湖南省总工会“模范职工之家”;

2003 年 1 月,常德市电信分公司获省经贸委、省企业协会“湖南省优秀企业”;

2003 年 1 月,临澧县电信分公司获湖南省总工会“模范职工之家”;

2003 年 1 月,桃源县电信分公司获湖南省总工会“模范职工之家”;

2003 年 1 月,澧县电信分公司获湖南省总工会“模范职工之家”;

2007 年,澧县电信分公司营业中心获省总工会“芙蓉标兵岗”。

(三)中国移动通信集团湖南有限公司常德分公司

一、国家级荣誉:

2004 年,被集团公司授予中国移动青年文明号“五年成就奖”;

2004 年,被评为全国“青年文明号”;

2005 年,被评为全国“精神文明建设先进单位”;

2005 年 3 月,被中国消费者协会评为“金质奖章提名奖”;

2006 年 2 月,被评为湖南省“重合同,守信用”单位;

2006 年 3 月,被中国消费者协会评为“诚信维权单位;

2007 年,被评为全国“模范职工之家”;

2007 年 12 月,被评为“2007 年度全国用户满意电信服务企业”;

2008 年,获得“全国文明单位”称号;

2008 年 2 月,信息产业部行风建设指导小组全国电信用户委员会授予“2007 年度全国用户满意电信服务明星企业”称号;

2008 年 4 月,中华全国总工会授予全国模范职工之家;

2009 年 1 月,中央精神文明建设指导委员会授予全国文明单位;

2009 年 4 月,中华全国总工会授予工人先锋号;

2009 年 10 月,国家体育总局授予 2005—2008 年度全国群众体育先进单位;

2011 年 4 月,中华全国总工会授予全国五一劳动奖状;

2011 年 8 月,中华人民共和国人力资源和社会保障部、中华全国总工会、中国企业联合会 / 中国企业家协会、中华全国工商业联合会授予全国模范劳动关系和谐企业。

二、省级荣誉：

2002 年—2006 年，连续五年被评为“湖南省重合同守信用企业”；

2002 年—2006 年，连续五年被评为“湖南移动通信公司先进基层工会”；

2002 年，获省级“文明单位”称号；

2002 年度，荣获湖南省“模范职工之家”称号；

2003 年 7 月，被评为湖南省“质量管理优秀企业”；

2004 年度，被评为湖南省“文明单位”；

2004 年度，被集团公司授予中国移动青年文明号“五年成就奖”；

2005 年，被评为湖南省“第六届职业道德建设双‘十佳单位’”；

2005 年，被评为湖南省“文明示范窗口”；

2006 年度，被评为湖南省“质量管理小组活动优秀企业”；

2006 年度，被评为湖南移动公司授予“管理提升工作先进单位”；

2006 年，被评为湖南省“工会工作目标管理先进单位”；

2007 年 7 月，被评为湖南省和谐劳动关系“模范企业”；

2009 年 8 月，湖南移动公司授予先进企业；

2009 年 11 月，湖南省人民政府授予湖南省信息化建设贡献奖；

2010 年，湖南省总工会授予五一先锋集体。

（四）中国联合网络通信有限公司常德分公司

一、国家级荣誉

2010 年度通信行业节能减排先进单位

二、省级荣誉

2003 年 4 月，湖南移动通信运行维护制度知识竞赛优胜奖

2005 年 1 月，湖南联通“泰斗杯”员工乒乓球赛团体第一名

2008 年 12 月，湖南省 2008 届文明单位

2009 年 1 月，2008 年度固网业务先进市州分公司

2008—2009 年度 A 级纳税信用单位

2009 年度湖南企业管理创新成果一等奖

2010 年 3 月，常德市联络处 2009 年度先进单位

2010 年 8 月，湖南省质量管理活动优秀企业

2008—2009 年度 A 级纳税信用单位

2010 年 12 月，2010 年度先进集体

二、常德市信息化建设部分管理规定

“中国常德”政府门户网站建设管理暂行规定

第一条 为加强对“中国常德”政府门户网站(以下简称门户网站)的建设与管理,确保其高效安全运行,根据《中华人民共和国 计算机信息网络国际联网管理暂行规定》、国务院《互联网信息服 务管理办法》等有关精神,结合本市实际,制定本规定。

第二条 本规定所称门户网站由主网站和本市行政区域内 副处级以上行政事业单位网站(以下简称子网站)组成。具体包 括:市委、市政府的工作部门、管理机构、议事协调机构、直属事业 单位、部门管理事业单位、派出机构和其他事业单位网站;市人大、市政协、市中级人民法院、市检察院机关和各人民团体机关网站;各区 县(市)人民政府网站和部、省属驻常行政事业单位网站。

第三条 市信息化领导小组统一领导门户网站的建设和管 理。市人民政府信息化工作办公室(以下简称市信息化办)负责具 体组织实施,负责门户主网站日常工作,为各单位提供网络技术支 持和设备运行维护服务。

门户网站子网站在统一规范的前提下,由各单位自行建设,自 行维护,并接受市信息化办的业务指导和监督。

第四条 各单位子网站建设要按照以下要求进行规范:

(一)统一域名根据《中国互联网络域名注册暂行管理办法》的相关规定,门 户网站的域名管理应遵循以下规范:

主网站的域名为统一域名,根据《中国互联网络域名注册暂行管理办法》的相关规定,门户网站的域名管理应遵循以下规范:主网站域名为 changde.gov.cn,代表常德市国家行政机关,各单位子网站的域名由市信息化办分配为:□□□.changde.gov.cn,其中□□□为各单位汉语拼音名称或英文名称字头的组合;各单位网站也可以向中国互联网络信息中心及其代理机构申请,格式为:www.cd.□□□.gov.cn,其中□□□为单位汉语拼音名称或英文名称字头的组合。各单位子网站向域名注册机构申请注册中文域名,申请格式必须为单位的全称、简称或网站名称。

(二)统一备案

所有子网站在开通运行之日起三十日内,各单位必须携带有 关资料到市公安局公共信息网络安全监察科办理网站备案手续。不按规定办理备案手续的,由公安机关依照《计算机信息网络国际 联网安全保护管理办法》予以处罚。

(三)统一标识

各单位子网站网页设计应庄重、典雅、大方、美观,总体风格应 与主网站保持一致,首页左上角一律放置主网站的统一标识。

（四）统一信息发布系统

各单位子网站必须使用主网站开发的信息发布系统。单位已建立的网站，也应调整为主网站开发的信息发布系统。

（五）统一基本栏目各单位子网站设置栏目必须包括以下内容：

1.单位情况。包括单位全称、详细地址、邮政编码、公开电话（监督电话〉、主要职能、领导班子（包括班子成员姓名、免冠照片、现任职务、分管工作范围、办公电话、公务电子信箱等、内设科室（包括科室职责，工作人员姓名、职务或职位，办公电话，公务电子 信箱等〉。

2.政策法规。包括各单位制发的规苹性文件及其相关的政 策、法规、规章。

3.办事指南。包括办事项目名称、办事程序、申报材料、办理 依据、办理时限、收费标准、承办科室、联系电话等。

4.工作动态。

（六）统一计数器

各单位子网站必须统一使用主网站开发的“网站流量分析系统”，主网站将对各子网站流量情况进行 24 小时监控和分析。

（七）统一公务邮箱

各单位及其公务人员履行公务时必须统一使用主网站配发的 公务电子邮箱，不得自行建立邮件系统。

（八）统一数据平台

各单位子网站必须共用主网站开发的“网站数据库系统”和“信息检索系统”，实现数据和信息共享。

第五条　各单位子网站建设要充分依托主网站网络资源，目 前尚未建立网站的部门和单位，不再建立独立站点，只在主网站上建立虚拟网站。已建有独立网站的单位，应按照建设子网站的要求和规范进 行相应的调整。

第六条　门户网站必须建立通畅的信息采集、维护机制。主 网站和各单位子网站，应做好相关信息内容的加载和更新维护工 作。

（一）静态信息，包括单位情况、政策法规、办事指南、政务信息 等，由市信息化办提供静态信息内容的后台维护；各单位应定期（至少每月 1 次）对所负责的静态信息内容进行检查，对发生变更 的内容及时修正更新。市信息化办定期（至少每月 1 次）对网上静态页面进行检查，对不能及时更新静态信息的相关单位提出整改意见。

（二）动态信息，包括各单位及新闻媒体在主网站和子网站上 发布的各类政务信息及行业信息等。各单位动态信息内容的采编 必须明确专人负责，并通过电子信箱或厂 I? 上传到主网站。

新闻类动态信息内容的采编及录入工作由常德日报社、市广电局负责配合。市广电局应协助主网站做好视频信息的组织、加载工作。

行政审批类、劳动力市场类、人才市场类、气象类、空气质量类 的动态信息内容采编工作,分别由市政务服务中心、市劳动和社会 保障局、市人事局、市气象局、市环境保护局负责上传。

规范性文件的信息采编工作,由各单位指定专人负责,及时上各单位主办各类政务活动(信息发布会、通报会、大型活动等),应主动与市信息化办联系,在主网站上做好宣传,并可视情况 通知市信息化办派员采编;适合网上直播的,可与市信息化办联 系,在主网站进行网上直播。

第七条　门户网站实行信息发布审核制度。市信息化办负责为主网站和子网站建立信息采集、信息编校 和信息审核工作流程,各单位按照市信息化办制定的信息审核流 程和分配的不同权限,自行加载、维护本单位上报的信息。主网站和子网站均应严格执行国家有关计算机网络运行安全、保密规定,发布的信息应安全保密、准确无误,并自觉接受有关职能部门的信 息保密安全检查。

第八条　各单位及其公务人员在履行公务时必须使用市信 息化办统一开设的公务电子邮箱。其命名格式为:用户名 @changde.gov.cn,信箱登录密码由各单位自行确定。

各单位应明确专人负责本单位内设机构和工作人员的公务电 子邮箱申请、发放、注销、更改、公布等,及时收发、处理本单位各类 电子邮件,每天至少收阅公务电子邮箱邮件两次并通过适当途径(如子网站、名片、通信录)向社会公布公务电子邮箱和个人公务电 子邮箱地址。

主网站应当维护用户的隐私权。除法律、法规另有规定外,市 信息化办系统管理人员和邮箱管理员不得对外透露用户的任何个人资料,不得私开用户邮箱。

第九条　各单位应通过主网站互动栏目的应用,建立反应快 捷的"接收—处理—反馈"工作机制。

各单位对主网站"市民留言"中涉及有关单位工作的帖子,应 认真研究,并以适当方式给予回应;对网上反映强烈的热点问题,有关部门要主动与市信息化办联系,针对相关主题做好必要的宣 传解释和沟通引导工作。

"市长信箱"的电子邮件,由市政府办公室、市信访局、市信息 化办协调相关单位根据市政府领导意见进行处理。

各单位应充分利用"市民邮箱"发送各类政策信息、公告及与 业务有关的政务信息,为广大市民和企业提供便捷的服务。要积 极开展网上民意调查、意见征集、网上听证等,推进行政决策的民主化、科学化。

第十条　各单位子网站的运行维护应当遵循以下规定:

(一)采用虚拟主机方式的,网站安全运行及网络管理统一由 市信息化办负责,各单位只负责信息的整理、编辑及上传和发布工 作。

（二）采用主机托管方式的，网站网络管理由市信息化办负责，服务器的设置及应用由各单位负责。

（三）采用本地管理方式的，各单位应当设置子网站管理人员，负责本单位子网站的安全运行。

市信息化办应经常监测各单位子网站，发现问题要及时通知相关单位。

第十一条　各单位必须建立健全网络安全组织领导机构和各项管理制度，信息网络系统的各个层面采取相应的安全措施，确保网站安全。市信息化办应制定完善的应急措施，出现突发情况，应急系统要确保所有数据不丢失，网站能够在短时间内恢复正常。

第十二条　严禁涉密信息、有害信息上网。如有违反，按照"谁上网谁负责"的原则，由有关部门依法追究相关单位负责人和当事人的责任。

第十三条　市信息化办负责制定门户网站建设管理考核办法，定期对子网站的建设情况、信息维护、信息审核、信箱管理、互动管理、运行维护、网站安全、信息保密等方面的工作进行检查。

第十四条　本规定自发布之日起实施。

2004 年 4 月 15 日

常德市电子政务工程建设管理暂行办法

第一条 为了加强全市电子政务工程建设的统一规划与管 理,提高电子政务工程投资的效益,保证电子政务工程建设的质量 与安全,维护电子政务工程的正常运行,根据国家有关法律法规,结合我市实际,制订本办法。

第二条 市直和中央、省驻常行政事业单位电子政务工程的 规划、立项、评审、政府采购、监理、验收及其相关管理活动,适用本 办法。

本办法所淋的电子政务工程,是指新建、改建、扩建的用于政 务信息化和向社会提供公共服务的以信息技术为主要手段的信息 网络、信息资源、信息应用等工程,包括纵向网络、网站、内部局域网、数据库、各类应用平台及系统。

第三条 市政府信息化工作办公室（以下简称市信息化办）是全市电子政务工程建设和运行的主管部门,负责全市电子政务 工程建设的统筹规划、管理、协调和监督。

市公安、国安、保密、财政等部门按照各自职责负责相关的监 督和管理工作。

第四条 根据全市电子政务建设总体规划,建设单位必须按 市信息化办的统一要求提交项目申请报告和项目建设方案等材 料。

第五条 电子政务工程项目开工建设前,市信息化办要牵头

组织市信息化专家咨询委员会相关专家(如网络安全、信息保密 等)对其技术建设方案进行论证与评估,软件系统应重点评审。每次评审从市信息化专家咨询委员会专家库中随机抽取5—7名专家组成专家组。

市信息化专家咨询委员会由市信息化办负责召集与日常管理，专家评审的相关费用在拟建电子政务工程项目资金中按规定列支。

第六条 市信息化办根据全市电子政务建设的总体要求和专家咨询委员会的评审意见,向建设单位下达项目审查意见。

建设单位必须严格按照市信息化办审查同意的建设方案实施。因业务改变确需修改的,须报市信息化办批准。

第七条 市政府每年安排一定的资金用于电子政务重点工程建设，建设资金由市信息化办归口管理,专款专用,专项核算。

第八条 本市电子政务工程承建、监理要严格执行《中华人民共和国招标投标法》,任何部门和单位不得以任何方式规避招 标。与建设有关的设备、软件、材料,应严格按《中华人民共和国政 府采购法》执行。

涉及信息安全、国家秘密、国计民生和社会稳定的电子政务工程,经市信息化办、市公安局、市保密局和市政府采购管理办公室 批准,可以直接发包。

涉及空间地理数据资源特许经营的电子蚁务工程,可由市信 息化办、市政府采购管理

办公室进行评标或直接发包。

第九条　承建本市电子政务工程的施工单位，须具有信息产 业、公安、国安、保密等主管部门认可的相应资质等级证书。

计算机系统集成商或电信运营商在参加本市电子政务工程商 务投标前，必须携带相关资质证书文件到市信息化办备案。凡不 具备承建资格的，一律不得参与商务投标活动。

第十条　电子政务工程项目中标建设单位不得向他人转让 中标合同，或者将中标合同肢解后分别向他人转让。但承建单位 可将中标合同的非主体工程分包给他人完成。接受分包的单位应 当具有信息产业等主管部门认可的相应资质等级，并不得再次分 包。

第十一条　本市重大电子政务工程建设必须实行工程监理 制。从事电子政务工程监理活动的单位要具备信息产业部信息系 统工程监理的相应资质，同一工程的建设和监理要由相互独立的 机构分别承担，监理单位要先于建设单位介入，没有确立监理单位 的工程，建设单位不得开始建设。

第十二条　建设单位在初步对电子政务工程验收后，必须向 市信息化办提出正式验收申请，申请时应提交以下材料：批准建设 文件、可行性研究报告、实施方案、竣工报告、监理报告、系统试运 行和初步验收报告、用户受训报告，具有相应资质的第三方测评机 构出具的信息安全测评报告和软件测评报告，其他需要提交的材 料。

市信息化办在收到规定的全部材料后 20 个工作日内组织完成验收工作。通过验收的电子政务工程可以投入正式运行。

第十三条　本办法自发布之日起施行。

2004 年 5 月 13 日

三、部分领导干部讲话

加快实施我市信息化战略,为全面建设小康社会而努力

——在全市信息化工作会议上的讲话

市委常委、副市长　陈文浩

(2002 年 12 月 24 日)

同志们:

今天,市委、市政府召开全市信息化工作会议,全面总结部署我市信息化工作。这是我市认真落实党的十六大会议精神,加快实施信息化战略,以信息化带动工业化,以工业化促进信息化,调 整优化经济结构,增强城市综合竞争力,全面建设小康社会的一次重要会议。下面,我就全市信息化工作讲三点意见。

一、深刻理解推进我市信息化的重要意义

(一)国内外信息化发展总体趋势

1.信息化对世界经济的作用和影响

放眼当今世界,信息化的浪潮汹涌澎湃,正不可阻挡地渗透到人类社会的各个方面,成为世界经济和社会发展的大趋势。信息化对世界经济的作用和影响十分明显。催生了一大批高新技术产业。集成电路业、计算机及其外 部设备产业、通信业、软件业、信息服务业等一批信息产业迅速崛 起并发展壮大,已成为世界经济增长热点和推动产业结构调整、升级的基本力量。如美国信息产业在其国民经济中所占的比重虽然 还不到 10%,但对经济增长所做的贡献却已达到 35%,比过去美国经济的三大支柱(钢铁、汽车和建筑业)加在一起的贡献率还要大。

推动了经济全球化的迅猛发展。信息化促进工业生产、贸易、资金跨国流动,形成经济全球化的基础。信息技术的飞速发展,提高了跨国公司克服空间和时间差异的能力,使其可以利用规模经 济优势降低成本。互联网和现代通信技术加快了全球资金流动, 目前全世界每天跨越国界的货币流量平均约 1.5 万亿到 2 万亿美元,比 10 年前增加了 10 倍。可以说,经济全球化是信息化的必然 结果。而国际经济活动的高速发展和经济全球化的趋势,又进一步扩大了国际信息交流的需求,促进了信息网络的发展。经济全 球化和信息化相互依存、相互促进的趋势日益明显。

加剧了国际竞争。信息化以世界为舞台,导致了信息、技术、资金、人才等要素更为激烈的国际竞争。许多发达国家都正在通过积极发展信息技术及其产业,抢占世界经济竞争的制高点。信息技术不仅广泛应用于经济的各个部门,而且也深入到社会生活 的各个方面。信息化的程度已经成为各国综合国力的重要标志,成为国际竞争的焦点。

2.信息化是世界各国的共同选择

世界各国都把信息化作为本国发展的战略重点，信息革命正以雷霆万钧之力、汹涌澎湃之势震撼着世界。全球信息化正不断冲破传统的时空界限，开创新的经济时代。信息化水平不仅是衡量一个国家和地区的国际竞争力、现代化程度和经济成长能力的重要标志，而且也是关系到一个国家的经济、社会、文化、政治和安 全的全局，关系到国家前途和命运的战略制高点。

西方发达国家对推进信息化十分重视，制定了各自的发展战略、规划和重点，力图在信息革命中抢占先机，找到适合本国发展的航向和坐标。

美国自二十世纪七十年代以来，一直全力推进信息化，信息化水平在全球始终处于领先地位。2001 年美国办公场所电脑使用率达到 80%，家庭电脑拥有量达到 70%，2.8 亿人口中有一半人上网。信息化带动了美国经济快速发展，到 2002 年 12 月为止，实现经济持续增长 217 个月，创美国经济持续增长期历史纪录。信息技术及相关产业对经济增长贡献率达到 35%，信息产业产值占 GDP 的 8.3%。目前，美国在网络、通信、计算机、半导体、软件、军事电子领域仍然控制着主导权，保持着在世界政治、军事、科技、经济领域的领先地位和霸主角色。

欧盟委员会 1994 年正式宣布了欧洲“信息社会”计划，2000 年 提出“信息社会就业战略”建议，要求各级行政机构和企业尽可能 广泛采用信息技术。英国 1991 年发布了“通信白皮书”，1994 年宣布了雄心勃勃的“信息化计划”，决定在未来 10 年中投资 380 亿英镑建设信息高速公路。法国 1997 年制定了“为法兰西进入信息社会而准备”的国家计划。德国在八十年代末就建成了世界最大的光纤网，1996 年政府通过了“2000 年德国进入信息社会之路”报告。俄罗斯在 1995 年制定了“建立科学和高效的国家计算机远程通信网络”跨部委计划。加拿大始终把信息基础设施建设与美国联为一体，在建设进度上始终与美国保持同步。日本八十年代就先后宣布了 “2000 年信息产业设想”、“信息高速公路计划”、“信息、通信基础建设方针”，誓与美国一比高低。

面对全球信息化浪潮，发展中国家奋起直追。不少在工业化进程中落伍的国家，也都把信息化作为赶超发达国家的难得机遇。印度近年来结合自身国情，充分发挥智力资源优势，狠抓软件产业，取得了成功，令全球震惊。2001 年软件出口达到 80 亿美元，占印度出口总额的 12.5%。爱尔兰本是以农牧业为主的较贫穷国家，20 多年来抓住信息化机遇，坚持以计算机软件业为重点，带动国家经济增长，2001 年软件业销售额达到 94 亿美元，占该国 GDP 的 15%，其中出口达到 82 亿美元，占全国出口 15%，成为仅次于美国的第二大软件出口国。

3.我国信息化建设现状

“九五”以来，全社会对信息化的认识不断提高，信息化建设步伐明显加快。各地区、各部门在推进电子政务、电子商务发展，利用信息技术提高政府行政和监管能力、转变政府职能，传统产业、缩小地区差距等方面，以及科技、文化、教育、卫生社会保障等领域，不断推出了一批以应用为主导、与需求紧密结合的息化建设示范项目。这些年来，全国信息化建设呈现出三个显著特点。一是信息技术应用不断普及,信息化水平显著提高,信息化对经济社会发展贡献增大。二是信息网络基础设施建设取得长足进展,规模跃居世界前列。三是电子信息产品制造业规模不断扩大,在一些关键领域获得了突破性进展,电子信息产品生产和出口的增长速度大大高于传统产业。

(二)推进信息化的重大意义

党的十五届五中全会指出:“大力推进国民经济和社会信息化,是覆盖现代化建设全局的战略举措。”江泽民同志曾经深刻地指出:“四个现代化,哪一化也离不开信息化。”他在党的十六大报告中强调:“信息化是我国加快实现工业化和现代化的必然选择”,要“坚持以信息化带动工业化,以工业化促进信息化”,走出一条新型工业化路子。我们务必要把加快国民经济和社会信息化作为事关全局、事关长远的战略重点来抓。最近几年来,国内各城市信息化建设的热潮一浪高过一浪。上海市率先提出信息港计划,投资15.5亿元建设这项工程;广州市将在今后两、三年内投入15亿元,推进14项信息化重点工程,提升广州信息化整体水平;地处珠江三角洲腹地的南海市已经实现了村村通光纤,户户可上网。各地都把推进信息化建设作为加快经济社会发展、增强城市竞争力的重大举措。

推进信息化是全面建设小康社会的必然要求。国际社会一般认为,当今时代现代化的基本内涵包括工业化、城市化、市场化、信息化、经济发达、政治民主、社会公平、教育普及以及人民生活质量水平、可持续发展水平都比较高等十个方面的要求。信息化可以说是现代化最鲜明的时代特征。信息化既是当今世界经济发展的大趋势,也是加快我们现代化建设、全面实现小康社会的关键环节。去年,信息产业部颁布了《国家信息化指标构成方案》,包括20项指标,作为衡量国家和地区信息化水平的依据和手段。我们要实现现代化,全面建设小康社会,面临的任务是艰巨的。虽然发达国家和亚洲“四小龙”等新兴工业化国家和地区,是在基本完成了工业化之后才搞信息化的。但我们不能亦步亦趋。我市要实现跨越式发展,实现工业化、城市化、市场化,就必须充分利用信息技术革命的成果,借鉴发达国家的先进技术和经验,避免走不必要的弯路,争取走一条后来居上的道路。比如,可以直接利用光纤建设高速宽带通信网络,利用最新的信息技术建立现代化的信息基础设施,在制造业领域加快引进一批先进核心技术,等等。我们要把推进信息化作为我市一个重要战略举措,作为经济社会发展的加速器,以信息化带动工业化,充分发挥后发优势,实现社会生产力跨越式发展,加快实现现代化进程,争取使我市早日进入小康社会。

推进信息化是调整优化经济结构的必然要求。这几年是全面优化经济结构的关键时期,经济结构调整的方向必须符合信息时代的发展要求。信息技术的进步,为我们加快发展以物流、金融和信息服务为特征的现代服务业,改造提升传统产业,以及做大做强一批骨干企业,提供了有效的技术手段。如果我市不能抓住信息技术迅速发展的历史机遇,提升信息产业的发展水平,广泛运用信息技术武装、改造服务业和传统制造业,常德的经济结构就不优,经济发展的后劲就不足,就会被信息时代的发展和日趋激烈的竞争抛在后面。

推进信息化是深化行政管理体制改革的必然要求。电子政务建设是转变政府职能的前提条件。江泽民同志在党的十六大报告中指出：要“进一步转变政府职能，改进管理方式，推行电子政务，提高行政效率，降低行政成本，形成行为规范、运转协调、公正透明、廉洁高效的行政管理体制。”中办发〔2002〕17 号文件(《关于我国电子政务建设的指导意见》)明确地提出把电子政务建设作为今后一个时期我国信息化工作的重点，政府先行，以政务信息化带动 国民经济和社会信息化。我市电子政务建设虽然起步不算太晚，但整体水平还很低。加强电子政务建设有利于促进政府职能转变，有利于实现管理手段的科学性和有效性，有利于提高办事效率，可以更好地适应世贸规则，更好地解决人民群众关心的问题，有利于加强勤政、廉政建设。

推进信息化是提升国际竞争力的必然要求。信息网络技术的发展，大大缩短了世界市场各部分的时空距离，为国际贸易、投资、资本流动和技术转移提供了最为方便快捷的手段，从而使经济全球化发展到了前所未有的广度和深度。在加入世贸组织的新形势下，我市要在激烈的国际竞争中取得优势，就必须具备在全球范围 内快速有效配置资源的能力，这样的能力取决于我们在什么样的信息技术条件下参与国际经济合作与竞争，取决于信息化的发展水平。这就要求我们加快国民经济和社会信息化步伐，争取尽快填平与发达地区、发达国家之间的“数字鸿沟”，否则就难以与以先进信息技术武装起来的跨国公司竞争。

推进信息化是优化投资发展环境的必然要求。优化投资发展 环境特别是软环境，是我市积极应对加入世贸组织新形势，增强城 市综合竞争力的关键所在。当今时代，信息化水平已成为投资发 展环境的重要内容。不少跨国公司在考察国内投资环境时，对能 否提供公共网络服务和 DDN(数字数据服务网)数据传输的国际专线要求很高。我市信息基础设施建设虽然在省内处于前列，但与国内发达城市，特别是跨国公司全球化经营模式的要求相比还有很大的差距，这要求我们进一步加大信息基础设施的建设力度，提供更加方便快捷、成本低廉的全球网络通信服务。

朱镕基总理说：“我们讲抓住机遇，很重要的就是抓住信息化这个机遇。”同时，信息化的发展伴随着迅猛的技术进步、市场的瞬息万变、竞争的日趋激烈，也对我们提出了严峻的挑战。我们要切实增强责任感和紧迫感，加快推进信息化建设，不失时机地赶上知识经济时代的快车，加速把常德的经济社会发展导入信息时代。

二、我市信息化建设的基本情况

随着信息技术的发展和信息化工作的推进，我市信息化建设进展较大。

(一)信息基础设施建设快速发展。

随着邮电“518”、移动“398”工程、联通(CDMA)通信工程，广播电视“村村通”工程以及电信宽带传输网、广播电视宽带网络升级改造的建设，我市信息基础设施条件不断改善。

1.通信基础设施建设加快。我市通信主干网络已建成以光缆为主，微波和卫星通信为辅的干线传输网，全市通信光缆长度为 5500 公里，固定电话交换机容量 92 万门。2001 年全市电话用户 78 万户,IP 上网用户 20 万户,电话普及率达 13.1%,高于全国 12. 5%的水平,居全省第二位。移动公司完成 GSM 第七期扩容工程,建设移动通信基站 221 个,移动交换机总容量为 42.8 万户,网上 实际通话用户 30 多万户;联通公司新建 CDMA 基站 45 个,正式开 通新型手机业务。2001 年全市移动电话用户达到 45 万多户,比 2000 年增加将近 1 倍。

2.广播电视传媒网络基本形成。全市共建有线电视站 5 座,无线电视站 3 座,卫星地面接收站 1380 座,微波站 7 座,微波长度 131 公里,光缆长度 276 公里,电缆长度 3941 公里,有线电视用户 45 万户,有线电视入户率 28%,其中城区有线用户 22 万,电视人口覆盖率、广播人口覆盖率均在 96%以上。湖南电广传媒股份 公司在常德进行规模投资, 率先在全省 750MHZ 的宽带网上为市 城区用户提供数字电视、视频点播、远程医疗、远程教学等综合信息服务。

(二)信息产业发展较好

2001 年,全市信息产业实现销售和业务收入 13.36 亿元,比上年同期增长 15.3%,其中信息服务业实现业务收入 12.16 亿元,比上年同期增长 24.4%,信息产品制造业和软件业实现销售收入 1. 2 亿元,增速为 27%。

1.信息产品制造业初具规模。2001 年,全市实现销售收入 2.7 亿元,规模居全省第二位,仅次于长沙。华南光电科技股份有限公司、华文科教集团通过中科院、科技部的"双高"认定。市应用化学研究所研制的电压敏用纳米级氧化铋荣获"国家重点新产品"证书。华南光电科技股份有限公司生产的彩色多媒体可视电话传输度达 25 帧, 在国内具有领先地位,CCD 摄像机、PSTN 远程监控系统、DVR 数字硬盘录像系统形成了较大的市场规模。汉光科技有限公司生产的无绳电话机、可变电容器畅销海外。

2.软件业开始起步。经国家审定,华文科教集团、华南光电科技股份公司、湖南湖大远程网络公司等 3 家企业被批准为软件企业。目前,华文科教的数字化微格系统、华文教学课件制作软件、HFC 宽带教学网络系统、多媒体教学网络系统,华南光电的智能可视电话视音频编码技术,DVR 系列产品等,在市场上都得到了批量应用。

3.信息服务业来势喜人。涌现了一大批从事信息接入、信息提供、信息咨询和中介、电子信息技术服务和培训等信息服务的企业,远程教学、数据通信、电子商务等新型业务正在逐步开展,2001 年全市信息服务业实现业务收入 12.16 亿, 其中电信业务收入 10.68 万元,邮政业务收入 1.48 万元。

(三)信息技术应用领域不断拓展

1.电子政务建设开始启动。电子政务建设发源于政府上网工程。我市"政府上网工程"从 2000 年在全省率先启动,目前,市政府、9 个县(区)政府和德山开发区以及市纪委、教育局、科技局、人事局等 50 个市直单位都建立了网站。这些网站在宣传常德、服务大众、政务公开等方面已收到了较好的效果。市政府网站开通两年来访问量累计已超过 65 万人次,现在日均访问量已在 2000 人 次以上,新华社湖南分社在其首页显著位置上进行了链接。随着国家

“金”字系列应用工程的建设，我市税务发票查询举报系统、银行同城清算系统、劳动保障系统、防汛指挥系统、多普勒雷达天气预报系统、智能交通管理系统、远程教育系统等应用项目基本建成，正在发挥巨大的社会和经济效益。特别是市劳动和社会保障局建设的劳动保障信息系统，大大加强了1300多家、20多万参保人员、15万离退休人员的各种缴拨账目的在线管理，确保了市民的合法权益和社会的稳定。

2.企业信息化建设发展迅速。全市有包括金健米业、洞庭水殖等70多家企业建立了网站，杰新纺织印染厂、市应用化学研究所等企业开展网上营销业务，取得了一定的经济效益。MIS（信息管理系统）、CIMS（计算机集成制造系统）、MRP（制造资源计划）、ERP（资源管理计划）开始在部分企业中应用。常德烟草机械有限责任公司通过实施MRPⅡ制造资源计划系统，使信息化技术渗透到计划、生产、财务、人力、设备和销售的各个环节，应用于产品数据、生产计划、质量、财务、人力资源、设备工具、物流和车间生产作业等各项管理；通过应用CAD（计算机辅助设计）/CAPP（计算机辅助工艺设计）/CAM（计算机辅助制造）/PDM（产品数据管理）技术，使新产品的设计开发周期缩短1/3—2/3。

（四）信息化发展的环境不断优化

重视信息化知识的普及，组织举办各类信息化讲座、知识竞赛、信息化成果展览等活动，一大批党政机关、企事业单位领导干部和工作人员接受了信息化知识和技能培训；通过在大中专学校设立计算机系或计算机专业，在中小学开设计算机课程，组织计算机信息管理专业自学考试和计算机应用软件资格（水平）考试等措施，加强了信息化的基础教育；广播、电视、报纸等媒体通过各种形式，加强了信息化知识的宣传。与此同时，成立了由市委、市政府主要领导挂帅的信息化领导小组和信息化工作办公室。《湖南省经济信息市场管理条例》、《湖南省信息工程资质管理办法》等法规、文件颁发后，信息市场秩序有所好转。无线电管理加大了频率规范和台站管理力度，取得了良好的效果。

当然我们也要清醒地看到，与我市经济社会发展水平相比，与国内信息化先进地区相比，我市信息化建设的情况还不够理想，还存在不小的差距和不足。主要表现在以下四个方面：

一是信息化意识不强。首先是思想认识不高，认为信息化离我们很遥远，可望而不可即。还有的认为购置了电脑，上了互联网网络，就算是搞了信息化。其次是全局意识不强，纵向网络、单位内网建设容易推进，横向网络建设、跨部门应用项目推进难度大。

二是信息化行业管理滞后。如至今还没有权威性的信息化管理机构，没有一个科学的、可操作性强的全市信息化规划，没有一个统一的信息技术标准体系，也没有一套完善的信息化管理制度，结果造成各自为政，重复建设，资源不能共享。

三是信息技术应用不广。据不完全统计，目前我市全部实现CAD、OA、MⅡS的企业很少，利用网络开展商务活动的就更少，多数实现上网的企业也仅建立网站，信息更新不及时。行政管理的应用在许多部门还局限于公文流转、电子邮件等方面，不少单位一般只用单机处理日常工作，信息技术的应用范围不广、整体水平不高。

四是信息产业发展缓慢。电子信息产品制造业规模不大，产值仅占全市工业总产值的0.3%,没有整机产品,产业带动作用不大,技术水平不高,市场份额较小;软件业基本还处于起步阶段,规模、档次均非常有限;信息服务业产业化程度仍然比较低。

我们要高度重视上述问题,在今后的工作中下大决心,花大力气,采取有效措施加以解决。

三、今后我市信息化发展主要目标和2003年具体工作任务

(一)今后我市信息化发展总体目标

我市信息化的发展,应紧紧围绕建设"富裕文明开放的新常德"这个主题,重点服务于教育优先工程、再就业优先工程、人居环境工程、县乡道路硬化工程、城市防洪工程、农业生态工程等6大工程,不断用信息化推进工业化、农业产业化和城镇化,用工业化、农业产业化和城镇化促进信息化。

根据国家计委公布的《国民经济和社会发展第十个五年计划 信息化重点专项规划》(以下简称《专项规划》),结合我市的实际情况,我市信息化发展的主要目标是:到2005年,电信运营业和电子信息产品制造业增加值达到30亿元,在国内生产总值中的比重达到5%以上,年均增速为46.5%,成为我市经济和社会发展的新的支柱产业;信息技术改造传统产业的作用显著增强,成为提高经济增长质量和国际竞争力的重要保障;网络规模和容量不断扩大,两络基础设施供给能力明显提高,基本满足信息化发展的需要,电话普及率超过40%,广播电视覆盖率达到98%以上,有线电视用户超过90万户,互联网用户普及率超过20%;信息化人才队伍不断壮大,新增信息化人才5万人;信息化成为提高国民素质的重要手段。

(二)我市信息化的指导思想

在推进国民经济和社会信息化的过程中,我们必须坚定不移地执行国家"统筹规划,资源共享,应用主导,面向市场,安全可靠,务求实效"的信息化发展方针,强化信息化建设的规划和管理,以信息技术的应用和信息资源的开发为重点,以电子政务建设为切入点,以信息产业的发展为突破口,以提高城市综合服务能力、企业竞争能力和社会运作效率为核心,分步推进、重点突破,力争使我市早日跻身于全国信息化先进城市行列。

(三)2003年具体工作任务

1.认真编制并出台信息化专项规划。按照国家《专项规划》的要求,市政府信息化办要尽快拿出编制信息化专项规划的工作方案,牵头组织力量编制出高水平的、可操作性强的《常德市国民经济和社会信息化"十五"专项规划》。各地、各部门和各单位要对规划编制工作予以大力支持和合作。市"专项规划"通过专家评审通过后,由市政府发布实施。

2.建设全市电子政务网控中心。根据中办发〔2002〕17号文件精神,明年重点建设常德市电子政务网控中心,初步形成我市电子政务系统框架。全市电子政务网控中心的逻辑结构应该分为四个层次:通信传输网络支撑平台、通信传输系统支撑平台、电子政务业务支撑平台和电子政务应用系统。通信传输网络支撑平台为系统运行提供物理保障。系统支撑平台为系统提供运行环境的支持。电子政务业务支撑平台是网控中心的基础平台,包括电子政务综合处理平台、中间件应用等内容。电子政务应用系统构建于 业务支撑平台之上，构成电子政务应用的三个主要内容：内部应用系统、专业应用系统及公众服务系统。内部应用系统主要提供政府内部办公应用功能，构建覆盖全市的公文传输与交换平台，部门 办公自动化系统、内部网络信息采集发布系统等。专业应用系统 包括各职能部门的专业应用系统。公众服务系统完成对公众的服 务，包括公众信息查询、网上审批系统、政务公开等。市政府信息化办要牵头组织力量编制出《常德市电子政务建设规划》，提出常德 市电子政务网控中心建设方案。市财政要对电子政务建设在资金上予以大力支持。

3.积极引导和推进企业信息化。以信息化带动工业化，是我市产业结构升级和实现工业化、现代化的关键环节。市政府信息办要会同市经贸委、市科技局等部门根据企业需求，选择不同行业、不同类型、不同规模的企业，开展信息化试点。在试点企业中重点推广企业资源规划技术（ERP）、计算机辅助设计（CAD）和制造技术（CAM）以及计算机集成制造系统技术（CIMS），实现从产品设计、工艺设计、生产制造、市场营销、企业管理全过程的信息化，切实转变生产和经营方式。通过试点，培植成功范例，以典型引路，全面推开。

4.重点发展软件业。根据国务院国办发〔2002〕47 号《振兴软件产业行动纲要（2002 年至 2005 年）》精神，我市发展软件业前景 广阔。贯彻“以信息化带动工业化”的方针，以市场为导向，以企业为主体，加大招商引资的力度，加快高科技人才的引进和培养，出台扶持软件业发展的优惠政策，鼓励华南光电科技股份公司、华文科教集团等软件企业不断开发适销对路的、具有自主知识产权的新技术、新产品，努力扩大市场规模，走以软件业带动信息产业的路子，逐步在我市形成两个以上销售额过亿元的软件骨干企业。

四、切实加强领导，有序推进我市信息化进程

推进国民经济和社会的信息化，关键在应用，重点在落实，成败在领导。各级党委和政府，特别是主要领导同志，一定要站在战略的高度，从国民经济和社会发展的全局出发，认真贯彻落实中央、省信息化的方针、政策，切实把这项工作抓好抓落实。

1.强化信息化工作的协调机制

推进信息化是一项系统工程，涉及方方面面。大量的实践 证明，推进信息化工作首要的问题不是技术问题，而是领导和协调问题从一定意义上讲信息化是“一把手工程”。因此必须从以下两个方面加以强化：一要建立强有力的领导机构。市委、市政府成立的市信息化领导小组，目的就是加大对信息化工作的领导和组织协调力度，避免政出多门和多头管理。二要加强对信息化工作的督促检查，对工作推不动、不落实和实施方案不符合要求的单位，要坚决进行整改和调整，并且要纳入年度量化目标责任制的考核。

2.健全信息化工作的管理体制

国民经济和社会信息化，涉及全社会各个领域，政府起着重要 的指导协调作用。因此必须从以下三个方面理顺信息化管理体 制：一是强化市政府信息办职能，充分发挥其组织、协调、管理和把关作用，加强全市信息化统一规划、统一建设、统一标准、统一管理，把规划协调、推广应用等职能集中放在市政府信息办。这样有利于搞好资源整合,发挥整体优势。二是各区县(市)要相应成立 信息化领导小组及其办公室,并赋予其承担信息化建设和管理的 职能,接受市信息化领导小组及其办公室的归口指导,切实推进信息化工作。三是理顺市政府信息办和市直各单位之间的工作关系。按照职能划分、明确事权、落实责任的原则,切实做到各司其职,各负其责,密切配合。

3.规范信息化工作的建设管理

为优化信息化建设环境,市政府要依照国家、省有关法律,法规,研究出台我市"信息化工程建设管理办法""电子政务建设管理办法""信息化项目技术审核制度""信息系统工程监理管理办法"以及信息安全保密等方面的规章,使我市信息化建设步入规范化、法制化的轨道;要按照我市信息化规划和信息化标准要求,组织专家研究制定出全市统一的电子政务信息平台和电子商务综合服务平台等技术规范。

4.重视信息化知识的普及和培训

信息化建设是一项崭新的事业,造就一大批既有领导能力、又懂现代技术的领导干部,是推进信息化的当务之急。一方面各地各部门要切实搞好各级领导干部的信息化培训,并为企业和社会各界信息化培训创造条件。市政府信息办要会同有关部门抓好全市科级以上干部的信息化知识培训工作,提高公务员队伍的应用技能。另一方面各级党委和政府都要把培养人才作为信息化工作的重中之重。同时也要努力营造用好人才、吸引人才和培养人才的氛围。

认清形势突出重点　稳步推进我市信息化工作

李长春

2006 年 3 月 29 日

同志们:

根据大会的安排和市信息化领导小组研究的意见，我就全市信息化工作讲三个方面的问题:

一、2005 年的主要工作情况

1.“中国常德”政府门户网站实现新的发展。全年共发布各类新闻 1.62 万条,开展重大新闻事件的专题采访活动 221 次,门户网站作为党政宣传喉舌的作用日益突出;建成“市民留言”、“嘉宾访谈”、“行风热线”和“市长信箱”等 4 个互动栏目。市民留言栏目完成改版,留言反馈机制不断健全。“嘉宾访谈”开通,全年播出 8 期;市长陈君文两次参加访谈,与广大网友进行互动,社会反响强烈。去年底,在全国第五届政府门户网站绩效评估中,“中国常德”位列全国地 级城市政府网站第 46 位,位居全省第一。子网站建设方面,2006 年又增加了 40 多家市直单位网 站,全市子网站数量达到 138 个。

2.电子政务专网建设实现预期目标。内网系统以网站为主体,通过组织活动,参与大型报道等途径,借助电视、广播、报社等传统媒体,开展各种形式的宣传推广活动,提高网站知晓度,打造网站强势品牌;建好一批优秀栏目。创新栏目运作模式,完善市民互动栏目,关注社会 热点问题,健全互动反馈机制,促进市民反映问题的落实和 解决,树立门户网站良好的公众形象;加强子网站管理。根据《常德市政务信息网上公开(暂行〕办法》,规范我市子网站建设和管理行为。

3.重点推进电子政务内外网建设。 根据全省电子政务建设统一部署,年底前,建成电子政务内网骨干网,以公文传输为基础应用,实现信息查询和公文流转等应用,以降低行政成本,提高行政效率。一是全面建成内网骨干网。促进市直部门内部局域网改造,纵向连通省政府电子政务内网和各区县核心结点,横向联结市直各主要部门,推动内网全面铺开;二是促进内网实际应用。以信息分级共享为基础,重点推进公文流转系统的全面实施,逐步实现单位内部公文流转等政务活动的网上运行;三是落实内网运行保障。建立健全内网运行和管理制度,落实内网建 设和运行资金,确保内网稳定、安全、高效运行。

4.积极推进我市外网建设,并实现与省核心结点连通的目标。一是落实建设方案,做好项目建设的前期准备。根据我市实际应用需求,组织专家论证和评估,按照《湖南省电子政务外网平台技术规范》的具体规定,进一步完善建设方案;二是落实建设资金,加快工程实施。严格按照项目建设招投标管理的有关规定,有计划、分步骤地对机房建设、网络设备及系统集成、应用软件系统等项目进行了政府招标采购,严格按照要求推进各分项目建设实施;三

是初步完成硬 件平台建设。完成城域网的建设,实现与省中心结点的纵向 连通和全市党政机关及主要企事业单位的互联互通;四是初步实现主体应用功能。以企业基础信息为重点,年内在外网平台上运行 1 到 2 个应用系统。在此基础上,逐步开展对外 数据服务和网上并联审批等应用,为实现行政许可项目网上办理打牢基础。

5.规范电子政务工程项目管理。 充分行使职能,抓住工程立项、建设、竣工验收等几个关键环节,强化过程监督,做好技术指导,突出绩效评估, 优化专家集体评审机制,着重研究出台工程监理,工程竣工 验收等方面的文件。通过监管制度的不断完善,建立项目管 理的长效机制,切实防止重复建设和盲目建设,使有限的资 金发挥出最大的效益。扶持信息产业发展。第一、积极向上争取政策及资金 支持。按照省信息产业厅“扶‘小巨人’,抓大项目”的工 作思路,积极争取寰球电子影像模块、嘉业达电子压电陶瓷 频率器件等项目列入全省电子信息产业重点扶持笼子;积极 争取省信息产业发展专项资金,扶持世翔电子等技术含量 高、发展潜力大的小型企业做大做强。第二、积极促进企业 产品创新。促成融源数码的战略合作,力促其取得手机自有 品牌生产资质,填补我省手机生产的空白。第三、加大本行 业招商引资力度。电子信息产业企业技术含量高、产品附加 值高,对环境的负面影响极小,围绕完善产业链、做长产业 链的思路,创新招商模式,积极开展电子信息产业的招商引 资。第四、积极研究制定发展我市信息产业的政策。为加快 我市电子信息产业发展,我们将根据市委、市政府的要求, 研究制定相关奖励政策。

6.努力加强自身建设。通过机构升格,促进本办职能地位的全面提升。积极完善机构调整方案,对升格后的工作职能、科室设置、人员配备进行综合考虑。加强机关制度建设,以科学的制度规范工作和日常管理。积极培养优秀青年干部,为青年干部压担子、给位子,为青年干部的快速成长创造条件;注重岗位培养青年干部。

二、2006 年工作重点

1.继续加强门户网站建设。

按照“全省第一,全国一流”的总体要求,树立精品意识、突出互动特色,完善信息公开机制,加大网上办事力度, 为市民提供更好的服务,为宣传常德做出新贡献。一是加强网站信息建设。以政务信息为重点,完善网站内容保障机制, 拓宽信息来源渠道,加强采编队伍建设,深入开发信息资源,不断丰富网站资讯;二是提高网站服务能力。整合全市数据资源,借助政务外网平台的支撑,增加数据查询服务和各类代办业务,增强门户网站服务能力;三是提升网站影响力。

2.规范信息系统工程建设

2004 年以来,市政府出台了《常德市电子政务工程建设管理暂行 办法》,对我市信息系统工程建设行为进行了规范。根据这个办 法,两年来,我们组织信息化专家,对全市 34 个新建的电子政务建 设项目进行了严格评审,报审金额共 4727 万元,最终核准 3180 万 元,审减金额达 1547 万元。

3.拓展信息技术应用领域

我市信息技术应用快速发展，信息技术在机关、企业、卫生、教 育、金融、科技等领域得到广泛应用。金财、金税、金保、金盾、金 质、金审、金水等工程相继启动并逐步进入应用。金财工程已完成 非税征管、国库集中支付等系统的建设；交警部门的“电子警察”在 全市各个路口设置了 72 个电子眼，对我市“畅通工程”的实施发挥 了重要作用；金税工程投入运行 3 年多，促进了税收征管体制的改 革；金保工程即将完成一期建设，通过网络互联和数据集中，对养 老保险等五个险种实施统一管理，可实现我市持卡人在全国范围 任何一个城市内社保业务的办理；正在建设的全市信用信息系统，建成后将为社会各界提供全方位信用信息服务。此外，企业信息 化推进迅速。全市 100 多家企业建立了网站，CIMS、MRP、ERP 等管理系统在我市企业中广泛应用并产生了巨大效益。

4.迅猛发展信息产业

“十五”期间，我市成功地引进了寰球电子科技有限公司、嘉业 达电子有限公司和长沙力元新材料股份有限公司等企业，规模以上电子信息产品制造企业达到 12 家。2005 年，全市电子信息产 品制造业实现销售收入 6.79 亿元，增加值达到 1.8 亿元，我市电子信息产业初步形成了以连续化带状泡沫镍、CCD 摄录一体机、压电陶瓷器件、影像模块为主导的电子产品。信息服务业发展迅 猛。特别是电信基础能力及其应用水平得到了迅速提高，2005 年全市电信服务业业务收入达到了 18.63 亿元。

5.完善信息基础设施建设

“十五”以来，我市全面实施电信宽带、小灵通交换传输网，移动 GSM 八期扩容、联通 CDMA 工程等通信基础设施建设，初步建成集光纤、程控、微波等技术为一体的通信网络；广播电视网络基 础设施进一步完善，基本建成现代化广播电视传输覆盖网。2005 年，全市固定电话用户数 103.82 万户，普及率 19.42%，移动电话 用户数达 119.52 万户；全市有线电视用户数 52.65 万户，广播电视覆盖率达 94%。

6.优化信息化发展环境

市委、市政府历来十分重视信息化建设。成立了市长挂帅的 信息化领导小组。明确提出了“以电子政务为突破，稳步推进常德 信息化进程的思路。信息化主管部门的职能得到不断增强发挥 的作用不断突出。各区县（市）也相继成立了专门的工作机构，全市信息化工作有了一个相对健全的工作体制，为进一步的发展打 下了坚实的组织基础。

在肯定成绩的同时，要了解我们市信息化建设与发达地区相比还有相当大的差距。尤其在电子政务建设和应用方面存在一些问题。一是思想认识存在偏差。个别单位对信息化建设缺乏正确的认识，认为投入过大，可望而不可及；有的认为购置 了电脑，上了互联网就是搞了信息化；有的热衷于搞局部应用和纵 向网络，对推动资源的横向整合缺乏动力。二是电子政务建设和管理有待加强。重复建设、盲目建设的现象没有完全遏止，不立 项、不报批的作法依然存在；建成的业务系统和网络利用率不高，网站信息维护工作存在问题，甚至有的单位子网站建成一年多了还从未进行过动态信息的更新。三是教育培训有待加强。信息化专业人才匮乏,建成的业务系统和网站无人管理维护。此外,电子 信息产业规模总量还偏小,软件业发展基本上还是一片空白,各区 县(市)信息化工作发展不够均衡等等,这些问题,都需要我们在今后的工作中不断加以解决。

三、新时期信息化发展总体思路和主要工作任务。

"十一五"期间,我市信息化工作的总体思路是:扎实推进以电子政务带动全市信息化步伐的战略,不断完善全市"一站"、"两网" 和"十二金"工程为主体的电子政务体系建设。建成以政务应用为 主体的高速城域网和电子政务内网,全市行政机关初步实现公文 传输无纸化和业务受理的网络化。围绕产业发展和信息化强市建 设,继续保持信息产业快速健康发展,加快软件产业的发展;加强 信息领域的招商引资,扩大对外合作;加强法规建设,为行业发展构建良好的环境;加强信患技术推广应用,深入推进信息化建设。

(一)做大做强"中国常德"政府门户网站。一是不断增强网站服务功能。在目前几个查询系统的基础上,积极整合全市数据资源,借助政务外网平台的强大支撑,增加数据查询服务和各类业务代办、在线缴费等功能版块,努力完善"中国常德"政府门户网站的服务功能。二是加强新闻网的建设。增加采编力量,大力发展新闻通讯员,不断挖掘工作潜力。尤其要注重对全市新闻资源整合和开发,发挥政府门户网站的资源优势,建立新闻信息的整体开发和共享机制。三是推出一批有影响力的品牌栏目。利用网络即时性、交互性强的特点,重点关注市民反映的热点问题,并尽快启动嘉宾访谈栏目。四是加大互动栏目的管理。建立一套科学有效、操作性强的留言反馈、处理机制。促进各单位对市民所反映问题的及时回复处理。五是加大子网站群建设力度。根据市信息化领导小组的意见,还没有建立子网站的市直副处级以上行政事业单位今年都要建立网站,将"中国常德"政府门户网站真正建设成为覆盖各单位服务各层面的网站体系。六是完成设备的更新和扩容。对现有网站群进行软、硬件系统升级改造,增加网站带宽,突 破访问瓶颈,消除安全隐患。

(二)扎实推进政务信息公开。刚刚出台的《常德市政务信息网上公开办法》是规范我市政务 信息公开工作的重要文件。根据办法的要求,全市各级政府和政 府各职能部门,对于本单位履行行政管理或提供公共服务涉及的 相关法律法规、文件和资料等都应在门户网站上进行公布。根据 市政府的统一部署,今年我们将积极整合全市政务资源,通过政府 门户网站,对全市各单位重要的政务信息实行全面公开。

一是建立政务信息共享和发布上传机制。一各单位应根据《办 法》的要求,落实本单位信息上传和维护人员;建立和完善重要政 务信息公开的程序和办法,对于本单位比较重要的政务信息,应及 时、主动上传给主网站。

二是规范政务信息公开的权限。在门户网站上设立政务公开 专栏,对市委、市政府近期重大决策、重要事项和市民关注的热点 问题进行发布。网站公开的信息应由有关部门事先进行审核,未 经审核的,原则上不得公开。对于特别重大的信息,一律在主站上 公布;只涉及一般问题的,在有关职能部门网站上公布。

三是加强信息公开工作的监督和考核。结合子网站建设和考 核办法,对各单位信息公开的情况进行统计和量化评分,并及时在 网上公布评分结果。评分情况将作为各单位电子政务建设年终评 先的重要依据。

(三)基本建成常德政务内外网

我市电子政务网络平台由"中国常德"政府门户网站、市政务 内网和市政务外网构成。政务内网是党政机关的办公专网,可以运行包括涉密信息在内的所有政务信息;政务外网是业务部门的 政务专网,凡不需要在政务内网上运行的业务系统可接入外网,内 外两网之间物理隔离,外网与互联网之间逻辑隔离。我市电子政务专网建设完成后,不仅可以使网上公文传输成为现实,还可以承 担政府部门之间大部分的信息交换和业务互动,满足省、市、县三 级网络互联互通的要求,并为公共应用系统提供支撑和服务。广 大市民足不出户就可以办理各类业务,从而极大的提高行政效率。

今年内网建设的重点:一是完成软、硬件设备的配套建设。更新邮件系统等功能模块,添置服务器、核心交换机等硬件设备。二 是做好网控中心的扩建工作。在现有基础上,完成市教育局、市民政局、市商务局等三家单位与网控中心的专线连接。三是重点推 进内网平台的实际应用。对于已实现连接的单位,重点做好 OA 系统的应用试点,确保年内实现内网平台公文交换系统的正式运 行。

外网建设的主要任务:一是制定和完善建设方案。完成对各区县(市)和市直各单位的前期调研,调查网络建设和应用现状,了解各单位实际需求。根据本市的实际情况,并按照省信息中心 的具体要求,进一步完善外网平台建设方案和规划。二是完成城 域网网络建设。根据我市实际情况,确立首批进入外网平台的建 设单位;完成外网平台网控中心建设,并建立与各接入单位的物理 连接,形成常德城域网总体框架;统一接入单位互联网访问出口, 实现外网平台与国际互联网的逻辑隔离。三是逐步开展试点应用。以市政务中心各窗口单位为基础,通过外网平台开展并联审 批等应用;联合工商、税务、质监、银行等部门,积极整合企业数据 资源,建立企业信用信息数据库,逐步开展企业信用系统的查询应 用。各级各部门要充分关注和积极支持外网平台的建设和应用开 发工作,有条件的区县(市)可以着手研究制定本行政区域的电子 政务外网平台的建设方案,为实现市、县两级政务外网互联做好准备。

(四)积极引导信息产业健康发展

一是建立健全信息产业行业的统计制度, 基本形成我市信息 产业行业统计工作网络,提高行业统计分析水平。二是积极推进 重大项目建设。重点推进寰球电子、嘉业达等企业重点项目的立 项申报,提升我市电子信息产业的规模和质量。三是调动各方面 积极性,积极开展招商引资工作。研究制定信息产业招商引资政 策措施,大力引进电子信息产品企业落户常德。

三、做好我市信息化工作的具体措施

实现"十一五"信息化发展目标工作任务,需要全市上下共同努力。今年我们将从以下几个方面入手,不断强化工作 措施,实现我市信息化建设的稳步推进。

1.建立科学合理的信息化发展长效机制

一是充分行使既定职能,严格实行工程审批。要严格按照《常德市电子政务工程建设管理暂行办法》的具体规定,对全市信息化工程项目实行统一管理。完善专家评审程序和信息化工程的概领算机制,全市每上一个信息化工程项目,必须按规定进入立项审批和工程评估程序,对工程实施的具体步骤,一律实行严格的评估、审核、监理和验收。对重大电子政务建设项目,要组织专家组进行集体审核,以确保财政专项资金的合理使用,从源头上杜绝信息系统工程的重复和盲目建设。

二是加快实施引导战略,促进市、县协调发展。抢抓与省、市、县三级外网平台对接的机遇,加快各区县(市)电子政务工作和信 息化建设的整体推进。加强与各区县(市)信息化工作部门的工作 联系。通过开展经验交流、典型示范、工作调研等形式的活动,促进全市信息化工作的平衡,协调发展。

三是切实加强制度建设,不断优化发展环境。研究制定统一 的电子政务和电子商务服务平台技术规范,建立《常德市政务信息网上公开办法》《电子政务和公共服务信息安全管理办法》等配套 性规章;积极制定和完善相关产业政策、投融资政策、分配政策;积极引导银行信贷资金对信息化给予重点支持,积极争取利用国家和省高新技术专项投资资金,加快我市重点信息化项目建设。

2.强化网站考核管理

健全长效机制,建立科学、完善的子网站测评体系。在继续完善年度目标考核的基础上,对子网站的功能、内容、管理、维护等方面提出全市统一的具体量化指标。建立和完善市民留言处理回复机制,从今年起,市民通过门户网站反映的问题,将由市信息化办和市长热线共同承办,市长热线具体督办。各区县(市)和市直各 单位务必引起高度重视,真正做到体察民意、关注民生,及时处理和回复市民反映的实际问题。各区县(市)和市直各单位回复处理市民留言的情况,将作为全市优秀子网站评选和排名活动的重要依据。同时聘请群众评论员,面向全社会开展公开测评,激励和促 进我市各单位子网站的建设和发展。

3.大力开展教育培训

一方面要切实搞好各级领导干部的信息化培训,并为企业和社会各界信息化培训创造条件。年内我们将组织好全市科级以上 干部的信息化知识培训工作,通过集中培训,开展信息化知识竞赛 等活动,不断提高公务员队伍的应用技能。另一方面要把培养专 业人才作为信息化工作的重中之重,努力营造用好人才、吸引人才 和培养人才的氛围。继续加强本土化专业人才的培养工作,充分 发挥市内高校和社会办学的作用,培养本地化的专业人才。加强 信息技术培训管理,认真组织好计算机与软件考试、信息技术水平 考试和计算机自学考试工作,建设本地信息化人才资源库,为专业人才的发展和使用创造良好条件。

各位领导、同志们,信息化水平已经成为衡量一个城市现代化程度和综合实力的重要标志。今后,我们将按照市委、市政府的总体部署,全面贯彻落实科学发展观,突出电子政务建设这个工作重点,抢抓机遇、负重奋进,全面实现工作目标,把我市信息化建设提升到一个新的水平。

在全市电子政务内外网建设工作会议上的讲话

刘小明

2010年12月2日

同志们：

在全市各项工作紧张推进的时期，召集大家召开全市电子政务内外网建设工作会议，足见这项工作十分重要，市委、市政府对这项工作非常重视。刚才，市电子政务办舒兆兰同志就这项工作做了详细介绍和具体安排，请大家认真抓好落实。在这里，我还强调三点意见：

一、高度统一思想认识

要深刻认识到外网平台和协同办公系统建设是当前我市电子政务发展中非常紧迫而重要的工作。

1.电子政务纵深发展趋势要求我们加快电子政务外网平台和协同办公系统建设。世界电子政务的发展必将经历从办公自动化，到机关内部系统应用，再到机关外部系统应用，最终 建立高度信息化的电子政府的过程。在这一过程中，电子政务 应用主体与业务范围不断拓展，逐步从机关内部办公，发展到机关之间的办公，再到政民之间的互动。机关之间的应用往往涉密，大多只能走内网，在机关内部实现共享。而政民互动的 应用则具有高度的开放性，必然要求建设外网，直接面向社会公众。机关内部办公只需要建设简单的电子办公系统，机关之 间的办公及政民之间的互动，必然要求建设协同办公系统。

2.整合现有政务信息资源要求我们加快电子政务外网平 台和协同办公系统建设。近年来，我国电子政务发展突飞猛进，逐步形成了从上到下各行各业的纵向业务网，如“金税”“金财”“金关”等“十二金”工程。但是，由于缺乏统一的外网 出口和平台‘各个纵向网络形成信息孤岛，资源不能共享、业 务不能协同，资源浪费较大，常德也不例外。只有建设统一的 政务外网平台，才能充分实现各业务系统的互联互通和信息共 享，从而有效推动政府组织结构和工作流程的重组优化。协同办公系统是一个具体的跨机关、跨部门的办公应用系统，其资 源整合功能的充分发挥将来也要依靠外网平台的承载。

3.推进外网平台和协同办公系统建设是国家和省、市统 一安排的刚性工作任务。对于外网平台建设，国家先后多次发文部署该项工作，发改委〔2009〕988号文件明确提出2010年底基本建成从中央到地方统一的国家电子政务外网。湘政办函〔2009〕224号文件明确要求2010年底完成省市县三级联通，并将该项工作纳入了对各级政府的目标考核，作为硬性工作任 务予以推进。对于协同办公系统建设，全国省级以上机关和发达地区县级以上机关基本普及，省内郴州等市州已经建成投运。常德今年将其列入建设人民满意政府七项行动的工作任务之一。市县两级必须严格按照统一要求及时完成项目建设。

二、切实加快项目推进

2010年只剩下不到两个月时间，按照安排，今年外网平台要连接73家单位，协同办公系统要接入口130家单位，项目 建设时间紧、任务重，各级各部门一定要强化措施，加快推进。

1.要加强组织领导。按照统一规划、分级负责的原则，市县两级政府分管领导要亲自挂帅，组织电子政务工作领导小组成员单位，搞好协调配合，共同抓好电子政务外网平台和协同办公系统建设。要明确电子政务主管部门具体承担本级的项 目建设任务，多方抽调专业技术人员共同搞好本级项目的技术 方案设计和评审。各级项目建设领导小组，要及时搞好本级项 目的组织、协调和调度工作，保证项目进度和质量。市电子政 务办要加强对县市区项目建设的技术指导和工作调度。

2.要保障资金投入。外网平台和协同办公系统覆盖面广，投入较大。但是，投入大，效益更大。不投入，今后整合难度更大。各级各部门一定要立足长远，在充分利用现有政务网络、技术队伍和资金渠道的基础上，积极筹措项目建设资金。市本级年初已经将项目列入了年度建设计划，安排了年度财政预算。财政状况较好的县市区，也要在预算内予以充分安排。财政确实有困难的县市区，可以根据本地实际情况，出台相应的优惠政策，鼓励网络运营商积极参与政务外网建设。

3.要强化督促考核。省里年初将各市州电子政务外网平台建设纳入了对市州政府的目标考核。年初市里就外网平台和 协同办公协同建设也做出了统一部署，对各县市区提出了相关的工作要求。2010年，对各级各部门的电子政务工作目标考核，重点就是外网平台和协同办公系统建设情况。市电子政务 办要会同市直有关部门，加强对各县市区电子政务外网平台建设进展情况的督促检查，年终要予以严格的考核考评。各县市区一定要高度重视，认真对待，切实抓好项目建设。

三、严格执行标准规范和外网平台和协同办公系统，在技术上都具有高度的统一性、完整性、有效性和安全性要求，各级各部门要切实抓好事前的标准化建设和事后的规范化管理

1.要严格执行技术标准规范。贯彻实施统一的技术规范 是从根本上解决电子政务建设中各自为政、浪费资源这一突出 问题的基础性措施。市县两级在新建外网平台和协同办公系统 的过程中，必须依据国家和省、市统一的技术规范进行项目的 规划、设计和建设。对于已经建成运行的业务系统，今后也要 按照统一的技术规范逐步进行完善对接。市县两级电子政务主管部门要严格按照统一技术规范的要求，加强对本级电子政务 项目建设技术方案中技术标准的审核把关。

2.要强化安全信任体系建设。信息安全是电子政务健康发展的重要保障。外网平台和协同办公系统建成后，市县两级建设和运维单位，都要建立健全相应的安全管理制度，明确主管领导和工作部门，落实网络安全管理责任。要按照国家信息安全管理规定，做好信息安全风险评估和审查，确定外网平台和协同办公系统的信息安全等级，及时采取相应的信息安全保护措施。要按照国家政务外网统一规划，建立网络安防体系和网络信任体系，强化网络的技术安全防护措施。

3.要建立项目运行协同机制。外网平台和协同办公系统 建成运行后,市县两级要按照分级负责的原则,在多部门之间 建立起分工明确、配合有序的协同工作机制。市县电子政务主管部门要统一管理和协调本级政务部门协同办公系统及外网平台上的应用系统的建设和运行,要切实加强与保密、安全等 部门的配合,确保外网平台及协同办公系统的网络及应用的安全。市电子政务办还要加强对县市区电子政务外网及其应用系 统建设和运维工作的协调指导和考核督促工作。

落实科学发展观 努力开创我市信息化工作新局面

舒兆兰

（2007年4月18日）

同志们：

根据大会的安排和市信息化领导小组研究的意见，我就全市信息化工作讲两个方面的问题。

一、2006年信息化工作情况

2006年，是我市“十一五”的开局之年，全市上下紧密围绕“以信息化带动工业化”，“推进新型工业化”的战略部署，全面推进经济和社会各领域的信息化，为我市经济和社会发展做出了贡献。

（一）电子政务建设与管理稳步推进

1.政府门户网站建设取得新的进展

2006年，政府门户网站保持较好的发展态势，主网站访问量 稳步攀升，子网站达到138个。去年底，在国务院信息化办组织的 全国政府门户网站绩效评估中，常德名列全国第46位，全省第一位。政府门户网站已成为市民了解政策、查询信息、解答疑难、互动交流的平台，我市重要的舆论阵地和新锐媒体，被市民形象地称为“网上政府”。

一是网站的政务信息和新闻栏目成为亮点。主网站每天发布新闻信息200多条，政务信息100多条，总容量目前已突破500G，成为一个资料完备的政务信息资源库。二是网站的服务能力不断 增强。市长信箱、市民留言、嘉宾访谈等互动栏目，及时解决群众 困难，成为市民和政府直接沟通的渠道。“嘉宾访谈”视频互动栏 目开通后，市长陈君文先后两次与市民进行网上交流，受到社会各 界好评。交通违章、住房公积金等网上查询服务的开通，为市民提供了方便。三是子网站建设达到预期目标。经过三年的努力，子 网站数目已达到138个。组织部，财政局、商务局、人事局等一大 批网站信息发布及时，访问量一路领先。在全省政府门户网站绩 效评估中，桃源、临澧分别名列全省第三位和第九位。

2.政府部门信息化建设不断深入

“金字”号工程全面展开，“金盾”工程完成了一期建设，建成了信息查询、涉密网络、视频会议等10多个子系统，提升了我市公安系统科技水平；卫生系统建成了常德市紧急救援指挥中心，将城区各大医疗机构集中联网，集中受理和处置急救事件，提高了卫生救援能力；水利局建成了防汛指挥系统，使跨地域汛情会商和应急抢险指挥得以实现；“金财”工程快速推进，国库集中支付系统建成并正常运行；非税收入征管系统、建设项目收费系统建成使用，有效遏制了收费过程中把关不严、随意减免等问题。

3.电子政务工程管理得到加强

去年共受理了市劳动和社会保障局、教育局、城管局等 16 个 项目的方案审核，报审金额 4844 万元，审减 1272 万元，审减率达 26.3%。为加强对市本级信息化工程的管理，信息化办与财政局研究出台了《关于加强市级信息化建设项目验收工作的通知》。通过强化工程项目方案审核，实施统一竣工验收，把住了信息化工程的首尾两大关口，为保证工程质量发挥了积极作用。

(二)社会各领域信息化建设步伐加快

1.提升改造传统产业，企业信息化不断深入

信息技术改造提升传统产业步伐加快，企业信息化综合服务 体系初步建立。全市已建成企业网站 120 多个。常德卷烟厂、常德烟草机械公司等企业信息化程度进入全省前列。30% 以上的国 有大中型企业开始建立 ERP(资源管理计划)MIS(信息管理系统)、CIMS

(计算机集成制造系统)等信息化系统，制造企业 CAD(计算机辅助设计)应用率达到 60%以上。信息技术对企业发展的倍增效应逐步显现。

2.充分整合公共资源，社会信息化程度全面提升

教育、卫生、劳动和社会保障等社会公共领域信息化有序推进。覆盖全市 100 多所中小学校的教育城域网建设全面展开;卫生应急指挥系统基本建成，为我市处理重大公共卫生事件提供了 强有力的保障;"金保工程"一期建设可望在今年完成，建成后可实现养老、医疗、工伤保险的集中征缴和支付，对劳动就业和社会保险业务实施协同管理。

(三)信息产业发展开局良好

2006 年，我市规模以上电子信息产业企业从 12 家增加到 18 家，全行业实现销售收入 7.45 亿元，比上年增长 23.8%，比全省平 均增长速度高 4 个百分点;实现利润 1700 万元，比上年增长 16 倍。全市电子信息产业初具规模，并呈现良性发展态势。寰球电子、华南光电、常德力元新材料已跻身全省电子信息企业 20 强。

电信、移动、联通等电信运营商发展较快。2006 年全市邮电 业务总量突破 16 亿元，比上年增长 12.8%，拥有固定电话用户 109.94 万户，互联网用户 14.12 万户，移动电话用户 94.98 万户。广播电视综合覆盖率达到 97.85%，有线电视用户 61.8 万户，比上 年增长 14.4%

(四)信息化发展环境逐步优化

市委、市政府高度重视信息化工作，主要领导经常过问信息化工作情况，并多次就信息化工作进行研究部署。上个月，召开了市信息化领导小组会议，确定了近期我市信息化工作的重点。多数 区县(市)也十分重视信息化工作，设立工作机构，解决实际问题，促进了全市信息化工作的整体推进。市直各单位信息化建设的积 极性空前高涨，全年开工建设的信息化工程项目有 16 个，"金字" 工程等纵向业务系统建设如火如荼;今年两会期间，有关信息化建设的建议提案比去年增加近一倍，信息化再度成为两会热点。

信息化技能培训取得实效，计算机和软件水平资格考试工作连续三年名列全省第三位。

电子政务培训列入了创学内容,公务员积极学用信息技术。汉寿、桃源把计算机应用能力列入公务员 考核内容,公务员队伍信息技术应用水平明显提升。在全国计算机调试员职业技能大赛中,我市选手获得全省第一,全国第八名。在充分肯定成绩的同时,也还存在一些不容忽视的问题。主要表现在四个方面:一是信息化管理体制不顺的矛盾依然存在,信息化工作推进的体制性阻力没有完全破解;二是对信息化建设的认识还有待提高,有的地方,有的部门对信息化发展还没有紧迫感;三是应用层面推进力度不大,建成的系统利用率低,设备闲置现象依然存在;四是电子信息产业在全市 CDP、工业增加值中的比重不高,总体规模过小,创新能力较弱。这些问题,需要我们在今后的工作中逐步加以解决。

二、2007 年信息化工作安排

(一)突出电子政务建设重点,推动网上政府建设

1.加强政府网站建设和管理

政府门户网站建设是我市信息化建设的重点之一。今年,要从两个方面着手,促进政府网站建设再上新的台阶。一是突出政务特色,提升主网站整体水平。以政务信息建设为重点,拓宽信息渠道,提高采编水平,建立完善的网站内容保障机制,不断丰富网站资讯;积极拓展网站服务空间,整合数据资源,增加数据查询服务和各类代办业务,提高网站服务水平;积极参与重大事件的宣传报道,开展社会公益活动,提升网站影响力,打造新锐媒体品牌;充 分发挥网络互动优势,加强优秀栏目的建设,健全互动反馈机制, 树立政府门户网站良好的公众形象;积极探索适应市场化运作模 式的网站机构设置和人员配置方式,拓展市场空间,创新网站运作。二是强化管理,提高子网站水平。今年,将出台子网站考核管理办法,统一子网站建设标准,对全市子网站进行考核,推动政府 门户网站的建设。加强对子网站的监管力度,定期开展抽样调查,重点督导各单位网站的信息更新、日常维护等工作;结合政务公 开,突出网上办事,进行市民网上投票,对子网站进行综合考核;建立网站建设维护情况通报制度,对全市子网站进行分类排名,并定 期公布网站绩效评估结果,整体推进子网站建设。

2.启动电子政务内网建设

根据全省统一部署,年内建成纵联省、市、县三级政府,横接市直 68 家单位的物理网络。为确保各接入单位 9 月份以前实现电子公文网上传输应用,要切实抓好以下几项工作:

第一、明确建设步骤,完成平台搭建。内网建设成立了以文浩市长挂帅的领导小组和市委办、政府办、信息化办组成的工作班子。目前建设方案已经确定,工作步骤与日程安排已经成文下发。计划到 8 月底,完成骨干网线路铺设,软、硬件集成和终端设备安装调试等工作。

第二、加强部门联动,促进实际应用。各相关单位要根据市委办、政府办有关文件精神,落实责任,建立机制,积极配合,强力推行公文网上传输等基础应用,促进系统的实际应用和深度开发。

第三、强化岗位责任,积极开展培训。各单位要确定公文收发 人员,明确岗位职责,积极参加对相关人员的业务培训,建立内网运行维护的组织网络。第四、健全管理制度,确保运行安

全。各单位要严格机要保密 制度,健全内网安全保障机制,保证内网稳定、安全、高效运行。

3.规范信息化工程项目建设管理

强化信息化工程建设的规范管理,从立项建设到竣工应用实 施全过程监管。一是健全管理办法,出台实施细则。为认真贯彻 落实《湖南省信息化工程建设管理暂行办法》,我们根据近年来电子政务工程管理的实践,准备出台《常德市信息化工程建设管理实施细则》,对信息化工程的立项申报、方案审查、竣工验收等环节提出了具体意见,从制度的层面增强了信息化项目管理的可操作性。二是强化计划统筹作用, 重大信息化工程必须列入财政年度预算,防止建设的盲目性。

(二)发挥信息技术倍增效应,推进国民经济信息化

1.积极推进工业信息化

根据全省第九次党代会、全省信息产业工作会和市委经济工作会议精神,深入推进信息化带动工业化战略。通过信息技术与传统产业的嫁接,积极推动信息技术在各领域的广泛应用,加快产业结构全面升级。运用信息技术加快改造传统工业企业,提高其 技术水平和产品附加值,全面提升我市工业整体素质和市场竞争力。要抓好一批“企业信息化示范工程”,争取省信息化专项资金支持。开展电子商务示范工程建设,加快构建旅游、现代物流等网上商务平台,提高第三产业信息化水平。

2.稳步推进农村信息化紧紧围绕社会主义新农村建设这一主题,促进农村信息化,提高我市农业现代化水平。一是要加大农村信息基础设施建设。继 续实施电话“村村通工程”,完成全市所有行政村的电信网络覆盖;加快提升电视“村村通”工程质量,支持和鼓励农村有线电视的发展;整合现有计算机网络资源,充分利用无线和有线新技术,构建低成本、高效能的农村骨干网络体系。二是要促进应用系统向农村的延伸,要扩大优质教育的覆盖面,建设一批“农民网络技术学校”,针对村镇干部、专业户、农村信息员开展技术和技能培训。三是要加强涉农网站的建设,推广应用农业信息,提高网站服务能力。

(三)加强基础设施建设,积极推进社会信息化

电信、移动、联通等信息服务企业要加大基础设施投资力度, 加强网络建设,实施“光进铜退”战略,加快光缆接入网的建设步伐,提高无线网络覆盖率和通信质量。积极推进全市统一的宽带互联网络与统一的数据交换平台建设,实现多种网络的互联互通、资源共享。

积极推动社会信息化,重点加快劳动和社会保障信息系统建设,大力推进教育城域网建设,促进“金盾”二期、“金审”等一批重大信息化工程的实施,提高各部门信息化发展水平。

(四)突出本地特色,实现电子信息产业跨越式发展

新型工业化被省第九次党代会确立为“富民强省”第一推动力。发展电子信息产业是推进新型工业化的首选战略,今年,省里正式起动信息产业发展专项资金,第一批资金 4000 万元已经落实到位。可以说,我省发展电子信息产业的战鼓已经擂响,常德市必 须在新一轮的电子信息产业发展浪潮中争得先机,为全市推进新 型 X 业化注入强大动力。我们要积极争

取寰球电子影像模块、融源数码手机等项目列入省里重点支持的笼子；扶持一批技术含量高、发展潜力大的中小型企业做大做强，努力争取省信息产业发展专项资金；围绕完善产业链、做长产业链，积极开展电子信息产业的招商引资。

(五)夯实工作基础，努力加强自身建设

为确保我市信息化工作的全面发展，整体推进，一方面要健全组织网络，还没有设立信息化工作机构的区县市要根据市里的要求设立好工作机构。另一方面，市信息化办要加强自身建设，继续完善单位内部管理制度，优化人员配置。要加强班子建设，强化政治理论和业务知识的学习，不断提高管理水平和驾驭能力。要贯彻民主集中制原则，强化团结协作，坚持重大事项集体决策。要加强人才培养，努力提高信息化工作人员的管理水平和技术水平，造就一支规模和结构能适应信息技术发展需要的技术队伍。注重培养和引进高层次的信息化技术人才、管理人才以及各类复合型人才，努力培养一批有创新能力的中青年技术骨干。进一步加强现有技术人员的继续教育，着重培养既掌握技术又熟悉管理的复合型人才。

同志们，信息化是经济社会发展的趋势和方向，蕴含着巨大发展机遇，是我们的必然选择。现在，要研究的不是搞不搞的问题，而是怎么搞好的问题。我们一定要以时不我待的紧迫感和奋发有为的责任感，坚定信念、努力工作，开创我市信息化工作的新局面。

四、经验材料

2007年全市电子政务工作座谈会发言材料

加强政府网站建设　推进电子政务发展

临澧县信息化办

近年来,我县以打造精品政府门户网站为“龙头”,以建好子网 站群为“支撑”,以办公自动化为突破口,大力推进电子政务发展,取得较好效果。在去年的全国政府网站绩效评估中,我县政府门户网站获同级评比全省第1,全国第54的好成绩。目前,政府门户网站已建子网站131个,覆盖全县各乡镇(区)、县直部门和部分 规模口径企业。接入全县自动化办公系统的单位有133个,办公平台503个,全县电子政务建设和应用的来势较好。我们的主要 做法是:

一、以政府门户网站建设为龙头,打造电子政务发展平台

“中国·临澧”政府门户网站是我县在互联网上发布信息的总 平台,是电子政务联系和服务公众的总载体,也是对外展示“临澧 形象”尤其是“网上政府”形象的总窗口,因此,我们把打造精品政 府门户网站作为推进全县电子政务建设的“龙头”来抓。

1.明确办网宗旨。要把政府网站办成精品网站,就要以办网为民为宗旨,突出政府网站的信息服务性;以畅通快捷为追求,突出政府网站的时效性;以加强沟通为目的,突出政府网站的互动性;以健全制度为保障,突出政府网站的规范性。围绕这一宗旨,去年来,我们根据国务院办公厅对政府网站绩效评估的指标要求,进一步优化栏目设置,完善网站功能,促进政务公开,强化公众互动,尝试网上应用,顺利完成了政府门户网站全面改版升级工作。新版网站的栏目设置更科学,功能更强大,内容更丰富,互动性更强,共有300多个模版,300多个栏目,10000多个页面,信息容量达30G。我们通过电视、电台、报刊等媒体,采取赠送宣传品、印发宣传资料、开展相关联谊活动等形式进行全方位、多层面的宣传,扩大社会影响,提高点击率。去年以来,我们与县内几家媒体开展相关宣传专题4场次,与团县委、文化局等单位组织现场直播3场次,赠送鼠标垫2000只,纸杯30000个,给特定群体发放彩色宣传单5000张,发送相关宣传短信10000条。目前,我县政府网站公众知晓率大幅提高,日点击率在6000人次左右,去年年点击量达到了203.7万人次。中国·临澧已不仅是我县的强势网络媒体,还是我县“网上政府”的缩影。

2.着力拓展功能。一是整合政务资源,保障政务公开。按照“以公开为原则,不公开为例外”的要求,明确信息公开目录,解决信息公开的来源问题。同时确定每一栏目的责任部门,解决信息公开的路径问题。目前,我县门户网站提供了最新文件、政策法规、人事任免、财政公开等300多个公开项目,公开总条数40000余条。二是提供“便民查询”,保障市民实惠。为企业和个人提供“便民查询”功能,包括交通违章查询,天气查询,养老、医疗保险查询,住房公积金查询、招商项目查询,水、电、话费查询,人事考试查 询,旅游及交通出行查询等 100 多种与企业、公众密切相关的查询服务。三是整合投诉窗口,保障诉求畅通。以"公众监督"为主线, 对全县各单位政务投诉窗口进行业务流程整合,为公众提供"一站 式"投诉平台,特别是对主要职能部门,利用后台管理分发技术,进 行协同管理,提供网上回复,网上公示功能,社会反映很好。"县长 热线"的开通为公众解决了很多实际问题,尤其是"嘉宾访谈"更是 深受公众欢迎。7 月 5 日,县长谭本仲首次做客政府门户网站,实 实在在解决问题,如环保与发展的矛盾问题、企业改制的遗留问 题、新农村建设中的问题等;实实在在释疑解惑,消除公众的认识 差异、误会、误解,公众满意度很高,公众网上留言称赞本届县委、县政府是亲民的政府、办实事的政府、负责任的政府。四是启动"三农服务",助推新农村建设。我县是农业大县,提供网上三农服务是时代需求。为此,我们在门户网上开设"三农服务"栏目,为农 民提供大量的致富信息、实用技术信息、良种供应信息、务工信息、农产品供求信息等,深受农民朋友喜爱。五是推出个性化服务,保障市民各取所需。为了加强政府与市民的沟通联系,规范政府行 为,提高政府形象,我们学习借鉴外地经验,充分利用政府网站的 交互功能,开通了"我的中国临澧" 个性化服务栏目, 通过信息定制 功能让浏览者可以定制自己最关心的信息,配置自己最喜欢的网 站版面布局,并开通了部门咨询投诉建议信箱,使市民可以更好地参与政务,监督政务,管理政务。

3.确保内容更新。确保内容及时更新是政府网站建设的一项核心性工作,也是一项长期性工作,可以说网站有没有生命力,人气旺不旺,内容保障是决定因素。为此,我们一是抓组织保证。县信息化领导小组以文件形式明确了政府门户网站内容保障 工作机制,实行单位行政"一把手"负责制,各级办公室承办,信息员具体负责。目前全县 137 名信息员,分布在各行各业,及时准确 地掌握了全县的动态信息。并通过网络建设指导、分批技术培训、信息保障工作研讨等形式,与信息员广泛交流,既提高了信息员的业务水平和信息敏感性,又增强了信息员履行职责的责任感。二 是抓联盟保证。联盟就是组建以政府门户网为核心,以全县 131 个子网为支撑而形成的庞大政府网站群,以此确保全县信息服务 共享,确保信息发布的一致性、权威性和时效性。三是抓技术保证。自主开发了 0A 信息报送系统、门户网站反映件转办系统、子 网站反映件自动反馈系统,即实现全县所有单位通过 0A 信息报 送系统给门户网站报送信息、门户网反映件网上转办到单位 0A 平台、子网反映件自动反馈到本单位平台的强大系统功能。 这为我县门户网站的内容保障提供了快捷、便利、实用的技术通道。

二、以子网站建设为支撑,构建电子政务网络体系

子网站是政府门户网站的有力支撑,是集中展示电子政务建 设成果的窗口,因此,我们把子网站群建设作为电子政务建设的基 础工作来抓,并把去年定为子网建设年,着力构建电子政务发展网络体系。

1.明确任务。县政府办下发了《关于加强政府网站群建设的 通知》,通知对包含子网站在内的政府网站群建设提出了明确要 求、目标和措施。我们将全县的单位分为县直单位、垂管单位、企 业协会三类,按照先机关后企业,先县直后垂管的原则,确定子网 站建设日程表,分步实施。

2.强化责任。一方面是对本办干部实行分工负责、动态管理、绩效挂钩。我们建立"临澧县子网站建设动态公布栏",以全面、动 态的反映全县子网站建设及分布情况,反映本办干部职工的工作 业绩。另一方面强化各单位子网站建设目标考核,将子网站建设 纳入全县年度目标考核体系,明确子网站建设在电子政务建设目 标考核指标中占30%。

3.办点示范。通过办点示范整体推进。近年来,我们狠抓了子网站示范点建设工作。先后确立了一个子网站建设机关单位示 范点,一个企业示范点,一个村级示范点和一个社区示范点,分类制定标准,强化具体指导,使子网站建设"学有榜样,赶有目标"。 并及时总结经验,大力推介,指导全县各级党政机关、企业、学校、医院、社区和村级组织高标准建设网站。目前为止,我们按照子网 站与门户网站标识统一、基本栏目统一、信息检索统一、计数器统 一、用户登录统一的要求,新建并挂网运行子网站达到131个,初 步形成了我县的电子政务政府网站群的基本框架。

三、以办公自动化建设为突破口,增强电子政务工作效能

办公自动化是电子政务建设最基本的要求,是政府自身信息化建设的现实需要,也是政府推动信息化的基本形式。去年,我们把推行政务办公自动化作为我县电子政务建设的突破口来抓。

1.在基础设施建设上实现突破。县委、县政府高度重视电子政务建设,在财力十分紧张的情况下,投入40多万元,建起了高标准的电子政务网控中心,该中心的建成标志着我县的电子政务交 流中枢正式建立。

2.在培训人员上实现突破。我们依靠自身的技术力量,自制多媒体教学光盘,自编简易教程,干部轮流授课,按照一人一机、笔试加机试、合格发证的要求,连续办了9期自动化办公系统业务强化培训班,全县参训510人,合格发证503人。

3.在化解应用难题上实现突破。一方面深入动员,解决思想观念问题。由传统办公到无纸化办公是一场深刻变革,首要难题 就是思想观念难转变。为此,我们以领导和机关为重点对象,开展思想宣传发动工作,带动转变观念。经常向分管的常务副县长杨华桥同志和当时县政府县长黄清宇同志汇报,建议机关和领导带头应用自动化办公系统。深入的思想工作得到了他们的高度重 视,连续两次在县长碰头会上提出要求,今后政府办系统只收电子文档,原则上不收纸质文函资料,同时要求县政府办要带头实行自 动化办公,带头网上流转文函。目前我县自动化办公系统应用情况良好,基本实现了公文网上传输。另一方面自主攻关,解决系统缺陷问题。信息技术日新月异,0A系统也会因技术产生而暴露一些缺陷。如系统中印章因新的文字处理系统WPS2005的出现 而可以拖动的问题,我们发现后马上组织技术攻关,自主开发程序 解决了印章拖动问题。再如公共文件柜中下载、打印功能只有同 时开放或关闭的问题。若同时关闭,则文件不可打印,不方便工 作;若同时开放,则文件可下载到电脑后用户再复制印章带来安全 问题。为此我们又马上组织技术攻关，自主开发相关程序，关闭下 载功能，只开放打印功能，这才从根本上解决印章安全问题。

四、以制度建设为根本，建立电子政务发展长效机制，推进电子政务

制度建设是根本，也具有长效性。去年以来，我县围绕信息化工作和电子政务建设制定了系列制度，有力地推进了全县信息化工作，提升了管理水平。健全领导制度，制定下发 了《关于明确临澧县信息化领导小组成员的通知》，这是我县首次 以文件形式明确信息化领导小组及成员，领导小组的成立，标志着我县信息化工作有了核心；健全考核制度，制定下发了《关于全面 实行自动化办公的通知》和《关于明确全县信息化工作考核细则的 通知》，这是我县信息化工作首次列入全县工作的大局，列为各乡镇、县直各单位的目标考核指标，结束了信息化工作有其名无其实的游兵散勇状态；健全管理制度，制定下发了《临澧县政务网建 设管理暂行办法》，提出了全县政务网建设目标及管理措施，使网 络建设有文可依；还下发了《关于明确专职信息员工作职责的通 知》，通知明确各单位要配备信息员，具体负责本单位子网站的维护和管理、OA 平台的应用和管理、门户网站的信息报送等工作，初步形成了全县电子政务建设齐抓共推的良好格局。

2007 年全市电子政务工作座谈会发言材料

精心建设门户网站　扎实推进电子政务

桃源县信息化办

尊敬的领导,同志们:

我发言的题目是《精心建设门户网站扎实推进电子政务》。

电子政务是当前信息化建设的重中之重，而门户网站是电子 政务的重要平台和载体。“中国桃源”政府门户网站自 2004 年 5 月建立以来,坚持“构架网络平台,整合信息资源,提供便捷服务，展示桃源形象”的宗旨,在政务公开、服务社会、市民互动、展示形象等方面积极发挥作用,真正成为宣传展示桃源的重要窗口,政 府政务工作的得力助手,了解市民心声的连心桥梁。在 2006 年度 县级政府网站综合评估中,桃源名列全国第 61 位,全省第三名,被 市信息化办评为“优秀子网站”。具体来说,我们主要有三个方面 的体会:

一、领导的重视与呵护是网站得以苗壮成长的关键

推进电子政务,构建网上政府对于政府来说是一项全新的工 作,桃源县委县政府非常敏锐地认识到这一项工作代表了未来政 府发展的趋势。从网站建设一开始就给予了格外的关注与支持。2005 年以来,县委、县政府多次专题研究,对于政府信息化办和门户网站就机构成立、编制确定、经费保障、工作人员公开选拔、办公 场地落实、网站服务器租用等方面做了大量具体细致的工作,县委常委、常务副县长熊复兴亲自出面与桃源电信公司协商,将信息化 办与政府网站设在桃源电信大楼内。副县长黄贵生今年分管信息 化工作,对于这个新单位发展的艰难他一直非常体谅,一方面多渠 道为政府网站争取经费支持,一方面经常与有关部门单位联系协调,扩大信息化办与政府网站的工作影响,真正做到了事无巨细，不厌其烦。县内领导还在信息上网、重要宣传、市民留言、热线处 理等事务方面给予了重点关注与支持。从 2006 年开始,信息化建 设工作被纳入了全县岗位目标考核内容。正是由于有领导的重视 与推动,我县的信息化与门户网站建设才从一棵弱不禁风的小苗 迅速成长了起来。

二、充实的内容与信息是网站得以提升人气的基础

只有充实而不断更新的信息内容才使得网站显得血肉丰满、气韵生动,也才吸引人的眼球。一年多来,桃源政府门户网站的浏览点击从最初每天 1—200 人次到现在数千人次,就是得益于网站信息内容的不断丰富。一是紧紧扣住政务公开,广泛收集单位政务信息。单位政务信息是网站信息的基础,也是政务公开要求的 重点,我们在加强与县政务中心联系的基础上,采取办内干部分别 联系多个单位的办法,通过政府办公平台、电话、QQ 群和上门服务等多种联系手段,经常性与单位联系联络,将各个部门单位按要求需要公开的政务事项、职能职责、办事程序、政策法规等内容收集起来发布到网站上,并在单位信息内容发生变更之后及时进行更 新。二是巧借外力,不断丰富网站栏目内容。我们与县电视台合作开通“视频桃源”“仙境飞歌”，让很多在外面的桃源人能够及时 看到家乡每日的新闻；与组织、人事等部门合作开通人们非常关注关心的“人事任免”栏目，及时发布县内最新的人事任免信息；与县旅游部门合作开通“桃源风光”栏目，把我县美丽迷人的山水风光 向全世界进行展示，有个台湾的网民在看到“神奇的乌云界”之后 打电话到网站说“桃源真是太美了，有机会我一定要来看一看”。我们还与团县委、县妇联、县交通局、县残联、县慈善会等单位合作开通了“爱心桥”，这个栏目从今年年初一推出，就引起了很大的反 响，短短几个月，就先后有数十人与我们网站联系并寄来捐款和书 刊等物资，累计达一万多元，目前这些款物都已分别送到了贫困学 校和学生手中，我们的网站真正起到了“爱心桥梁”的作用；我们还 根据县内招商引资和旅游宣传的需要，聘请外语专家，建成了网站 外语版，重点发布招商和旅游信息，据我县招商局反映，外语版一 推出就在海内外赢得了一片赞许之声。目前我县网站在港澳台、美国、加拿大和中东国家等地的浏览人数正大幅度上升。三是充 分发挥信息联络员与通讯员队伍的作用，保障网站动态信息常看 常新。我们网站人数少、人手紧，从事每曰动态信息更新的只有一 个人，为了保障信息来源充足，我们建起了 150 多人的信息联络员 和近 40 人的特约通讯员队伍，联络员是每个单位明确的固定联系人员，通讯员则是一些对于信息采写有经验也有爱好的人员，其中有省市作协会员，有普通的农民和打工者，还有 70 多岁的老作家。 我们去年专门对全县的联络员进行了培训，并先后 3 次组织通讯 员开展采风采访活动。问渠哪得清如许，为有源头活水来。正是由于我们有这样两支活跃的信息人员队伍，就保证了我们网站每天都有新鲜的信息，一年多来，我们收到各种投稿信息 2000 余条，采用发布 1000 多条。

三、真诚的互动与交流是网站得以赢得民心的支撑

网站的互动性正是许多其他媒体所不可比拟的优势，它的作 用如果发挥得好，就可以起到倾听民声、把握民意、疏导民情的效 果，如果处理得不好，也可能成为群众发泄情绪、谩骂攻击的平台 场所，特别是现在网络非常开放，如果采取围追堵截等不当办法，会把网民推到影响更广泛的地方去。鉴于此，我们始终坚持做到 以诚待人，以情感人，以理服人。一是以诚恳的态度对待每一条留言。我们对于网民发到留言板和县长信箱的每一条信息都格外慎重，一方面充分依靠“县长热线”的职能作用，对于老百姓提出的问 题，尽可能在相关部门单位调查的基础上从政策把握、事实情况、处理意见方面给予回复，一年多来，我们对于反映有实际内容的留 言，回复近 300 余条；另一方面主动通过网上留言、电话联系等多 种形式与网民进行沟通，尽可能帮助网民疏理情绪，避免矛盾激 化。二是通过“嘉宾访谈”集中解答群众关心关注的热点问题。去年底以来，我们专门请到了劳动与社会保障局、卫生局、科技局等 部门领导，就群众十分关心的养老保险、医疗保险、农村医疗改革科技致富等方面的问题通过网络向市民进行解答，社会反响非常好。三是编发“热点聚焦”。对于一些或者群众反响强烈，或者历史遗留而按照现行政策一时难以处理到位的，或者反映单位和个人问题还没有最后结论的，或者代表了群众呼声倾向等等方面的问题，通过热线等相关部门无法给予市民满意回答,我们就集中起来编成“热点聚焦”简报,呈送给相关领导,在一定范围报告领导知晓,让领导能够及时把握舆情。今年我们已按季度编印两期。正是因为我们在与市民联系过程中真诚细致地做了大量工作,极大地赢得了广大网民的认同,有一个经常在网上提意见的网民在了解到我个人的真实情况后在网上留言说“你还是一个讨人喜欢的人!”其实这不仅仅是对我个人的认可,更是对于我们网站在管理留言和信箱方面所做工作的认可。

尽管我们在门户网站与电子政务建设方面取得了一些成绩,但与国家和省市的要求、与兄弟县市的工作、与当前飞速发展的紧迫形势相比还有很大的差距,特别是在当前由于方方面面的原因,网站发展运转还十分艰难,我们会一如既往、不负重托、负重奋进,努力使我们的工作更上一个新台阶!

插 图 索 引

后　　记

2010年9月,常德市人民政府地方志办公室启动第二轮地方志的编修。《常德市信息化志》列为第一批次,后因种种原因,推迟列入第二批次,于2014年5月启动。市电子政务办总工程师张晓君负责该项工作,聘请两位老同志参与编修。8月,常德市电子政务办主持召开承修单位、常德市三大运营商、各区县市电子政务办负责人和编修人员参加的动员大会。志书编修工作分三个阶段:收集资料、撰写初稿、总纂。2014年8月,编修人员开始收集资料。2015年2月,转入撰写志书初稿,8月完成初稿。按照市方志办和电子政务办的意见,初稿几经修改,形成征求意见稿,发别送给原市信息中心老干部、原市信息化办领导、市电子政务办现任领导、常德市三大运营商领导审阅,征求他们的修改意见。10月,征求意见稿收回,编修人员按照收回的意见进行修改,补充资料,加工整理。2016年2月,《常德市信息化志》形成送审稿,分别送有关领导和保密部门审核,并送市方志办邀请志书评审委员会专家审阅。6月,市方志办组织召开评审会。之后,编修人员综合专家的修改意见,对志书再次修改,并配插图,完善各类信息,进行认真梳理、编辑。10月,《常德市信息化志》呈国家方志出版社审稿。12月,方志出版社审稿完毕。编修人员依据各级专家的修改意见,进行修改定稿。历时近三年,《常德市信息化志》终于成书。

在志书的编修过程中,得到了市方志办的悉心指导,市直有关部门、市电信、移动、联通、常德市各区县市电子政务办的大力支持,市档案馆给予很大的帮助和支持,在此一并致谢。由于编者水平有限,加之初次编纂志书和时间仓促,书中难免有错讹地方,寄希望于续修者纠错完善,敬请业内专家及读者不吝指教,并致谢意。

编　　者

2016年12月